KB151402

저도 환율은 어렵습니다만

처음 시작하는 환율 공부

저도 환율은 어렵습니다만

2021년 3월 15일 초판 1쇄 발행
2023년 3월 15일 초판 2쇄 발행

지은이   송인창, 이경석, 성진규
펴낸이   조시현

펴낸곳   도서출판 바틀비
주소   04019 서울시 마포구 동교로8안길 14, 미도맨션 4동 301호
전화   02-335-5306
팩시밀리   02-3142-2559
출판등록   제2021-000312호
인스타그램 @withbartleby
페이스북   www.facebook.com/withbartleby
블로그   blog.naver.com/bartleby_book
홈페이지   http://www.bartleby.kr
이메일   bartleby_book@naver.com

ⓒ 송인창, 이경석, 성진규, 2021
ISBN 979-11-970926-3-3 03320

책값은 뒤표지에 있습니다.
잘못된 책은 구입하신 서점에서 바꿔드립니다.

저도
환율은
어렵습니다만

송인창, 이경석, 성진규 지음

바틀비

환율, 세계 경제를 하나로 연결하는 고리

1995년 미국으로 유학 간 친구가 새 차를 2만 달러에 샀다. 2년 후 공부를 마치고 귀국하면서 타던 차를 1만 5천 달러에 처분했다. 중고차 판매대금을 원화로 바꿨더니 2,250만 원이었다. 그런데 차를 살 때 이 친구가 차량 구매대금으로 서울에서 가져간 금액은 1,800만 원이었다. 결과적으로 새 차를 사서 2년간 잘 타고 오히려 450만 원을 번 셈이었다. 이런 마술 같은 일이 어떻게 발생한 것일까? 환율 변동 탓이었다. 친구가 차를 사던 시점의 원/달러 환율은 900원이었는데, 귀국 시점인 1997년에는 우리나라에 외환위기가 발생해 원/달러 환율이 1,500원대로 치솟았던 것이다.

이 사례는 한국의 외환위기라는 역사적인 사건의 와중에 일어난 작은 해프닝이지만 환율로 인한 요란한 경제 변동은 지금 이 시점에도 세계 도처에서 수시로 발생하고 있다. 도대체 환율이 뭐기에 이런 일이 생길까?

환율은 한마디로 화폐들 간의 교환비율이다. 원/달러 환율은 우리 원화와 미국 달러화 사이의 교환비율이고 마찬가지로 원/엔 환율은 우리 원화와 일본 엔화 사이의 교환비율이다. 모든 국가는 원래 자국 안에서 통용할 목적으로 화폐를 발행한다. 다른 나라에서 사용하려면 환전을 해야 한다. 전 세계적으로 가장 널리 사용되는 미국 달러도 일부 국가를 제외하면 현지 화폐로 환전해야 사용할 수 있다.

오늘날 어느 국가도 고립되어 자급자족하며 살 수 없다. 외부 세계와 높은 벽을 쌓고 있는 북한마저도 원유와 생필품은 중국 등 해외로부터 수입한다. 때문에 북한도 외화벌이에 결코 초연할 수 없다. 국제적으로 통용되는 통화를 확보하지 못하면 필요한 물자를 수입할 수 없고, 수입하지 못하면 국가 경제를 지탱하기 어렵다.

이렇듯 고립이 심한 북한을 포함해 전 세계 모든 경제는 환율로 연결된다. 세계화가 심화될수록 연결고리는 더 단단해진다. 전 세계 외환시장의 거래 규모는 약 5.3조 달러에 달한다.[1] 1년이 아니고 단 하루의 거래액이다. 2020년 우리나라의 GDP가 약 1.7조 달러다. 한국 GDP 3배 규모의 외환거래가 국제 외환시장에서 매일 이루어지는 것이다.

전 세계적으로 외환시장은 주식·채권·대출시장을 모두 합한 규모의 4배에 달한다. 대부분 금융거래는 글로벌하게 이루어지는데 환전이 필수불가결하기 때문이다. 외환시장의 팽창은 세계 경제가 더 촘촘하게 연결되고 있다는 증거다. 국제거래의 역사를 보면 처음엔 상품과 서비스가, 그다음에는 소비자와 노동이, 최근에는 자본이 국경을 넘나들고 있다. 이모든 거래에는 외환거래가 필수적으로 수반된다.

알게 모르게 우리는 모두 다양한 국제거래에 노출되어 있다. 우리가 마시는 커피, 자동차에 넣는 휘발유, 하물며 주력 에너지원인 전기도 사실은 외화를 지불하고 해외에서 사 온 물자들로 생산한다. 이렇게 빈번하게 일어나는 외환거래를 우리가 잘 의식하지 못하는 것은 일반인들이 직접 환전하는 경우가 드물기 때문이다. 하지만 금융기관과 기업들은 밤낮으로 엄청난 규모의 외환을 사고팔고 이를 바탕으로 국제적인 거래를 한다. 그 결과로 우리는 원화로 수입된 상품을 구매하고 외국 영화를 보며 해외 주식에 투자할 수 있다. 비유하자면 환율은 경제생활에서의 중력과 비슷하다. 지구에 사는 생명체 가운데 중력의 영향에서 벗어날 수 있는 존재는 없다. 그 힘을 인식하지 못할 뿐이다.

국가 경제에서 환율의 중요성은 개인이나 기업 차원과는 또 다르다. 특히 한국처럼 대외개방도가 높은 나라에서는 환율이 더욱 중요하다. 경기가 안 좋고 실업률이 높으면 고통스럽긴 하지만 그렇다고 국가 경제가 무너지지는 않는다. 하지만 환율 관리가 부실해서 외환이 바닥나면 모라토리엄(지급

유예)을 선언하고 국제사회의 처분을 기다려야 한다. 우리는 1997년 이른바 'IMF사태'를 통해 값비싼 대가를 지불하면서 외환과 환율의 중요성을 체험했다. 최근에는 코로나바이러스 팬데믹으로 외환시장이 경색되면서 달러화 부족으로 인한 환율 급등도 경험했다.

한국 경제는 양적으로 성장하고 질적으로 진화해왔다. 결코 무역대국에 그치지 않는다. 한국은 이미 자본수입국에서 자본수출국으로 전환되었다. 한국이 2020년에 해외에서 벌어들인 이자소득과 배당소득이 95억 달러다. 2천억 달러를 벌어들이는 일본에 비하면 아직 걸음마 수준이지만 그 규모는 증가추세다. 해외 금융투자의 핵심은 환율이다. 해외 증권(주식, 채권 등) 가격의 변화보다도 환율 변화가 수익률을 좌우한다는 건 이미 잘 알려진 사실이다.

이렇게 중요한 것이 환율이지만 경제전문가가 아닌 사람들의 이해는 턱없이 부족하다. 환율에 대한 높은 관심 탓에 시중에는 이미 많은 환율 관련서가 나와 있다. 경제학자와 외환전문가들을 위한 전문서적에서부터 일반 독자층을 위한 교양서적까지 종류도 다양하다. 그럼에도 필자들이 이 책을 내는 데는 이유가 있다. 부지불식간에 퍼져 있는 환율에 대한 선입견을 깨고 싶어서다.

환율 분야에 퍼진 선입견은 한둘이 아니다. "환율은 높을수록 경제에 이롭다"거나, "경상수지 흑자는 환율 저평가 때문"이라거나, "원화 국제화는 빠를수록 좋다"거나, "국제자본은 저금리 국가에서 고금리 국가로 이동한다" 같은 선입견은 환율에 대한 객관적이고 분석적인 접근을 차단한다. 오해와 편견으로 인해 정책입안자는 잘못된 경제정책을 선택하기도 하고 투자자는 무리한 해외 투자로 손실을 입기도 한다.

물론 이러한 선입견이 생긴 데는 그만한 이유가 있다. 과거 특정 시기의 사례나 경험이 강한 인상을 남겼기 때문이다. 그런데 살아있는 생물체처럼 변하는 경제 영역에서 항상 통용되는 고정불변의 답이란 존재하지 않는다. 한때는 맞는 답이었지만, 시간이 지나면서 오답으로 변한 경제적 사례들이 무수하다. 환율을 원리부터 이해하지 못하면 오답과 선입견을 마치 절대 진리인 양 받들게 될 수 있다. 이 책을 읽어가다 보면 위에 제시한 선입견들이 왜 현실과 다른지 이해하게 될 것이다.

이 책은 이처럼 환율 이론이 제시하는 '결론'보다는 '환율의 기본적 원리를 이해하여 사고하고 추론하는 과정'에 중점을 두었다. 암기가 아니라 결론에 다다르는 과정을 이해하는 공부에는 긴 시간과 인내력이 필요하다. 하지만 이렇게 공부를 해두면 전례 없는 사건이 수시로 벌어지는 변화무쌍한 국제경제상황에서도 환율의 흐름을 파악하고 예측할 수 있는 힘이 생긴다.

이런 취지로 되도록 기본적인 사항을 많이 다루려 했다. 외환시장의 구조, 외환거래의 참여자, 환율의 결정요인, 환율의 경제적 영향, 환율 예측 등을 중점적으로 소개했고 역사적으로 국제통화체제가 어떻게 변해왔는지 살폈다. 또한 지나치게 전문적인 지식을 나열하기보다는 독자들이 쉽게 이해할 수 있도록 설명 방식과 용어 사용에 유의했다.

필자들의 집필 의도가 어느 정도 전달될지 걱정이 앞선다. 이 책을 읽은 독자들이 널리 퍼진 환율에 관한 선입견을 의심의 눈으로 바라볼 수 있다면, 그리하여 환율을 통해 세계 경제의 큰 흐름을 보는 안목을 기를 수 있다면 더할 나위 없는 보람일 것이다.

차례

환율이 어려운 이유는 용어가 어려운데다가, 용어를 서로 다르게 정의하기 때문이다. 이 책에서는 용어를 아래와 같이 정의한다.

1. 환율은 외국 돈의 가격이다. 정확히 말하면 외국 돈 1단위(1달러, 1유로, 1위안 등)를 한국 돈(원화)으로 표시한 가격이다.

2. 환율이 오른다는 것은 외국 돈의 가격이 오른다는 뜻이다. 외국 돈의 가치가 올라가면 한국 돈의 가치는 내려간다. 비슷한 표현을 정리하면 다음과 같다.

환율 상승	환율 하락
= 달러 강세(달러 절상)	= 달러 약세(달러 절하)
= 원화 약세(원화 절하)	= 원화 강세(달러 절상)

3. 어떤 환율제도이냐에 따라 환율 변동을 지칭하는 표현을 달리했다.

고정환율제도	변동환율제도
환율 인상/환율 인하	평가절하/평가절상

4. 이 책에서 통상적으로 말하는 '환율'은 현물 외환시장에서 결정되는 명목환율을 의미한다. 다른 의미일 때(선물환율, 고시환율, 실질환율 등)는 별도로 언급을 했다.

1 장

환율 여행을
떠나기 위한 워밍업

통화와 환율의 다양한 얼굴

모든 통화에는 이름이 있다

모든 재화와 서비스에는 가격이 있다. 일반적으로 가격은 화폐로 표시된다. 재화나 서비스를 취하고 지불하는 화폐의 양이 화폐 가격이다. 환율도 일종의 가격이다. 화폐의 가격이다. 해당 화폐를 갖기 위해 지불하는 다른 화폐로 표시된 가격이다. 일반적인 가격과 환율의 차이는 환율은 화폐와 화폐가 서로 교환될 때 적용되는 가격이라는 점뿐이다.

먼저 화폐에 대해 조금 더 알아보기로 하자. 사람마다 이름이 있듯이 모든 나라의 통화는 고유한 이름을 갖는다. 이름 표기 방식도 통일되어 있다. 공통적으로 알파벳 이니셜 세 자로 표시한다. 예를 들어서 우리 통화인 원화는 Korean Won을 줄여서 KRW, 일본 엔화는 Japanese Yen을 줄여서 JPY, 미국 달러는 United States Dollar를 줄여서 USD로, 유럽연합의 유로화는 Euro를 줄여서 EUR로 표시한다. 참고로 북한의 원화는 KPW로 표시한다. 북한의 영어 명칭(DPRK; Democratic People's Republic of Korea)을 감안한 것이다. 세 자리의 알파벳이 어느 나라 화폐인지를 말해주는 상표이자 태그다.

이러한 알파벳 세 자리의 통화 명칭은 원활한 의사소통이 필요한 외환시장에서 일률적으로 사용된다. 이는 국제표준화기구(ISO)에 의해 공식적으로 표준화되었다. 하지만 외환시장의 트레이더들은 공식 명칭보다는 애칭을 많이 사용한다. 미국 달러화는 벅(buck) 또는 그린백(green back), 유로화는 파이버(fiber), 영국 파운드는 케이블(cable) 또는 퀴드(quid), 캐나다 달러는 루니(loonie) 등으로 부르는 식이다.

이렇게 통화마다 이름이 있지만 신문이나 방송에서는 그림문자 표시를 주로 사용한다. 달러는 $, 유로는 €, 영국 파운드는 £, 우리 원화는 ₩로 표시한다(북한 원화도 ₩로 표시한다). 재미있는 사실은 중국이나 일본 모두 자기 화폐를 ¥으로 표시한다는 사실이다. 일본 엔화(Yen)와 중국 위안화(Yuan) 모두 이니셜이 Y이기 때문이다. 서로 자신이 먼저 사용했다고 주장하면서 자존심을 건 양보 없는 논쟁을 펼치고 있다. 물론 국제적으로 ¥는 일본 엔화를 의미한다.

그런데 왜 미국 달러화(Dollar)는 $로 표시할까? 여러 가지 설이 있다. 먼저 스페인의 신대륙 발견 이후 미국에서는 스페인 은화가 주로 사용되었기 때문에 스페인의 머리글자인 S를 사용했다는 설이 있다. 하지만 당시 스페인의 명칭은 에스파냐(Espana)였다는 점에서 설득력이 없다. 다른 유력한 설은 당시 스페인 화폐였던 페소(Peso)[2]에서 유래했다는 설이다. 당초에는 PS라고 썼는데, 1785년부터는 S에 수직선을 그은 $를 사용했다고 한다. 이외에도 스페인 국왕의 문장에서 유래되었다는 설, 로마제국 후기 금화인 솔리두스(Solidus)에서 유래했다는 설 등 다양하다.

우리는 달러(Dollar)를 미국 화폐로만 알고 있다. 하지만 자기 나라의 통화를 달러라고 부르는 나라는 미국을 비롯해서 무려 20개국에 이른다. 가이아나, 나미비아, 라이베리아, 말레이시아, 싱가포르, 바베이도스, 바하마, 버뮤다, 벨리즈, 브루나이, 솔로몬 제도, 수리남, 호주, 자메이카, 대만, 홍콩, 캐나다, 트리니다드 토바고, 피지 등이 모두 자기 나라 화폐를 달러로 부른다. 따라서 미국 달러는 USD, 싱가포르 달러는 SGD, 호주 달러는 AUD, 홍콩 달러는 HKD로 표시한다. 앞으로 이 책에 그냥 '달러'라고 쓸 때는 '미국 달러'로 이해해주기를 바란다. 이외의 경우에는 달러의 발행국가를 밝히겠다.

원래 달러라는 이름은 1518년 보헤미아 왕국(체코의 전신)에서 생산된 '탈러'(Taler)라는 은화에서 비롯되었다. 이 은화가 세계 각지에서 사용되면서 음운변화를 일으켜서 지금의 달러라는 이름으로 바뀌었다고 한다. 탈러는 1873년까지 프로이센의 화폐단위였으며, 이후에 마르크화로 대체되었다. 그리고 1999년 유로화의 출범과 함께 마르크화는 역사의 뒤안길로 사라졌다. 역시 있다가도 결국 없어지는 게 돈이라더니!

'원/달러 환율'의 의미

환율을 처음 접할 때 이해하기 어려운 이유 중 하나는 환율 표기법이 단일하지 않은 탓도 있다. 표기법이 여럿인데 아무런 설명도 없이 자의적으로 환율을 표기하면 독자들은 혼란스러울 수밖에 없다. 왜 표기 방식이 여러 가지일까? 환율은 한 국가의 통화가 다른 국가의 통화와 교환되는 비율이다. 어느 통화를 중심으로 하느냐에 따라 이 교환비율을 나타내는 방법이 두 가지로 달라진다.

우선 첫 번째는 다른 나라 화폐 1단위를 얻기 위해서 지불해야 하는 자기 나라의 화폐가 얼마인지를 나타내는 방법이다(이 책에서 우리는 이 방법을 사용한다). "우리 원화와 미국 달러 사이의 환율이 1,100이다"라고 하는 것은 이 방법에 따른 표기법이다. 1달러를 얻기 위해서는 1,100원을 지불해야 한다는 의미다.

반대로 자기 나라 화폐 1단위를 팔면 다른 나라 화폐를 얼마나 받게 될지를 나타내는 방법도 있다. "우리 원화와 미국 달러 사이의 환율이 0.009다"라고 하는 것은 이 방법에 따른 표기법이다. 1원을 주면 0.009달러를 받을 수 있다는 의미다.

1단위 기준이 되는 화폐를 기준통화(base currency; 기초통화라고도 한다)라고 하고, 기준통화의 가격을 나타내는 통화를 가격통화(terms currency)라고 한다. 자국 통화를 가격통화로 표기하는 방법을 자국통화표시법 또는 직접표시법이라고 한다. 또 유럽식 표시법이라고도 한다. 반대로 외국 통화를 가격통화로 표기하는 방법을 외국통화표시법, 간접표시법 또는 미국식 표시법이라고 한다.

원/달러 환율을 예로 들어보자. "환율이 1,100이다"라는 것은 1달러의 가치가 우리 원화의 가치로 1,100원이라는 의미다. 이 경우에 기준통화는 미국 달러화이고 가격통화는 우리 원화다. 따라서 이는 자국통화표시법, 직접표시법, 유럽식 표시법에 따른 것이다.

반대로 "환율이 0.009다"라는 것은 1원의 가치가 미국 달러로 환산하면 0.009달러라는 의미다. 기준통화가 우리 원화이고 미국 달러화가 가격통화다. 이는 외국통화표시법, 간접표시법, 미국식 표시법에 해당한다.

환율 세계에서는 외화가 주연

국제적으로는 기준통화를 분자에, 가격통화를 분모에 써서 '기준통화/가격통화' 또는 '기준통화-가격통화'로 표기한다. TV, 신문, 잡지에서도 이런 표시를 따른다.

가령 우리 원화와 미국 달러화를 표시할 때는 'USD/KRW=1,100' 또는 'USD-KRW=1,100'이라고 표시한다. 1달러가 1,100원이라는 의미다. 일본 엔화와 유로화의 환율은 'EUR/JPY=125' 또는 'EUR-JPY=125'라고 표시한다. 1유로가 125엔이라는 의미다.

'USD/KRW'를 그대로 우리말로 옮기면 '달러/원'이 되어야 한다. 하지만 이 책에서는 'USD/KRW'를 '원/달러'로 표시한다. 왜냐하면 "원/달러 환율이 1,100이다"라는 식의 표현이 이미 관용적으로 많이 쓰여 너무 익숙하기 때문이다. 오늘날 미국 달러는 기축통화다. 따라서 대부분 국가는 미국 달러를 기준통화로 환율을 표기한다. 이들 국가의 입장에서 보면 앞에서 언급한 자국통화표시법, 직접표시법, 유럽식 표시법이다. 우리나라도 이 방식을 따른다. 하지만 정작 미국의 입장에서 보면 미국 자국 통화가 기준통화로 사용되고 다른 나라들의 통화들이 가격통화로 사용되므로 외국통화표시법, 간접표시법, 미국식 표시법이다.

그런데 예외가 있다. 유럽연합의 통화인 유로를 사용하는 나라들과 영국은 일반적으로 외국통화표시법을 사용한다. 자신의 통화를 기준통화로 하고 상대 국가의 통화를 가격통화로 사용한다. 미국 달러화에 대해서도 마찬가지다. 유로화와 미국 달러화의 환율을 EUR/USD=1.200이라고 표기한다(이 책에서는 달러/유로=1.200으로 표기한다). 1유로를 팔면 1.200달러를 받을 수 있다는 의미다. 하지만 종종 USD/EUR=0.8333(1/1.200)으로 표시하는 경우도 있다. 영국을 제외한 일부 과거 영연방 국가들도 외국통화표시법을 사용하기도 한다.

이러한 두 가지 서로 다른 표시법으로 인해서 혼동이 생기곤 한다. 표시 방법에 따라서 환율이 오르고 내리는 의미가 달라진다.

확실하게 해두자. 이 책에서 원/달러 환율이 1,100에서 1,200으로 오른 것은 원화(분자, 가격통화)로 표시한 달러(분모, 기준통화)의 가치가 오른 것이다. 원화는 달러 대비 상대적으로 약세가 되고, 달러는 원화 대비 상대적 강세가 된 셈이다. 이를 영어로 표시하면 USD/KRW가 1,100에서 1,200으로 변한 것이다. 만일 이 책에서 달러/유로 환율이 1,200에서 1,300으로 오른 것은 어떻게 해석될까? 달러(가격통화)로 표시한 유로(기준통화)의 가치가 오른 것이다. 달러가 유로 대비 상대적으로 약세를 보인다는 것을 의미한다. 국제적인 통화코드로 표시하면 EUR/USD가 1,200에서 1,300으로 변한 것이다.

다시 한번 정리하자. 원/달러 환율이 오른다는 건 달러화의 가격이 오른다는 의미이고 따라서 원화의 달러화 대비 가치가 하락하는 것이다. 반대로 원/달러 환율이 내린다는 건 달러화의 가격이 내린다는 의미이고 원화의 상대적 가치가 오르는 것이다. 환율이 오른다 또는 내린다 하는 건 외화의 가격이 오른다 또는 내린다는 걸 의미한다. 이렇게 생각하자. 모든 드라마에는 주인공이 있다. 주인공을 중심으로 파악할 때 드라마 흐름을 이해하기 가장 좋다. 외환시장에서는 외화가 주인공이고 자국 화폐는 조연이다. 따라서 모든 서술은 외화를 중심으로 이루어진다는 점을 꼭 기억하자.

환율, 살 때와 팔 때가 다르다

우리가 일상에서 가장 흔히 접하는 환율은 '사실 때 환율'과 '파실 때 환율'이다. 공항이나 은행의 환전 창구에 가면 이런 표현을 쉽게 볼 수 있다. 앞에서 강조했듯이 주역은 외화다. 산다, 판다의 주대상이 원화가 아니라 외화라는 점을 다시 상기하자.

고객의 입장에서 '사실 때 환율'이 은행의 입장에서는 매도환율이고, '파실 때 환율'이 은행의 매입환율이다. 은행은 달러를 싸게 사서(파실 때 환율=매입환율) 비싸게 팔아야(사실 때 환율=매도환율) 이윤을 남긴다. 이 속성상 '사실 때 환율'이 높고 '파실 때 환율'이 낮다.

그런데 어떤 경우에는 '사실 때'와 '파실 때'를 구분하지 않고 한 가지 환율만 적어놓기도 한다. 예를 들어 인천국제공항 출국장에 있는 은행 환전 창구에 가보면 각국의 국기와 함께 한 가지 환율만 적혀 있다. 이 환율은 '사실 때 환율'이다. 출국하는 대부분의 여행객은 외환을 살 입장이기 때문에 '사실 때 환율'만 적어놓은 것이다. 반대로 입국장에도 국기와 함께 하나의 환율만 적어놓는데 이는 '파실 때 환율'이다. 외국인들이라면 한국에 입국해서 쓸 원화가 필요하기 때문에 달러를 팔아 원화를 사는 것이고 내국인도 해외여행에서 쓰고 남은 외환을 갖고 있을 이유가 없으니 원화로 되바꾸는 수요가 대부분이다.

과연 은행들은 얼마나 높게 달러를 팔고 얼마나 낮게 달러를 사는 걸까? 이 차이를 '스프레드'라고 한다. 스프레드는 '외환의 매도가격(ask price)-매입가격(bid price)'이다. 스프레드는 은행 입장에서는 이윤이지만 고객 입장에서는 손해다. 예를 들어 여행을 가기 전에 1,000달러가 필요할 걸로 판단해서 1,187,400원을 은행에 지급하고 1,000달러를 받았다고 하

자. 여행이 취소되는 바람에 다시 1,000달러를 은행에서 원화로 바꾸었더니 수중에는 1,146,580원이 돌아왔다. 환전과 재환전을 했을 뿐인데 40,820원이 사라진 셈이다. 그 금액만큼이 은행의 이익으로 돌아간 것이다. 고객 입장에서는 억울하고 은행이 부당이익을 취한다고 생각할 수 있지만 은행도 나름의 이유가 있다. 환전거래에 드는 비용과 환차손 등을 감안한 적정한 수수료다. 따라서 이런 손해를 줄이려면 불필요한 현금 환전을 피하는 것이 좋다. 가능하면 물리적인 환전을 하지 않고 해외에서는 카드로 결제하는 게 상책이다.

'사실 때 환율'과 '파실 때 환율'은 외화를 현금으로 거래하는 경우의 환율이다. 현금을 주고받지 않고 송금 보내거나 송금 받을 때의 환율은 별도로 고시한다. '송금 보낼 때 환율'과 '송금 받을 때 환율'이 적용된다. 원화를 은행에 맡기고 외화를 사서 보내는 경우에 적용되는 환율이 '송금 보낼 때 환율'이다. 반대로 외국에서 외화를 보내서 한국의 은행 창구에서 원화로 받을 때 환율이 '송금 받을 때 환율'이다. '송금 보낼 때 환율'이 '사실 때 환율'에 해당하고, '송금 받을 때 환율'이 '파실 때 환율'에 해당한다. 따라서 '송금 보낼 때 환율'이 '송금 받을 때 환율'보다 높다. 송금거래에도 스프레드가 붙는 것인데 그래도 현금거래보다는 송금에 적용하는 스프레드가 더 낮다. 그만큼 고객의 입장에서는 송금이 현찰로 바꾸는 것보다는 유리하다.

여러 환율을 결정하는 기준이 되는 기준환율(매매기준율이라고 한다)은 어떻게 결정될까? 기준환율은 전날 은행들 사이의 외환거래에서 적용된 환율을 거래량으로 가중평균해서 구하며 금융결제원이 매일 아침 고시한다. 이 기준환율은 외국환은행들이 대고객매매율을 결정할 때 준거가 된다는 점에서 중요하다. 외국환은행들은 매도환율은 기준환율보다 높게, 매입환율은 기준환율보다 낮게 책정한다. 이 차이가 앞에서 말한 스프레드가 된다.

일반적으로 거래 규모가 큰 통화의 경우 스프레드는 작다. 반대로 거래 규모가 작은 통화는 스프레드가 크다. 따라서 달러의 스프레드가 가장 작다. 달러의 경우 5% 정도다. 이와 달리 우리나라 원화와 환전이 많지 않은 통화들의(동남아시아 국가들, 중동 국가들, 남미 국가들, 러시아 등등) 스프레드는 크다. 심한 경우에는 15%가 넘기도 한다.

은행간환율과 체감 환율이 다른 이유

대부분의 상품거래 시장에는 도매시장과 소매시장이 따로 존재한다. 외환시장도 그렇다. 환율이 결정되는 은행간시장(Interbank market)이 도매시장이라면, 은행간시장에서 결정된 환율을 기초로 은행과 고객이 거래하는 대고객시장(Customer market)은 소매시장이다. 우리나라의 은행간시장에는 국내 은행들, 외국계 은행 한국지점들, 일부 대형증권사들이 참여한다. 우리나라의 외환시장은 은행간시장을 말한다.

우리나라의 외환시장(은행간시장)은 오전 9시부터 오후 3시

30분까지 열린다. 은행들은 서로 매입하고자 하는 환율(매입환율)과 매도하고자 하는 환율(매도환율)을 제시한다. 은행은 기본적으로 외화를 싸게 사서, 이에 마진을 붙여 비싸게 팔아 이윤을 남긴다. 따라서 언제나 매입환율이 매도환율보다 낮다. "싸게 사서 비싸게 팔라(Buy low, sell high)"는 원칙은 은행들의 외환거래에서도 당연한 원칙이다.

매도환율과 매입환율의 차이를 스프레드 또는 매매율차라고 부른다. 사고파는 사람이 많아 유동성이 풍부하면 스프레드가 좁아진다. 같은 시장에서도 주문 물량과 거래 물량이 많은 시간대에는 스프레드가 좁아진다. 보통 은행간 원/달러 시장의 스프레드는 0.1원(10전)으로 형성되지만, 시장이 어떤 경제 뉴스나 변수에 따라 급격하게 움직일 때는 유동성이 줄어들면서 스프레드가 몇십 전으로 확대되기도 한다. 은행간 환율은 가장 높은 매입환율과 가장 낮은 매도환율 사이에서 결정된다.

한편, 대고객환율은 은행들이 기업체, 개인 등 일반 고객에게 제시하는 매매가격이다. 각 은행이 은행간환율에 일정한 마진을 붙여 스스로 결정한다. 대고객환율은 외환의 결제방법에 따라서 차이가 난다. 전신환, 현찰, 여행자수표 등 각각의 결제 방법에 따른 낮은 매입률과 높은 매도율을 고시한다. 당연히 이때에도 '싸게 사서 비싸게 팔라' 원칙에 따라 매입률은 낮고 매도율은 높다.

일반적으로 현찰의 스프레드가 가장 크고 그다음이 여행

자수표, 그리고 전신환의 스프레드가 가장 작다. 그만큼 고객의 입장에서는 현찰로 하는 환전과 재환전이 가장 불리하다. 하지만 은행 입장에서 보면 현금 환전은 많이 남는 장사가 아니다. 현찰의 보관과 관리에 비용이 더 많이 들기 때문이다. 창구에서 환전해주려면 인건비도 많이 든다. 1백만 원 현찰 환전 손님을 상대하는 것보다 1백만 달러 전신환 환전 대기업 고객을 상대하는 게 수익성 측면에서 훨씬 더 좋다.

요즘엔 종종 '원/달러 환율'이 포털 사이트의 검색어 상위권에 오른다. 어느 날 포털 사이트에서 환율이 낮은 걸 확인하고 재빨리 은행으로 갔다. 은행 직원에게 신분증을 제시하고 환율을 물어보니 기대했던 것보다는 실망스럽다. 물론 은행에 가는 동안 환율이 변했을 수 있다. 그런데 이는 기본적으로 은행들이 고객과의 외환거래에 상당히 높은 마진을 붙이기 때문이다. 가령 포털에서 검색한 원/달러 환율(매매기준율)이 1,100일 때 은행 창구에 나가보면 달러를 살 때의 환율은 1,150 정도 한다. 해외여행을 갈 때 공항에서 환전하면 대략 1달러당 40~50원 정도의 수수료를 내야 한다. 1천 달러를 환전하면 수수료가 5만 원 가까이 되는 것이다. 물론 개인들도 큰 금액을 환전할 때는 우대환율을 적용해 낮은 수수료로 환전할 수 있다. 참고로, 공항에 있는 은행지점보다는 우대환율을 적용해줄 수 있는 주거래은행에서 직접 환전하는 게 유리하다.

기업은 통상 거래단위가 크다. 1백만 달러를 산다고 하면 대략 10전(0.1원) 내지 20전(0.2원)의 수수료가 부과된다. 개인이 높은 수수료를 부담하게 되는 이유는 앞서 설명했듯이 현금 환전에 드는 비용이 상대적으로 높은 탓이다. 그리고 다른 이유는 은행이 부담하는 환리스크 때문이다. 은행은 고객을 상대로 환전을 하면 외환 포지션(외화자산과 외화부채의 순차액)이 달라진다. 따라서 이를 은행간시장에서 커버하려고 한다. 그런데 은행간시장의 최소 거래단위는 미화 1백만 달러이기 때문에 개인들의 소액을 그때그때 커버할 수 없다. 이로 인해 은행은 환리스크를 부담하게 된 만큼 소매 고객에게 높은 마진을 붙이는 것이다.

환율의 세계에 입문하기 위해 지금까지 몇 가지 환율 명칭을 살펴보았다. 환율이 단 한 가지 정의로만 쓰인다면 이해하기 쉽겠지만 사실 때 환율, 파실 때 환율, 은행간환율, 대고객환율이 각각 다름을 알 수 있었을 것이다. 그런데 더 자세히 들여다보면 단순히 사고파는 주체에 따라서만이 아니라 경제학적 이유로 환율의 명칭은 훨씬 더 다양해진다. 명목환율, 실질환율, 교차환율, 재정환율, 현물환율, 선물환율, 구매력평가환율 등이 그것이다. 이 각각의 개념을 다 이해하면 환율을 둘러싼 경제 현상을 이해하는 안목이 훨씬 넓어지지만 환율 여행 초반부에 너무 많은 개념 설명은 자칫 여행 의욕을 떨어뜨릴 수가 있다. 보다 많은 환율 명칭과 개념에 대해서는 책 뒤의 부록을 참조하기를 바란다.

단일한 국제통화는 불가능한가

세상에 단 하나의 화폐만 있다면

환율이 중요하다고 해서 공부를 하자니 왠지 억울한 생각이 들 수도 있다. 세상에 단 하나의 화폐만 존재한다면 얼마나 편하고 좋을까? 그렇다면 환율이라는 개념도 필요 없고 복잡하게 환율을 공부할 이유도 없으니 말이다. 이런 생각은 오랫동안 정치인들과 경제학자들을 매료시켰다. 생각에만 그치지 않고 실제로 전 세계적인 단일통화를 도입하려는 과감한 실험도 있었다. 대부분 실패로 끝났지만 그 생각은 아직도 진화 중이다. 유럽연합의 공식 화폐로 1999년 출생한 유로화 역시 그런 시도 가운데 하나이다.

유로화처럼 여러 국가가 모여서 '화폐공동체'를 만드는 것을 통화동맹(monetary union)이라고 한다. 환율을 고정시키고 공통의 통화정책을 시행하는 것이다. 통화동맹도 여러 층위가 있는데 가장 견고한 형태가 화폐동맹(currency union)이다. 참여 국가들이 공동의 단일화폐를 사용하는 것이다. 화폐가 하나이므로 복잡한 환율도 필요 없는 경제공동체다. 화폐동맹보다 느슨한 형태는 각국이 자체의 독자적인 화폐를 사용하지만 각 화폐 사이의 교환비율(환율)을 고정시키는 방식이다.

화폐동맹처럼 하나의 통화만을 사용하면 좋은 점은 무얼까? 일단 환전이 필요 없다. 경제학적으로 보자면 거래비용이 감소하는 것이다. 나아가 같은 화폐를 사용하면 모든 분야에서 국가 사이의 거래가 증가하고 경제통합이 촉진된다. 경제의 통합성이 높아질수록 시장은 넓어지고 경쟁은 치열해져서 자원은 더 효율적으로 배분된다. 덤으로 환율 리스크로부터 자유로워지니 그 얼마나 좋은가.

하지만 단일화폐를 사용하는 것이 말처럼 쉽지는 않다. 우선 경제적 득실을 떠나서 자국의 화폐를 포기하는 게 정치적으로는 상당히 어려운 문제이다. 화폐는 국가적 정체성의 중요한 요소로 인식되는 게 현실이다.[3] 국민 정서가 자국 화폐의 폐기를 용인하지 않는다. 예를 들어 한국과 일본이 경제교류와 통합을 위해 단일화폐를 사용하기로 했다고 상상해보자. 단일화폐로 엔화를 쓰기로 한다면, 한국 국민들이 용납할까? 반대로 원화를 단일통화로 쓴다면 일본 국민들이 순순히 받아들일까? 원화도 엔화도 아닌 제3의 통화를 만드는 것도 양국 국민의 동의를 받기까지는 험난한 정치적 과정이 예상된다.

나아가 경제적으로도 단일화폐를 사용하는 것이 꼭 이득만 주는 것은 아니다. 단일화폐를 사용하는 순간부터 그 나라의 정책당국은 통화정책과 환율정책을 잃어버리게 된다. 자국의 독자적인 화폐가 없기 때문에 통화정책과 환율정책은 설 자리가 없다. 통화정책과 환율정책이 없는 정책당국은 무장해제된 군대나 마찬가지다. 아무 힘도 쓸 수 없다. 애초부터 정부의 경제정책을 신뢰하지 않는 사람들은 오히려 그 편이 낫다고 생각할지도 모르겠다. 하지만 통화정책과 환율정책을 활용할 수 없다는 건 심각한 일이다. 통화정책은 물가안정을 위한 효율적인 정책수단이다. 물가가 불안해지는 이유는 많다. 미시적인 물가 안정 수단들로 대응할 수도 있지만 통화정책만큼 광범위하게 영향을 미치는 물가 안정 정책수단은 찾기 어렵다.

환율은 국가 사이의 경제적 차이를 조정하는 수단이기도 하다. 환율이 지나치게 불안정한 것도 문제지만 전혀 변하지 않고 고정되는 것은 더 크고 심각한 문제다. 예를 들어 한 나라의 물가 상승률이 높고 다른 나라의 물가 상승률이 낮은 경우를 생각해보자. 각각 자국의 화폐를 사용하는 경우에는 환율이 조정된다. 물가 상승률이 높은 국가의 화폐는 평가절하되고, 물가 상승률이 낮은 국가의 화폐는 평가절상된다. 환율 조정으로 두 나라의 각각 다른 물가 상승률에서 초래되는 경제적 마찰은 어느 정도 해소된다.

환율이 고정되어 꼼짝달싹하지 않는 경우를 생각해보자. 두 나라가 모두 고정환율을 유지하는 경우다. 무슨 일이 벌어질까? 물가가 높은 나라에서는 자국 상품보다 상대적으로 싼 다른 나라의 상품을 수입해서 소비한다. 이에 따라서 물가가 높은 나라는 무역적자를, 물가가 낮은 나라는 무역흑자를 보게 된다. 무역적자인 국가는 그 여파로 생산이 줄고 고용도 따라 줄어들게 되고 가계소득도 감소한다. 이렇게 생산, 고용, 소비, 물가 등 경제 전반에서 발생한 변화는 두 나라의 구매력 차이가 사라질 때까지 진행된다. 아주 오랜 시간이 소요될 수 있고 그 기간 동안 국민들이 겪는 경제적 고통은 매우 클 것이다. 반면 환율이 자유롭게 변동한다면 양국 간의 구매력 차이는 환율 변동으로 일시에 해소되어 경제적 충격을 피할 수 있다.

물론 환율 조정이 비용을 치르지 않고 항상 원만하게 이루어지는 건 아니다. 환율 조정에도 비용이 들고 부수적인 변화가 따른다. 환율 변화가 모든 경제주체의 의사결정과 행태에 영향을 주기 때문이다. 하지만 환율이라는 '가격 조정'은 생산, 소비, 고용 등의 '물량 조정'에 비하면 보다 신속하게 작동한다. 환율이 조정되면 두 나라 사이에서 모든 상품의 상대가격은 동시에 즉각적으로 변한다. 환율 조정이 없을 때 소비, 생산, 고용 등이 총체적으로 변해서 조정되는 과정과 비교하면 훨씬 효율적이다.

환율은 여러 나라의 경제를 잇는 연결고리다. 고정환율은 그 연결고리가 완고하고, 반대로 변동환율은 그 연결고리가 신축적이라고 말할 수 있다. 과연 연결고리가 완고한 게 나은지 아니면 신축적인 게 나은지 여부는 연결되는 각 나라의 경제가 동질적이냐 이질적이냐에 달려 있다. 경제구조와 생산성이 다르고 물가 상승률 차이가 큰 이질적인 경제를 완고한 연결고리로 묶어놓으면 연결고리는 족쇄가 되고 마침내는 끊어질 수밖에 없다.

세계 경제는 거대하다. 그리고 그 안에는 나라마다 너무도 다양한 차이와 경제적 특수성이 존재한다. 이러한 차이를 무시하고 단 하나의 통화로 세계 경제를 묶는 것이 가능할지, 또 그것이 과연 모두에게 좋은 결과를 가져다줄지는 단언하기 어렵다.

금본위제에서 명목화폐의 시대로

통화들 간의 교환 방식이 오늘날과 같은 모습으로 형성되기까지 국제통화체제는 어떤 과정을 거쳐왔을까? 본격적인 근대적 국제통화제도는 고정환율제로 시작했다. 19세기 금본위제도가 그것이다. 금본위제란 화폐가치를 일정한 순금의 중량과 같게 정하는 것이다. 각국 통화별 교환비율은 각 통화와 연계된 금 중량에 의해 결정된다. 그리고 연계된 금 중량을 바꾸지 않는 한 고정된다. 예를 들어, 영국에서 금 1온스가 5파운드로 고정되고, 미국에서는 금 1온스가 25달러로 고정되었다고 하면, 1파운드당 5달러(25달러/5파운드)가 파운드와 달러 사이의 환율(달러/파운드 환율)이 된다.

금화가 아닌 지폐도 언제든지 금으로 교환 가능했다. 각국 중앙은행이나 통화당국은 언제라도 화폐를 금으로 교환해주었다. 강한 신뢰를 바탕으로 19세기까지는 금본위제도가 원활하게 운영되었다. 당시 세계 경제의 중심이었던 영국이 금본위제를 주도했다. 미국과 남아프리카 등에서 대규모 금광이 발견되고 화폐용 금이 공급되었다. 하지만 금 생산은 수요를 따라갈 수 없었다. 화폐용 금의 수요는 경제성장의 속도 이상으로 증가하는데 금 생산은 그러질 못했다.

1914년 제1차 세계대전이 발발하면서 금본위체제의 근간이 흔들렸다. 전쟁으로 국가 간 협력 관계가 약화되고 경제상황은 전시체제로 전환되었다. 각국은 금을 확보하기 위해서 금과 통화의 교환을 중지했고, 전쟁에 필요한 자금을 조달하기 위한 화폐를 대량 발행했다. 이는 극심한 인플레이션을 초래했다. 특히, 패전국 독일은 연합국에 막대한 배상금을 지불하기 위해 통화 발행을 크게 늘릴 수밖에 없었다. 이는 화폐 가치의 하락과 극심한 물가 상승을 부추겨 1919년 262였던 독일의 물가지수가 불과 4년 후인 1923년 126조 1,600억으로 4,815억 배 상승하는 초인플레이션을 발생시켰다.

각국은 경기침체, 실업, 국제수지 불균형 등을 해결하기 위해 경쟁적으로 자국 통화 가치를 절하하고 수입 관세율을 인상했다. 설상가상으로 1929년 10월 24일, 뉴욕 월스트리트 증권거래소에 불어닥친 주식시장의 붕괴를 신호탄으로 전 세계가 대공황의 늪에 빠졌다. 결국 영국은 1931년 금본위제를 포기하고 파운드화의 평가절하를 단행했다. 이후 미국까지 달러화 평가절하를 단행하는 등 주요국들이 일시적인 변동환율제도로 전환하면서 결국 고정환율제도인 금본위제는 사실상 사라졌다.

제2차 세계대전이 막바지로 접어든 1944년 7월, 승리를 앞두고 연합국 44개국 대표들이 미국 브레튼우즈에 모였다. 새로운 국제통화체제를 출범시키기 위한 자리였다. 당시 미국 대표는 재무부 차관보 해리 화이트였다. 이에 맞서는 영국 대표는 경제학자 존 케인스였다. 둘은 각각 새로운 국제통화체제 안을 제시했다.

미국 대표 화이트는 달러화를 기축통화로 하는 고정환율제도를 제안했다. 미 재무부가 달러의 발행 규모를 결정하는 권한을 갖는 건 당연했다. 각국의 국제수지에 구조적 불균형이 있는 경우에만 예외적으로 환율 변동을 인정하자고 했다. 반면, 영국 대표 케인스는 독립적인 세계중앙은행인 국제청산동맹을 제안했다. 일정량의 금과 동일한 가치를 가진 가상화폐인 '방코르'(Bancor)를 만들자고 했다. 회원국 간 국제거래는 '방코르'로 결제한다. 국제수지 흑자 또는 적자가 일정 수준을 넘어서게 되면 해당국 통화의 평가절상 또는 평가절하를 허용하는 방안이었다.

케인스는 미국 달러화를 기축통화로 하는 미국의 안에 반대하고 새로운 국제통화의 도입을 주장한 것이다. 이유는 두 가지였다. 우선, 그는 무역분쟁 및 환율 문제가 제3차 세계전쟁으로 이어질까 걱정했다. 또한 특정 국가의 경제위기가 다른 국가들로 전이되지 않도록 하고 싶었다. 만약 기축통화국인 미국에서 유동성 위기가 발생할 경우 전 세계의 유동성 위기로 전이될 수 있지만, 세계통화가 도입된다면 이러한 위기의 전이는 제한될 수 있다고 믿었다.

연합국 44개국 대표들은 화이트 안을 채택했다. 화이트 안이 선택된 배후에는 세계 초강대국으로 부상한 미국의 강력한 입김이 있었다. 브레튼우즈 체제는 금환본위제(金換本位制)라 할 수 있다. 금환본위제도는 구조적 불균형이 있을 때에는 환율의 조정이 가능하도록 허용했다는 점에서 '조정이 가능한 고정환율제도'였다. 종전의 금본위제도에 비해 한결 느슨한 고정환율제였다. 기축통화인 미국 달러만 금과 태환되고 나머지 국가의 통화들은 미국 달러화와 교환비율이 정해졌다. 그리고 그 교환비율도 일정 범위 내에서 변동할 수 있었다. 미국은 금 1온스(31.1그램)당 35달러로 고정시키고 자유로운 태환을 약속했다. 다른 국가들은 자국 통화와 달러화의 교환비율(환율)을 정하고 달러화와의 태환을 보장했다. 달러화가 영국의 파운드화를 대신해서 기축통화가 된 것이다.

브레튼우즈 체제는 1960년대 중반까지 환율을 안정시키고 세계무역을 확대하는 데 기여했다고 평가받는다. 하지만 브레튼우즈 체제도 곧 어려움에 봉착했다. 미국의 만성적인 국제수지 적자가 발목을 잡은 것이다. 전 세계적인 유동성은 오로지 미국의 적자에 의해서 공급된다는 한계가 있었다. 해마다 늘어나는 경상수지 적자로 골머리를 앓던 미국 의회는 1960년 해법을 모색하는 청문회를 열었다. 로버트 트리핀 예일대 교수가 초빙되었다. 트리핀 교수는 브레튼우즈 체제의 내재적 모순을 지적하고 브레튼우즈 체제는 결국 붕괴될 것이라고 경고했다.

트리핀 교수의 논리는 이러했다. 브레튼우즈 체제에서 지불수단은 금과 달러화다. 국제무역이 확대되면 필연적으로 금 또는 달러화 수요가 늘어난다. 따라서 금 생산을 늘리거나 미국이 경상수지 적자를 통해 달러화를 공급해야 한다. 그런데 금 생산은 한계가 있으므로 미국이 경상수지 적자를 감내하는 방법밖에 없다. 그러나 미국의 경상수지 적자가 누적되면 달러화가 신뢰를 잃고 기축통화의 지위까지 상실할 수 있다. 이를 피하기 위해 미국이 경상수지 적자를 줄이면 달러화 공급이 부족해져 세계 경제가 위축된다. 이는 '트리핀의 딜레마'로 회자되었다.

1960년대 초반부터 베트남 전쟁에 개입하면서 미국의 적자는 눈덩이처럼 불어났다. 더 이상 미국의 달러화는 신뢰를 주지 못했다. 보유 중인 달러화를 금으로 태환해달라는 주문이 미국으로 쇄도했다. 하지만 미국은 이를 받아줄 만큼의 금을 보유하고 있지 않았다. 결국 1971년 8월 미국 닉슨 대통령은 금과의 태환을 중단했다. 이를 닉슨 쇼크라 한다. 이후 여러 응급조치에도 불구하고 브레튼우즈 체제에 기초한 고정환율제도는 임종을 맞을 운명이었다. 1973년 석유파동으로 인한 전 세계적 경제위기와 초인플레이션은 새로운 통화제도를 요구했다. 마침내 1976년 1월 자메이카의 수도 킹스턴에서 세계 주요국들이 모여 새로운 국제통화체제를 마련했다. 각국이 자국 여건에 맞는 환율제도를 선택할 수 있게 하자는 것이 골자였다.

1976년 1월 킹스턴 체제는 전 세계적으로 변동환율제도를 가져왔다. 금의 공정가격을 철폐했다. 모든 국가의 화폐는 금의 가치와 완전히 결별했다. 소위 명목화폐(fiat money)의 시대가 되었다. 화폐의 재료 가치는 액면 가치에 비해 턱없이 모자란다. 오로지 중앙은행들의 신뢰가 화폐의 가치를 보장할 뿐이었다. 화폐의 가치를 잠식하는 인플레이션은 최대의 적이었다. 이후로 화폐의 가치를 유지하려는 노력이 계속되었다. 중앙은행의 독립성이 보장되고 통화정책이 거시경제정책의 중심으로 자리 잡았다. 하지만 변동환율제도도 환율을 둘러싼 국가들 사이의 마찰과 갈등을 해결하지는 못했다. 환율전쟁의 소지는 늘 잠복해 있었다.

케인스의 '방코르' 제안과 암호화폐

케인스는 한 나라의 통화가 기축통화가 되는 것은 불합리하다면서 '방코르'라는 국제통화를 발행하자고 주장한 바 있다. 그의 제안은 실현되지 못했다. 그런데 최근 국적과 무관한 암호화폐가 크게 대두되는 중이다. 실현되지 못했던 케인스의 제안이 현실로 나타나고 있는 것일까? 암호화폐는 과연 화폐이긴 한 것일까?

암호화폐는 '가상화폐'라고도 불린다. 지난 2017년에는 그야말로 암호화폐 광풍이 불었다. 암호화폐 시장이 과열되며 하루가 다르게 가격이 치솟았다. 암호화폐의 대표주자인 '비트코인'은 2017년 1월 초 가격이 909달러였으나 같은 해 12월 19,650달러까지 2,061% 급등했다. 암호화폐 거래를 안 해본 사람은 있어도 한 번만 해본 사람은 없다는 말이 나돌 정도로 사람들의 관심과 중독성은 폭발적이었다. 이후 2017년 말까지 1,000여 개가 넘는 암호화폐가 우후죽순처럼 등장했다.

천정부지로 치솟던 암호화폐 가격이 2018년 들어 하락세를 보였다. 그러면서 암호화폐의 광풍도 다소 수그러졌다. 하지만 암호화폐는 여전히 핫 이슈다. 미래의 화폐 시스템에 블록체인 암호화 기술과 암호화폐가 핵심이라는 예상 때문이다. 2017년 "암호화폐는 사기다"라고 비난했던 제이미 다이먼 JP모건 CEO는 2018년에는 "2017년 발언을 후회한다. 암호화된 가상 달러화도 나올 수 있다"라며 자신의 발언을 뒤집었다. 2019년 2월에 JP모건은 미국 은행 중 최초로 자체 암호화폐인 'JPM코인'을 발행하겠다고 발표했다. 2021년 1월에 테슬라 CEO 일론 머스크는 비트코인 15억 달러를 매입했고 앞으로 비트코인으로 테슬라를 구매할 수 있다고 발표했다. 이 효과로 비트코인 가격은 5만 달러에 근접했다.

암호화폐란 실물 없이 가상의 공간에서 존재하는 화폐로 블록체인이라는 암호화 기술로 만들어진다. '블록'은 개인 간 거래 데이터가 기록되는 장부를 말한다. 거래할 때마다 그 정보를 '블록'으로 만들고 이 블록을 기존 블록에 순차적으로 연결해서 '사슬(체인)'이 된다. 그래서 거래 정보가 은행에 집중되는 일반 화폐와 달리 암호화폐의 거래 정보는 참여자들에게 분산된다.

암호화폐가 전통적인 화폐와 다른 점은 발행 주체다. 암호화폐는 중앙은행이 아닌 개인들이 직접 만들어 유통시킨다. 예로 비트코인은 고난도 수학 문제를 푸는 작업 증명 방식으로 '채굴'(mining, 생성원리가 매장량이 정해진 금을 캐는 것과 유사해 '채굴'이라 부른다)한다. 채굴기로는 컴퓨터를 이용한다. 이러한 암호화 기술은 암호화폐의 정보를 해킹 등으로부터 보호해 화폐로서의 신뢰를 확보한다.

최초의 암호화폐는 2009년 1월 탄생한 비트코인이다. 지금까지도 신원이 확인되지 않은 사토시 나카모토(가명)가 개발했다. 비트코인이 시가총액 1위 암호화폐가 되면서 파키스탄계 영국인 개발자인 제임스 칸 등 자신이 사토시라고 주장하는 사람들이 등장했지만 아직까지 공식적으로 확인된 바는 없다. 나카모토 사토시라면 최초 개발자로서 그가 보유하고 있을 것으로 추정되는 약 98만 개의 비트코인과 최초 채굴한 비트코인이 담긴 지갑을 공개할 수 있어야 하는데 지금까지 이를 제시한 사람은 없었기 때문이다.

사토시는 최초의 비트코인을 선보이기 직전인 2008년 10월 「비트코인 : 개인 간 전자화폐 시스템」이라는 9장 분량의 논문을 발표했다. 여기에서 그는 비트코인을 만든 이유를 "중앙은행과 일반은행들이 신뢰를 저버렸기 때문"이라고 밝혔다. 당시는 미국발 서브프라임 모기지 사태를 계기로 글로벌 금융위기가 터진 상황이었다. 주요국 중앙은행들은 금리 인하와 양적완화를 단행했다. 이로 인해 통화 가치는 하락했다. 정부는 부실 금융기관들에 구제금융을 제공했다. 금융기관의 위기 발생 책임을 국민들에게 떠안기는 꼴이었다. 이에 사토시는 기존의 금융 및 화폐 시스템을 대체할 수 있는 새로운 통화를 만들고자 한 것이다. 그는 자신이 만든 비트코인의 첫 블록에 '재무장관, 은행에 두 번째 구제금융 제공 임박'이라는 글귀를 남겼다.

비트코인을 개발한 사토시는 비트코인이 기존의 화폐를 대체하는 새로운 화폐라는 점을 강조했다. 과연 암호화폐가 새로운 국제통화가 될 수 있을까? 암호화폐가 기존 금융·통화시스템을 대체할 수 있을까? 암호화폐가 화폐인지 아닌지조차 사람들의 의견이 분분하다. 암호화폐의 옹호자들은 조만간 암호화폐가 기존의 화폐들을 대체할 것이라고 주장한다. 하지만 반대론자들은 암호화폐는 일종의 무형자산에 불과하다고 그 의미를 저평가한다. 2019년 국제회계기준위원회는 의미 있는 결정을 내놓았다. "암호화폐는 화폐도 금융자산도 아니다. 재고자산이나 무형자산으로 분류한다." 이로써 화폐가 되려는 암호화폐의 꿈은 더욱 요원해졌다. 2021년 1월, 재닛 옐런 미 재무장관은 "암호화폐는 돈세탁과 범죄 등에 활용된다. 그래서 규제가 필요하다"라고 했다. 크리스틴 라가르드 유럽중앙은행 총재도 "가상화폐는 투기자산이고 돈세탁에 사용된다"라며 부정적인 견해를 분명히 밝혔다.

암호화폐가 화폐가 아니라면 무얼까? 암호화폐라는 명칭부터 잘못되었다는 지적도 있다. 이런 주장을 펴는 사람들은 비트코인 등 소위 암호화폐들을 '암호자산' 혹은 '지불토큰'으로 명명한다. 블록체인을 기반으로 하는 지급결제 플랫폼에서 지급 수단으로 사용되면 '화폐성'을 지닐 수도 있다는 점은 인정하지만 화폐로 불릴 수 있는 자격을 갖추기까지는 아직 멀었다고 본다.

암호화폐는 여러 문제점을 안고 있다. 우선 채굴의 비효율성이다. 현행 화폐의 근간인 지폐는 특수종이와 인쇄비만 부담하면 얼마든지 찍어낼 수 있다. 반면에 암호화폐는 채굴에 소모되는 전기 소비량이 막대하다. 2018년 10월 투자은행 모건스탠리는 "비트코인 채굴에 들어가는 전기 소비량이 미국 3~4백만 가구의 전기 소비량에 맞먹는다"고 했다. 물론 채굴에 드는 비용을 변경할 수도 있다. 그리고 채굴 외의 다른 방식으로 암호화폐가 발행될 수도 있다. 개발자가 암호화폐를 판매할 수도 있고 무상으로 지급할 수도 있다. 어떤 방법이든지 발행이 공정하고 체계적이며 철저한 규칙에 따라야 한다. 그렇지 않으면 사용자들의 신뢰는 사라지고, 신뢰를 잃은 암호화폐가 설 자리는 없다.

암호화폐 가치의 급격한 변동성도 큰 문제다. 화폐의 생명은 가치의 안정성이다. 화폐의 가치가 안정되어야 화폐에 대한 신뢰가 확보된다. 특히 중앙은행이나 일반은행의 개입 없이 거래되는 암호화폐는 거래 참가자들의 신뢰가 절대적이다. 대표적인 암호화폐인 비트코인의 최초 가격은 2010년 0.09달러였다. 2017년 12월 2만 89달러로 최고치를 기록한 이후 2019년에는 3,100달러까지 하락한 바 있다. 이 정도의 불안정한 가치를 가진 화폐라면 이미 사라졌어야 한다. 그런데 암호화폐들이 지속적으로 사람들의 관심을 끌어당기는 이유는 뭘까? 암호화폐가 투자자산이기 때문이다. 이는 화폐가 아님을 반증한다.

암호화폐와 케인스가 제안한 방코르는 국적이 없는 화폐라는 점에서는 동일하다. 하지만 방코르가 금과 연계된 금환본위화폐인 반면에 암호화폐는 블록체인 기술에 의존해서 발행된다. 또한 케인스의 방코르는 대규모의 국가 간 결제와 청산이라는 제한적인 용도로 제시되었지만 암호화폐는 일상적인 거래수단이 될 수 있다. 이런 점에서는 암호화폐가 방코르보다 개념상으로는 한참 앞서 있다.

하지만 암호화폐가 케인스가 희망했던 국적 없는 국제통화의 초석이 되기에는 갈 길이 멀다. 아마 영원히 가지 못할 가능성이 높다. 사실 투기수단으로 암호화폐를 보유하는 동기를 제외하면, 국제 송금과 자금세탁용 수요가 대부분이다. 이차웅은 『블록체인, 플랫폼 혁명을 꿈꾸다』에서 암호화폐의 태생적 한계를 날카롭게 지적한다.

"화폐가 되고 싶어서 태어났지만 아직까지 화폐가 된 것은 없다. 화폐가 될 수 없는 것을 알면서도 화폐가 되겠다는 것들도 있다."**4**

고정환율제도와 변동환율제도

1976년 1월 킹스턴 체제 이후 변동환율제가 대세가 되었지만 여전히 어떤 환율제도가 좋은지에 대한 논쟁은 반복적으로 이어지고 있다. 시장에 의해 매일매일 변하는 환율은 누구에게나 골칫거리다. 그래서 단순하게 "환율이 움직이지 않고 고정되면 좋겠다"라는 생각은 여전히 끊이지 않는다.

이제 바로 이 문제, 즉 고정환율제도(fixed exchange rate system)와 변동환율제도(floating exchange rate system)에 대해 조금 더 깊게 살펴보자. 고정환율제도는 외환당국이 시장에 개입해서 환율을 일정하게 고정시키는 제도다. 이에 반해 변동환율제도는 환율이 시장에서 외환의 수요와 공급에 의해 자유롭게 결정되도록 하는 제도다. 그러나 현실적으로는 각국은 이 두 제도를 절충한 환율제도를 운영하고 있다. 고정환율제도를 채택하더라도 경제에 근본적인 구조적 변화가 있으면 이를 반영해서 환율을 조정한다. 반대로 변동환율제도 아래에서도 환율이 급변동하거나 외환시장에 심각한 쏠림현상이 보이면 외환당국이 개입한다.

변동환율제도의 특징은 국제수지 불균형 해소를 환율 조정이 맡는다는 점이다. 변동환율제도를 옹호하는 사람들은 환율의 자동안정화(automatic stabilizer) 기능을 신뢰하고 강조한다. 만약 어느 나라가 수출이 부진해서 무역수지에서 적자를 보면 외환시장에서 달러 공급이 줄어든다. 달러의 가격이 올라갈 수밖에 없다. 달러 가격이 올라간다는 건 자국 화폐의 대달러 환율이 상승한다는 것과 같다. 반대로 자국 화폐의 가격은 내려간다(자국 화폐의 가치는 절하된다). 이에 따라 자국 수출품의 가격이 상대적으로 싸지면서 수출이 증가하고 수입은 줄어든다. 그 결과 외환시장에서 달러의 공급은 늘고 수요는 감소한다. 즉 외환시장에서 환율이 조정되어서 국제수지 균형으로 연결되는 것이다.

고정환율제도 옹호론자들은 변동환율제도의 환율 불안정성을 문제점으로 지적한다. 변동환율제도에서 환율은 본질적으로 외환 수급에 따라서 변하게 된다. 환율이 과도한 변동성을 보일 경우 국제무역과 투자가 위축된다. 특히, 외환시장의 규모가 작고 환율의 자동안정화 기능이 정상적으로 작용하기 어려운 개도국의 경우 환율의 변동성 확대는 경제 전반에 부정적 영향을 미친다. 이에 비해 고정환율제도는 환율의 불확실성을 해소할 수 있다고 주장한다. 환율이 고정되기 때문이다.

그러나 고정환율제도 하에서는 환율이 안정된다는 것도 믿을 게 못 된다. 외환당국이 고정환율을 유지할 역량이 있느냐의 문제다. 전 세계적으로 고정환율제도가 변동환율제도로 바뀐 것도 고정환율을 유지할 수 없었기 때문이다. 환율수준을 유지하기 위해서 외환당국의 시장개입이 지속되면 외환보유액이 감소한다. 오히려 이런 약점을 노린 투기꾼들의 공격으로 고정환율을 유지하기 더 힘들어진다. 오늘날처럼 전 세계적으로 자본 이동이 빈번하고 규모도 큰 경우에는 더욱 그렇다.

세계 각국은 자국의 경제여건을 감안해서 고정환율제와 변동환율제를 절충한 다양한 환율제도를 시행하고 있다. IMF는 회원국들의 환율제도를 그 특성에 따라 10가지로 세분한다. 우리나라를 포함한 대부분의 선진국들은 환율이 외환시장에서 자유롭게 결정되는 변동환율제를 채택하고 있다. 자국 통화의 가치를 미국 달러화나 주요 통화들로 구성된 통화바스켓에 연동시키고 제한된 범위의 변동만 허용하는 나라(말레이시아 등)도 있다. 또 주요 교역상대국과의 물가상승률 차이 등을 반영해 고정환율을 미세하게 조정하는 나라(니카라과, 보스니아 등)도 있다. 외환당국이 시장개입을 통해 환율을 일정 범위 내에서만 변동하도록 하는 나라(중국, 싱가포르 등)도 있다.

환율 안정이냐 물가 안정이냐

그렇다면 고정환율제도와 변동환율제도 중 어느 쪽을 채택할지는 어떻게 판단해야 할까? 단순한 답변은 이렇다. "환율 안정이 더 중요하면 고정환율제도를, 물가 안정이 더 우선되면 변동환율제도를 택하라."

각국마다 사정이 다를 것이다. 선진국들은 물가 안정이 거시경제 안정에 필수적이다. 중앙은행의 최우선 목표도 물가 안정이다. 이 경우에는 변동환율제도가 정답이다. 반면에 개도국들은 환율 안정이 더 중요하다. 원유 등 천연자원의 수출에 의존하는 국가, 관광수입 비중이 큰 국가, 생필품의 수입의존도가 큰 국가 등은 환율 안정이 더 시급하다. 재정수입(세금 등 정부의 수입) 확보, 경기 활력 유지, 물가 안정 등이 환율수준에 달려 있다. 이 경우에는 고정환율제도가 유리하다.

변동환율제도는 여러 가지 장점이 있다. 환율이 외환시장의 수급을 반영해서 결정되는 과정에서 대외 불균형이 자동적으로 해소된다. 외환당국의 시장개입이 줄어들어 교역상대국들과의 통상마찰을 피할 수 있다. 통화정책의 자율성이 보장된다는 점도 변동환율제도의 장점이다. 통화정책은 국내 물가 안정, 고용 개선, 경기 활력 유지 등에 초점을 맞추어 펴나갈 수 있다. 또한 국제 자본 이동도 자유롭게 허용할 수 있다. 자본의 유입 규모나 유출 규모에 상관없이 환율이 국내에 미치는 영향은 통화정책을 통해 대응할 수 있다.

반면 고정환율제도는 환율 안정이 최대 장점이다. 환율이 고정된다는 확실성 때문에 기업은 환율 변동 위험에 개의치 않고 과감하게 투자와 무역에 나설 수 있다. 소규모 개방 국가이면서 수입의 비중이 높고 수출산업이 다변화되지 않은 국가의 경우에도 고정환율제도의 거시경제 안정 효과가 더 크다. 소비의 상당 부분을 수입으로 충당하는 경우에 불안정한 환율은 물가 불안으로 이어진다. 또한 한 나라의 수출이 원유, 광물 등 특정 1차 산품에 집중된 경우에 환율 변동은 외

환 획득이나 재정수입에 영향을 미치게 된다. 독자적인 고정
환율제를 유지하기 어려우면 미국 달러화 같은 선진국의 기
축통화에 자국 통화 가치를 고정시키는 형태로 고정환율제
도를 유지하기도 한다.

변동환율제도의 가장 큰 장점은 외부충격에 대한 흡수력
이 높다는 점이다. 따라서 노동시장이 경직적이고, 재정정책
이나 외환보유액 등 외부충격에 대응할 정책적 여력이 부족
한 소규모 개방 국가에게는 매력적이다. 문제는 개도국의 경
우에 변동환율제도를 채택하고 싶어도 역량이 안 된다는 거
다. 변동환율제도가 효과적으로 기능하기 위해서는 몇 가지
전제조건이 있다.

첫째, 외환시장의 규모가 크고 유동성이 충분해야 한다. 특
정 시장참여자의 주문이 시장가격에 영향을 미치지 않을 정
도로 외환시장의 폭과 깊이가 있어야 한다. 그렇지 않으면 특
정 세력에 의해 환율이 좌지우지되고 외환시장은 신뢰를 잃
게 된다.

둘째, 외환당국이 예외적인 경우에만 제한적으로 시장에
개입해야 한다. 외환당국이 변동환율제도를 표방하면서도
특정 환율수준을 목표로 삼아 시도 때도 없이 외환시장에 개
입하면 혼란을 준다. 예를 들어서 중앙은행이 경기과열을 막
기 위해 금리 인상이라는 긴축적 통화정책을 꺼내 든 경우를
보자. 금리 인상은 의도하지 않게 자본 유입을 부추겨서 환율
이 하락한다. 외환당국은 수출경쟁력을 저하시키는 환율 하

락(자국 통화의 평가절상)을 회피하기 위해 외환시장에 개입해서 외환을 매입하고자 하는 유혹에 빠지기 쉽다. 이러한 외환시장 개입은 자국 통화 유동성을 시중에 늘리면서 당초의 금리 인상을 단행한 통화정책과 충돌하게 된다. 이런 상황이 반복되면 사람들이 중앙은행의 금리 결정에는 관심을 덜 갖는 대신, 환율 움직임과 시장개입에 더 주목하면서 변동환율제도가 무색해진다. 따라서 외환시장 개입은 무질서한 시장상황 대처, 외환보유액 축적 등에 한해서만 예외적으로 시행한다는 규칙을 명확히 하고 지켜야 한다.

셋째, 환율 변동 위험에 대한 충분한 대비다. 환율 변동의 대표적인 위험이 통화 미스매치다. 은행, 기업, 가계 등 경제주체의 대차대조표상 자산과 부채의 통화가 서로 다른 경우다. 예를 들어, 은행이 금리가 낮은 달러로 자금을 조달하고 이를 외환시장에서 원화로 바꾸어 기업에 원화로 대출해줬다고 가정해보자. 이 경우 달러 가치 상승은 은행의 이자 및 원금 등 부채상환비용을 증가시켜 은행으로부터 대출을 받은 기업이 예정대로 대출금을 갚는다 해도 은행은 부실위험에 처할 우려가 생긴다. 은행 등이 환율 변동 위험 관리체제를 갖추도록 미시 및 거시 건전성 조치 등 감독체계가 구비되어 있어야 한다.

넷째, 통화정책으로 목표 인플레이션을 관리할 수 있는 역량이 있어야 한다. 인플레이션이 관리되지 않으면 환율변동성이 심해서 변동환율제도의 근간이 무너진다. 변동환율제도를 선택한 대다수 국가는 목표 인플레이션 제도를 시행한다. 경제의 중장기 펀더멘털에 부합하는 목표 인플레이션 수준을 설정하고 정책금리 조정 등의 통화정책을 통해서 이를 유지하는 것이다. 이를 위해서는 중앙은행의 독립성을 기반으로 통화정책의 신뢰성을 확보하는 것이 필요하다. 개도국은 중앙은행의 독립성이 부족하고 통화정책으로 목표 인플레이션을 관리할 역량이 충분하지 않다는 문제점이 있다.

오늘날 어느 나라도 순수한 변동환율제도를 고집하지 않는다. 완전히 손을 놓고 환율을 시장에 전적으로 맡겨놓는 외환당국은 없다. 소위 운용의 묘를 살려서 어느 정도의 환율 변동을 허용하면서도 동시에 환율 안정을 추구한다. 이를 외환당국의 시장개입이라고 한다. 왜 변동환율제도를 표방하면서도 외환시장에 개입할까? 환율의 급격한 변동으로 인해서 걷잡을 수 없는 무질서한 시장상황이 발생할 위험이 크기 때문이다. 특히 외환시장에서는 투기세력에 따른 쏠림현상 등으로 환율의 변동성이 심각하게 증폭되는 경우가 종종 있다. 통화에 대한 시장의 신뢰가 깨지면 자본의 급격한 이탈, 통화 가치 급락, 물가 상승 등 전반적인 경제위기로 확대된다.

외환시장과 그 참여자들

도대체 외환시장은 어디에 있을까?

먼저 외환시장을 알아보자. 도대체 외환시장은 어디에 있는 것일까? 물리적 실체로서의 외환시장은 여의도, 종로 그어디에도 없다. 외환시장은 특정한 장소에 존재하지 않는다. 큰 규모의 외환거래는 전화나 컴퓨터 등 통신수단을 통해서 이루어진다. 결국 외환시장은 외환을 사고파는 전체적인 시스템을 의미한다. 특정 장소에 거래 시장이 따로 존재하는 것이 아니라는 뜻이다. 주식은 여의도에 위치한 '한국거래소'에서 거래된다. 하지만 외환시장과 관련해서는 물리적인 건물이 존재하지 않는다. 외환시장은 무형의 시스템으로 존재할 뿐이다.

시장의 가장 중요한 기능은 가격 결정이다. 외환시장은 환율을 결정하는 시장이다. 이런 '가격 결정'의 관점에서 본다면 우리나라의 경우에 환율을 결정하는 외환시장은 은행간시장이다. 은행들이 거액 규모로 거래하는 시장을 말한다. 이와 달리 대고객시장은 개인이나 기업들이 은행과 거래하는 시장이다. 통상 좁은 의미의 외환시장은 환율이 직접 결정되는 은행간시장을 말한다는 점을 기억하자.

은행간시장에서는 중개회사를 통해서 고액 거래가 이루어진다. 최소 거래단위는 1백만 달러다. 우리나라에는 두 개의 중개회사가 있다. '서울외국환중개'와 '한국자금중개'다. 은행들이 이 중개회사에 전산망이나 전화로 주문을 내면 이 중개회사들이 비드(bid; 외환을 사려는 측)와 오퍼(offer; 외환을 팔려는 측)의 조건을 따져서 거래를 성사시킨다.

누구나 중개회사를 통해서 외환을 사고팔 수 있는 건 아니다. 중개회사를 통해서 외환을 사고팔 수 있는 주체는 외국환은행들이다. 정부로부터 외환거래가 인가된 은행들을 말한다. 우리은행, 하나KEB, 신한은행, KB국민은행, IBK중소기업은행 등이 모두 외국환은행 인가를 받았다. 산업은행이나 수출입은행도 외국환은행 인가를 받았다. 외국 은행의 국내 지점도 물론이다.

한국의 외환시장은 외국환은행 '그들만의 리그'다. 은행 외에도 누구나 일정 자격을 갖추면 외환시장에 참여할 수 있는 다른 나라와 크게 다른 점이다. 우리의 경우에는 개인이나 기업이 은행간시장에서 외환을 직접 사고팔 수 없고 은행을 통해서만 거래가 가능하다. 대규모로 외환을 거래하는 삼성, 현대 등 대기업이나 미래에셋, 삼성생명 등 해외투자펀드도 마찬가지다. 이들은 은행간시장에서 결정된 환율(매일매일 우리가 TV나 신문에서 보는 환율)을 기준으로 은행이 수수료를 가산해서 자율적으로 결정한 대고객환율에 따라 거래를 할 뿐이다. 그렇다면 환율 결정에서 대고객시장은 전혀 영향을 미치지 못할까? 그렇지는 않다. 기준환율은 은행간시장에서 결정되지만 근본적으로 환율을 결정하는 건 대고객시장이다. 대고객시장에서의 외환 수요와 공급에 따라 은행의 외환 포지션이 변동되면서 은행간시장에서의 거래가 달라지는 것이다.

조금 더 상세히 살펴보자. 은행이 고객과 외환을 사고팔면 은행의 외환 포지션이 변동한다. 대고객거래에서 외환을 순공급한(외환매도>외환매입) 은행은 외화부채가 외화자산보다 많아진다. 고객에게 달러를 더 팔았으니 당연히 종전보다 달러(외화자산)가 줄어들어 매도초과 포지션이 발생하는 것이다. 은행은 이로 인한 환리스크를 상쇄하기 위해서 은행간시장에서 외환을 사들여야 한다. 반대로 대고객거래에서 외환을 순매수한(외환매입>외환매도) 은행은 외화자산이 외화부채보다 많은 매입초과 포지션이 발생하므로 이 은행은 은행간시장에서 외환을 팔아 환리스크를 제거해야 한다.

이처럼 은행간시장에서의 수급은 대고객시장의 수급을 반영한다. 물론 은행이 대고객거래와 무관하게 독자적으로 외환을 사고팔 수도 있다. 은행이 스스로 환리스크를 부담하면 가능하다. 하지만 우리나라의 은행들처럼 환리스크를 전혀 부담하지 않으려는 경우에는 은행간거래는 대고객거래에 의해 결정된다. 환율이 은행들만 참여하는 '좁은 의미의 외환시

장', 즉 은행간시장에서 결정된다고 해서 대고객시장의 중요
성이 감소하는 것은 아니다. 궁극적으로 따져보면 환율 결정
에서 대고객시장은 몸통이고, 은행간시장은 꼬리에 해당한
다. 환율이 꼬리에서 결정되는 것 같지만 꼬리를 흔드는 것은
결국 몸통이다.

참가자 1 – 외환 실수요자인 수출입업체

외환시장의 개념을 이해했다면 이제 그 시장에 참여하는
참가자들, 외환의 거래 주체들에 대해 알아볼 차례이다. 외환
시장의 가장 기본적인 실수요자는 무역업체들이다. 외환의
수요자인 수입업체와 공급자인 수출업체들이 그들이다. 수
입업체는 수입할 때 결제 통화가 대부분 외화이고, 수출업체
는 수출할 때 지급받는 통화가 대부분 외화이기 때문에 사실
상 우리 수출입업체의 모든 국제거래에는 외환이 개입된다.
우리나라는 1년 무역 규모가 1조 달러를 넘는 무역대국(2017
년 10,521억 불)이고 수출은 전 세계 6위 수준이다. 그만큼 외환
거래 규모도 크다.

외환시장에는 이 무역업체들로 인해 특유의 수요와 공급
패턴이 발생한다. 월초에는 외환 수요가 많고, 월말에는 외환
공급이 많은 패턴이다. 왜 그럴까? 기업은 월말에 월급 등 각
종 비용을 원화로 지불해야 한다. 그래서 수출업체들은 수출
대금으로 받은 외화를 주로 월말에 원화로 환전한다(이를 '수
출 네고'라고 한다). 수입업체들은 월말에 월급 등 비용 지급 후

의 원화 자금을 월초에 외화로 환전해서 수입대금을 결제한다. 따라서 외환시장에서는 일반적으로 월말에 수출업체의 외환 공급이 늘고, 월초에는 수입업체의 외환 수요가 많다.

그러나 수출입업체의 외환거래에서 가장 중요한 고려사항은 역시 환율이다. 환율이 낮을 때 사고 비쌀 때 파는 건 수출입업체도 마찬가지다. 통상 수출업체는 환율 상승을 기다렸다가 외환을 매도하고, 수입업체는 환율 하락 시점을 기다려서 외환을 매수한다. 그러다보니 월초 수입 결제, 월말 수출 네고 패턴이 두드러지지 않는 경우도 많다.

환율 상승이 예상되는 시기에는 외환 수요는 폭증하는 반면에 외환 공급은 자취를 감추어서 환율 상승을 부채질하곤 한다. 수입업체는 환율이 더 오르기 전에 달러를 확보하려 애쓴다. 이를 '리딩'(leading; 선불)이라고 한다. 반대로 수출업체들은 환율이 충분히 오른 뒤에 팔려고 달러를 시장에 내놓지 않고 보유한다. 이를 '래깅'(lagging; 지연)이라고 한다. 이러한 수출입업체들의 전략적 거래는 환율의 변동성을 키우는 요인이 된다.

그런데 많은 경우 우리나라 수출업체들은 동시에 수입업체이기도 하다. 수출상품 제조에 필요한 기본 원자재 및 시설재 등을 수입에 의존하기 때문이다. 대표적 수출업체인 삼성전자도 연간 수입액이 몇백억 달러에 이른다. 그런가 하면 원유의 대량 수입 탓에 일반적으로 수입업체로 간주되는 정유업체들도 수입만 하는 것이 아니라, 원유를 재가공해 만든 석유화학제품을 해외에 파는 수출업체이기도 하다. 이렇게 하나의 기업에서 양방향으로 외화의 수요와 공급이 생기기 때문에 많은 기업체들이 외환 관리의 기본인 매칭(matching) 기법을 사용한다. 수입(외화 수요)과 수출(외화 공급)의 결제 시기를 일치시켜 그 차액만큼만 환전을 함으로써 외환거래 비용을 줄이는 것이다.

참가자 2 – 막강 영향력 지닌 외국인 투자자

외국인 투자자들도 우리 외환시장의 주요 실수요자이다. 외국인들이 우리나라의 주식이나 채권에 투자하기 위해서는 외화를 원화로 환전해야 한다. 외국인이 우리 주식이나 채권에 투자하는 경우에는 수출업체처럼 외환의 공급자(외환 매도)가 된다. 반대로 외국인이 우리나라 주식이나 채권을 매도하고 본국으로 송금할 때는 수입업체처럼 외환의 수요자(외환 매수)가 된다.

경제 기사에 자주 등장하는 '셀 코리아, 바이 코리아'는 외국인들이 한국의 주식과 채권을 사고파는 추세를 말한다. '바이 코리아'는 외국인들이 한국 주식이나 채권을 사들이는 상황을 뜻하고 '셀 코리아'는 한국 주식이나 채권에 투자했던 외국인들이 팔고 떠나는 상황을 말한다. 한국 경제 전망이 긍정적이거나 북한과의 지정학적 위기가 완화되면 '바이 코리아'가, 반대 상황에서는 '셀 코리아'가 나타난다.

물론 바이 코리아나 셀 코리아 현상이 언제나 즉각적으로 환율에 영향을 주는 것은 아니다. 외국인들이 주식이나 채권 시장에서 처분하고 받은 원화를 바로 외화로 환전해서 한국을 떠나는 경우는 오히려 예외적이다. 앞에서 설명한 것처럼 더 이상 한국이 매력적인 투자처가 아니라는 확신이 서면 당연히 투자자금이 빠져나간다. 하지만 한국 경제상황이 순탄할 때에는 채권 만기가 도래했다든가 주가가 상승해 이익을 실현해도 채권이나 주식을 팔고 받은 원화 자금을 원화계좌에 넣어둔 채로 또 다른 투자 기회를 엿본다. 이런 경우에는 외국인들이 주식이나 채권을 팔더라도 환율에 미치는 영향이 미미하다.

외국인 투자가 환율에 영향을 전혀 미치지 않는 또 다른 케이스는 외국인 투자자들이 채권이나 주식에 투자할 때 환헤지[환율 손실을 회피(hedge)하기 위한 조치]를 하는 경우다. 환헤지를 하면 외환 수급에 변화가 없어서 환율에 영향을 미치지 않는다. 통상 외국인 채권투자자는 외환스와프(통화 교환)를 통해 환헤지를 한다. 외환스와프는 외국인 투자자가 투자 시점에서 달러를 빌려주는 대신 원화를 받고, 채권투자 기간이 지난 시점에서는 반대로 원화를 주고 달러를 돌려받는 거래다. 외국인 채권투자자 입장에서는 교환 환율을 미리 정하므로 환리스크를 제거할 수 있다. 이러한 외환스와프거래는 외화자금시장(외화를 빌리고 빌려주는 시장)에서 거래가 성사되므로 현물환시장인 외환시장(외화를 사고파는 시장)에 직접 영향을 미치지 않는다.

외국인이 주식투자를 위해서 달러를 원화로 바꾸면 외환이 추가로 공급되어 환율이 하락한다. 그런데 일부 외국인 주식투자자는 차액결제선물환(NDF)을 매입해서 환혜지를 한다. 미래 시점에서 일정 환율로 달러를 확보하는 거래다. 투자 회수 시점에 국내 주식을 매도해서 획득한 원화를 달러화로 바꿀 수 있게 사전에 준비하는 것이다. 차액결제선물환을 외국인 투자자에게 매도한 국내 은행은 매도초과 포지션이 되기 때문에 현물환시장에서 달러화를 매입한다. 그러면 외환시장에서는 외국인 투자자의 달러 유입이 국내 은행의 현물환 매입과 상계되어 수급에 변화가 없고 따라서 환율에 미치는 영향도 없다.

이와는 달리 외국인 투자자의 영향력이 큰 경우를 살펴보자. 한국에 대한 외국인 투자는 주로 채권투자 아니면 주식투자다. 2018년 6월 말 현재 외국인의 우리나라 채권투자 잔액은 111조 원, 주식투자 잔액은 596조 원으로 총 707조 원 수준에 달한다. 외국인 투자자금이 유입(외환 공급)되거나 유출(외환 수요)될 때마다 외환시장에 직접적인 영향을 미친다. 전체 외환시장에서 외국인 투자자들의 외환거래 규모는 상대적으로 작지만 환율에 미치는 영향은 크다. 왜냐하면 변동성이 크기 때문이다. 수출입업체의 외환 수요와 공급은 매일매일 꾸준하고 일관된 양상을 보인다. 반면 외국인 투자자들의 외환 수요와 공급은 기업과는 패턴이 다르고 변동성이 크다. 한동안 꾸준히 외환 공급을 하는가 하면 어느 날 갑자기 썰물처럼 빠지기도 한다. 그래서 외환시장은 외국인 투자자들의 일거수일투족을 주목한다.

외국인 투자자들의 행태는 특히 국내외 금융시장에 위기 조짐이 생길 때 관심의 초점이 된다. 2008년 글로벌 금융위기나 1997년 IMF 외환위기 등과 유사한 위기상황이 발생하면 투자 손실을 우려한 외국인들이 먼저 나서서 투자자금을 회수할 가능성이 있다. 이러한 자본 유출의 영향은 시장 여건에 따라 매우 커질 수 있다. 2008년 글로벌 금융위기 때는 글로벌 자산시장이 패닉에 빠지자 국내에 투자된 외국인 투자자금도 급격하게 유출되면서 외국인의 달러화 수요가 급증하여 환율도 급등했다. 환율이 급등할수록 외국인 자금은 외환평가손실이 커지므로(외국인 투자자의 경우에는 궁극적으로 투자성과를 달러화로 평가하는데, 환율이 오르면 원화로 소유한 투자자금이 달러화로는 작아지게 되어 손실을 보게 된다) 자금 유출을 더욱 가속화하는 악순환이 나타난다.

소위 외환시장에서 '역외세력'이라 불리는 외국인 투자자들의 영향력은 막강하다. 국내 은행들이 소극적으로 환위험 회피를 목적으로 거래하는 반면에 역외세력은 적극적으로 수익성을 높이려고 공격적으로 외환을 거래한다. 국내 은행들이 환리스크를 배제하기 위해 외환 매입액과 매도액의 균형을 추구하는 스퀘어포지션(square position)을 주로 가져가지만, 역외세력들은 환리스크를 감내하는 오픈포지션(open position)도 마다하지 않는다. 따라서 비록 거래 규모는 상대적으로 작지만 시장의 움직임에 미치는 영향이 크다. 이들은 추세와 방향성을 뚜렷하게 나타내므로 국내 외환투자자들은 매일매일 외국인 투자자 거래 동향을 면밀히 모니터링한다.

참가자 3 – 내국인 투자자와 개인

우리나라는 해외 투자가 자유화되어서 내국인의 해외 투자 규모도 상당하다. 해외 직접투자의 주체는 기업들이다. 환율 동향보다는 기업의 성장전략에 따른 투자가 주를 이루고 투자 기간도 장기적인 경우가 많다. 이에 반해서 개인들은 해외 금융투자에 관심이 높다. 기업에 비해 정보가 상대적으로 취약하므로 직접투자보다는 해외 주식이나 채권펀드를 통한 투자가 많다.

과거에 우리는 경상수지 흑자로 벌어들인 달러를 해외에서 원자재나 설비를 수입하는 데 주로 썼다. 이제는 이런 용도 외에도 성장성 높은 해외 자산에 투자하는 경우도 늘고 있다. 이러한 해외 금융투자 역시 국부를 증진시키는 수단이다. 매년 1,000억 달러에 달하는 경상수지 흑자 가운데 상당 부분이 해외 투자에 활용되고 있다.

내국인의 해외 투자 규모는 확대 추세이지만 이것이 외환시장에 미치는 영향은 꼭 그에 비례하지는 않는다. 내국인이 외국에 투자할 때는 대부분 헤지를 하기 때문이다. 헤지를 하는 이유는 명료하다. 해외 투자 시점에서는 달러를 매입해야 한다. 투자 회수 시점에서는 반대로 달러를 원화로 환전해야 하는데 환율이 내려가면(달러의 가치가 내려가면) 투자자는 손실을 보게 된다. 예를 들어 해외 투자로 5%의 수익률을 올리더라도 환율이 10% 하락하면 최종 수익률은 -5%가 된다. 이처럼 해외 투자 수익률은 환율에 대단히 민감하기 때문에 이 위험성을 줄이기 위해 헤지를 하는 것이다.

내국인들은 환리스크를 줄이기 위해 주로 선물환 거래나 외환스와프 거래를 이용한다. 먼저 선물환 매도를 살펴보자. 해외 투자 기간을 3년으로 계획하는 투자자는 3년짜리 선물환을 매도하는 계약을 체결하면 된다. 그러면 합의된 선물환율로 3년 후에 투자로 회수한 달러를 매도할 수 있다. 이 경우에 선물환을 매입한 외국환은행은 매입초과 포지션이 되므로 현물환시장에서 외환을 매도한다. 따라서 당초 해외 투자자의 달러 매입과 선물환을 매입한 외국환은행의 달러 매도가 상쇄되어 외환 수급에는 변화가 없다.

외환스와프 거래는 투자 개시 시점에 원화를 주고 달러를 받고, 투자 회수 시점에 달러를 주고 원화를 받는 거래다. 이러한 외환스와프 거래는 외화자금시장에서 거래가 성사되므로 현물환시장인 외환시장에 직접 영향을 미치지 않는다.

그런데 해외 투자시의 환헤지 전략도 점차 변화하는 중이다. 대표적인 사례가 국민연금이다. 국민연금은 2008년부터 해외 주식 및 대체투자 자산에 대한 환헤지를 단계적으로 축소해 2017년 100% 환오픈했다. 즉 환율 리스크에 대한 헤지를 전혀 하지 않는다는 뜻이다. 또한 해외 채권도 2017년부터 점진적으로 환헤지를 축소해 2018년 말 100% 환오픈했다. 이에 따라 2019년부터는 국민연금의 모든 해외 투자 자산에 대한 환리스크가 100% 오픈되었다.[5] 이는 환헤지를 하지 않는 것이 오히려 장기적으로 국민연금 수익률 안정에 도움이 된다는 분석 결과에 따른 것이다. 해외 투자 환오픈 전략의 확산은 외환시장에도 중요한 변수가 되고 있다.

최근에는 환차익이나 환리스크 헤지를 목적으로 외화예금에 가입하는 개인도 늘고 있다. 2020년 말 현재 거주자 외화예금 잔액은 942억 달러인데, 이중 개인들의 외화예금 잔액은 198억 달러로 전체의 20% 수준이다. 나머지 80%는 수출입업체들이 여유 외화를 넣어둔 외화예금이다. 외화예금에 가입하면 해외 주식이나 채권에 투자하는 것은 아니지만 해외 자산인 달러에 투자하는 것과 유사한 효과를 얻을 수 있다. 환율 변동에 따른 수익도 도모할 수 있고 개인의 자산을 기축통화인 달러 자산에 일부 투입함으로써 안전성과 포트폴리오 분산 효과가 발생한다. 외화예금은 금리가 낮기 때문에 주로 여유자금을 넣어두는 용도로 활용된다. 외화예금을 재테크 수단으로 생각한다면 외화 정기예금이 바람직하다. 외화 보통예금은 아예 무이자이거나 금리 0.1% 미만이다. 반면에 외화 정기예금은 1.0% 내외의 금리를 준다.

"이상하게 내가 외화가 필요할 때면 꼭 환율이 오르더라"라고 이야기하는 사람이 간혹 있다. 마트에서 내가 서 있는 계산대만 줄이 줄어들지 않는다고 느끼는 것처럼 일종의 머

피의 법칙이다. 어쨌든 이런 불만을 가진 사람들은 평소에 필요한 달러를 조금씩 외화예금으로 축적해 두는 것이 현명하다. 달러가 쌀 때(원/달러 환율이 낮을 때) 외화예금을 늘리고, 달러가 비쌀 때(원/달러 환율이 높을 때) 외화예금을 활용해서 지출하는 방식이다. '저점 매수, 고점 매도'의 원칙을 준수해야 한다. 물론 환율이 본인의 생각대로 움직여주지 않아서 이익을 보지 못할 수도 있다. 하지만 달러가 급작스럽게 필요할 때 하필 환율이 크게 올라 눈물을 머금고 달러를 비싸게 사야 하는 처지는 피할 수 있다.

자본자유화 시대에 외환투자가 특별히 문제가 될 건 없다. 자신의 책임 아래 스스로 개발한 투자전략과 노력으로 외환에 투자해서 수익률을 올릴 수도 있다. 그러나 항상 중요한 것은 위험 관리다. 외환딜러들은 입버릇처럼 "환율은 신조차도 모른다"라고 말한다. 하루 종일 환율만 생각하고 외환시장만 바라보는 딜러들조차 환율이 어렵다고 생각한다. 그런데 이 어려운 외환투자에 레버리지까지 얹어지면 그 위험성은 기하급수적으로 늘어난다. 최근 국내에도 '외환마진거래'를 하는 일반 투자자들이 늘고 있다. 5%의 증거금으로 20배의 레버리지를 활용해 투자하는 '고위험 고수익' 금융투자다. 가격 변동으로 1%의 손실만 발생해도 레버리지 때문에 손실은 20%로 늘어난다. 철저한 위험 관리가 없다면 투자가 아니라 투기, 나아가 자신을 해치는 무기가 될 수도 있다.

지금까지 투자 목적의 개인 외환 수요를 주로 살펴봤지만 투자와 무관한 외환 실수요도 물론 얼마든지 있다. 예를 들면 해외여행이나 유학 등을 위해 환전을 하는 개인들이 그러하다. 이러한 실수요자 개인 역시 그 거래규모는 작지만 외환수급을 안정적으로 지탱한다는 의미에서 외환시장의 중요한 주체이다.

참가자 4 – 외국환은행과 피 말리는 딜러들의 세계

외국환은행은 우리 외환시장의 핵심 멤버들이다. 외국환은행은 도매시장인 은행간시장의 주요 참가자로 환율을 결정한다. 또 대고객시장에서 수출입기업, 외국인 투자자, 역외(해외)거래자, 개인 등을 상대하며 이러한 대고객시장의 수급을 은행간시장으로 연결한다. 이 과정에서 주요 통화들의 움직임, 환율 전망 등을 바탕으로 투기적 거래 또는 재정차익거래를 하기도 한다. 2018년 6월 말 현재 우리나라 은행간시장에는 시중은행 6개, 특수은행 5개, 지방은행 5개, 외국계 은행 국내지점 28개, 증권사 8개, 종금사 2개 등 총 54개 기관이 참여하고 있다.

이런 은행에서 외환거래를 직접 담당하는 이들을 외환딜러 또는 트레이더라고 한다. 은행 규모에 따라 적게는 1명부터 많게는 수십 명의 소속 딜러가 근무한다. 외환딜러는 소속 은행으로부터 외환 포지션 한도, 손절매 기준, 연간 수익률 목표 등을 부여받는다. 외환딜러들은 외환 포지션 한도 내에서 외환거래를 하면서 연간 수익률 목표를 달성하기 위해 분초를 다투며 거래를 한다. 장중에는 고객들의 수급 물량, 주요 통화 움직임, 주식·채권시장 동향, 국내외 주요 뉴스 등 외환시장에 영향을 줄 수 있는 모든 정보에 촉각을 곤두세운다. 남들보다 1시간 이상 일찍 나와서 간밤의 뉴스와 정보를 체크하고 당일 투자전략을 살피는 것은 딜러들에게는 너무나 당연한 일이다.

외환딜러의 거래방식을 간단한 예를 통해 살펴보자. 어떤 기업 고객이 은행의 외환 세일즈 부서에 물량(2억 달러)을 제시하면서 가격을 물어본다. 이때는 이 물량을 매도할 것인지 매수할 것인지 모른다. 세일즈 부서 담당자가 외환딜러에게 이를 전달하면, 외환딜러는 'bid 1,100.00, ask 1,100.50'으로 제시한다. 이는 '고객이 2억 불을 판다면 1,100.00원에 사주고, 고객이 2억 불을 산다면 1,100.50에 팔겠다'는 의미다. 만약 고객이 '팔겠다(yours)'고 하면, 제시한 가격대로 딜러는 2억 불을 2천2백억 원(환율 1,100.00원)에 사게 된다.

이 딜러는 고객의 2억 불을 샀기 때문에 2억 불을 추가 보유함에 따른 환리스크가 생긴다. 이를 초과매수 포지션이라고 한다. 외환딜러는 환리스크에서 덜기 위해서 은행간시장에서 2억 불을 팔아야 한다. 이를 초과매수 포지션을 '커버한다'고 한다. 이때 만약 이 딜러가 2억 불을 1,100.00원보다 높은 환율로 매도할 경우 수익을 얻지만, 낮은 환율로 매도하게 되면 손실을 보게 된다. 이익을 낼지 손해를 볼지는 딜러의 능력이다. 사실 딜러가 고객에게 2억 불을 1,100.00에 사겠다고 제시할 때 이미 은행간시장에서 1,100.00원 이상의 가격에 팔 수 있다는 계산이 선 상태라고 보아야 한다.

훌륭한 외환딜러의 자질은 무엇일까? 흔히들 외유내강이라고 말한다. 시시각각 변하는 시장상황과 정보에는 유연하고 민첩하게 대응하는 한편 시장의 공포, 패닉, 쏠림, 각종 루머에도 흔들리지 않는 강인함도 겸비해야 한다. 외환 트레이더들의 판단은 과학이 아니라 예술이라고 한다. 그만큼 데이터와 분석만으로 해답을 찾는 데 한계가 있기 때문이다. 외환시장의 딜러들이 금과옥조처럼 여기는 격언이 있다. "Nobody is bigger than the market." 어느 누구도 시장보다 위대하지는 않다는 점을 명심하고 시장 흐름에 순응하며 거래해야 한다는 원칙이다.

외환시장이 마감되고 외환딜러들은 "달러 3장을 샀다", "위안화 40개를 팔았다"는 얘기를 주고받는다. 도대체 무슨 말일까? 달러 3장을 샀다는 건 3억 달러를 샀다는 의미다. 위안화를 40개 팔았다는 건 4천만 위안을 팔았다는 얘기다. 은행간시장에서의 최소 거래금액은 미국 달러화는 1백만 달러, 중국 위안화는 1백만 위안이다. 거래단위도 각각 1백만 달러, 1백만 위안이다. 은행간시장에서 외환딜러들은 통상 1백만 달러 및 1백만 위안을 '1개', 1억 불 및 1억 위안을 '100개' 또는 '100장'이라고 부른다.

그러니 원/달러 시장에서 10개를 체결했다고 하면 작은 규모가 아니다. 1,000만 달러(약 110억 원)라는 거액을 거래했다

는 의미다. 그러니 어디 한시라도 긴장의 끈을 놓을 수 있겠
는가!

참가자 5 – 시장의 매치메이커 외환중개사

외환중개사는 외환거래를 촉진시키는 윤활유와 같다. 외
환중개사는 은행간시장에서 외환거래를 중개한다. 이들은
외국환은행들이 제시하는 외환 매도가격 및 매수가격을 실
시간으로 다른 외국환은행들에 제공한다. 서로 조건이 맞을
때는 은행들을 연결해주고 거래를 체결해준다. 이들은 자신
의 이름으로 직접 거래하지는 않는다. 단지 중개료 또는 수수
료 수익을 얻는다. 2018년 6월 말 현재 우리나라 외국환중개
소는 국내 중개회사 4개, 외국계 중개회사 6개 등 총 10개 기
관이 활동하고 있다. 이중 원/달러 및 원/위안 현물환시장의
중개는 '서울외국환중개'와 '한국자금중개' 두 곳만이 중개
사 인가를 받았다. 나머지 중개회사들은 외환스와프와 같은
파생거래만 중개한다.

외국환중개소를 통한 은행간시장의 거래시간은 오전 9시
부터 오후 3시 30분까지이다. 현물환시장의 거래 대상 통화
는 미국 달러화와 중국 위안화다. 당초에는 미국 달러화만 거
래되었으나, 2014년 12월 1일부터 중국 위안화의 직거래도
허용되었다. 이와 같은 은행간시장의 기본적인 거래관행은
우리 외환시장 참여자들이 자율적으로 협의하여 마련한 '서
울 외환시장 행동규범'에 규정되어 있다.[6] 외국환은행의 딜러

대표자가 회원으로 참여하는 '서울외환시장운영협의회'는 자율규정을 정하는 '젠틀맨 클럽'이다. 물론 자율규율은 법과 규정을 존중하는 범위 내에서 허용된다.

중개회사의 수입은 중개료와 수수료로부터 나온다. 따라서 일정 규모 이상의 거래를 확보해야 수익을 올릴 수 있는 구조다. 자연히 은행의 외환딜러를 고객으로 유치하려는 경쟁이 치열하다. 실시간 뉴스정보, 각종 분석정보를 제공하는 것은 기본이다. 나아가 은행 트레이딩룸에 각종 첨단 시설과 서비스도 제공한다. 한편으로 중개사들은 아직 시장에 알려지지 않은 거래 정보를 자연스럽게 알게 된다. 따라서 이런 정보를 불공정하게 제공하면 특정 고객에게 이익을 줄 수도 있고 반대로 손해를 끼칠 수도 있다. 엄격한 윤리규정이 필요한 이유이다.

외환시장의 직접적인 참여자는 아니지만 은행 사이의 통신시스템과 결제시스템은 중요한 외환시장 인프라다. 전 세계적으로 외환거래는 1920년부터 케이블 메시지(cable transfer)를 통해서 이루어져 왔는데, 수작업에 따른 시간 소요와 거래량 증가로 오류가 발생하는 경우가 종종 있었다. 그래서 1973년 5월부터는 전 세계 은행들이 참여하는 전용 통신망인 스위프트를 설치했다. 이 스위프트에는 전 세계 3,000개 이상의 금융기관이 참여하고 있고 우리나라도 1992년 3월에 회원으로 가입했다. 스위프트가 도입되면서 시간과 비용이 절약되고 통일된 메시지를 컴퓨터를 통해 전달함으로써 오

류를 줄일 수 있게 되었다. 또한 은행 간 자금이체도 결제시스템과 연결됨으로써 훨씬 수월해졌다.[7]

참가자 6 – 외환당국, 그 이름은 빅 브라더

환율 뉴스에서 빠지지 않고 나오는 것이 '외환당국'이란 말이다. 일반인들은 이 외환당국이 누군지, 무슨 일을 하는지 별로 관심이 없다. 하지만 외환시장에서 외환당국은 '빅 브라더'로 통한다. 경계 대상 1호다. 외환시장이 평온하고 환율이 안정적일 때는 보이지 않다가도 시장이 요동을 치면 홀연히 등장하는 존재이기 때문이다. 외환시장은 탐욕과 공포감, 그리고 패닉이 생기면서 쏠림현상이 나타나는 시장이다. 이러한 시장의 불합리한 행태를 바로잡는 존재가 외환당국이다. 외환당국이 외환을 거래하는 이유는 다른 외환시장 참여자들과는 다르다. 다른 참가자들은 이득을 위해서 외환거래를 하지만 외환당국은 '외환시장의 안정'이라는 정책 목표를 실현하기 위해서 거래를 한다.

우리나라에서는 기획재정부와 한국은행을 외환당국이라 부른다. 더욱 구체적으로는 기획재정부의 외화자금과와 한국은행의 외환시장팀이 직접적인 담당부서다. 기획재정부와 한국은행은 환율정책의 수립과 집행에서 긴밀하게 협조한다. 이들 부서 내부에는 별도의 '딜링룸'(dealing room; 내부적으로는 box라고 부른다)이 설치되어 있다. 여기에서 원화를 대가로 미국 달러화를 사거나 파는 주문을 낸다. 딜링룸은 같은 부서 내 직원들도 함부로 출입할 수 없도록 엄격하게 통제된다. 좁은 딜링룸에는 각종 모니터와 컴퓨터, 서류들이 가득하다. 이곳에서 담당자들은 국내 외환시장과 국제 금융시장을 '24시간 모니터링'한다. 그리고 필요하다고 판단하면 외환시장의 안정을 위한 각종 조치를 시행한다.

은행간시장이 열리는 오전 9시부터 오후 3시 30분까지 외환당국의 담당자들은 화장실도 맘 편히 다녀오기 어렵다. 점심시간에도 도시락을 먹으며 딜링룸을 지킨다. 점심시간 동안 상대적으로 유동성이 줄면서 적은 물량으로 환율이 크게 변동될 수 있기 때문이다. 은행간시장이 종료된 이후에도 딜링룸의 업무는 끝나지 않는다. 원/달러 역외선물환(NDF) 거래 시장이 계속 열리기 때문이다. 국내 은행간시장이 종료된 이후에도 홍콩, 싱가폴, 런던, 뉴욕 등 주요 외환시장이 순차적으로 열린다. 한시도 긴장을 늦추지 못한다. 특히, 글로벌 외환시장에 큰 영향을 미치는 뉴욕 시장은 우리나라와 13시간(서머타임 때는 14시간)의 시차가 나기 때문에 외환당국자들은 밤을 새우기 일쑤다.

현재 우리나라는 자유변동환율제도를 채택하고 있다. 따라서 외환당국은 기본적으로 환율이 시장에서 자율적으로 결정되도록 한다. 다만, 급격한 환율 변동 등 쏠림현상이 발생하는 경우는 환율 변동 속도를 조절하기 위한 개입을 한다. 환율의 급격한 변동에 따른 환리스크 확대는 금융시장 전반의 불안 심리로 확대될 수 있고 나아가 다양한 경제주체들의 정상적인 경제활동을 저해할 수 있다. 때문에 과도한 투기거래 등 시장 교란 행위가 환율의 급변동을 야기할 경우 외환당국은 시장 불안을 막기 위한 조치를 실시한다.

단기간에 원/달러 환율이 급격하게 상승하는 경우, 외환당국은 미국 달러화를 매도하고 원화를 매수하면서 환율 상승 속도를 조절한다. 반대로 환율이 급격하게 하락하면, 미국 달러화를 매수하고 원화를 매도한다. 속도를 조절한다는 의미에서 '스무딩 오퍼레이션'이라고 하는데 그 기본적인 메커니즘은 단순하다. 하지만 외환당국의 스무딩 오퍼레이션 패턴을 정확히 파악하기는 쉽지 않다. 패턴이 노출될 경우 이를 악용한 투기적 거래가 시장을 크게 교란시킬 수 있기 때문에 외환당국은 철저히 보안을 지킨다.

시장참여자들은 여러 가지 방법으로 외환당국의 패턴을 추정하려고 애를 쓴다. 외환시장 참여자들이 외환당국의 시장개입 패턴을 알게 되면 큰 수익을 올릴 수 있다. 어느 환율 수준에서 외환당국이 시장에 들어오는지 알면 미리 외환을 사고팔아서 이익을 남길 수 있다. 그래서 외환당국의 시장개입은 철저히 비공개로 하거나 공개하더라도 일정 기간이 지난 뒤에야 한다. 그 이유는 시장개입 효과를 극대화하기 위해서다.

외환당국은 외환시장에 직접 매입이나 매도 주문을 내지 않는다. 본인의 신분을 철저히 감춘다. 신분이 밝혀지면 시장에 의도하지 않은 영향을 줄 가능성이 있기 때문이다. 따라서 사전에 계약한 딜러들에게 주문을 내고 실행하도록 오더를 준다. 물론 시장참여자들은 시장 흐름과 반대되는 이상한 거래가 발생하면 외환당국인 '빅 브라더'가 출동했다는 낌새를 알아차리곤 한다.

무엇이 환율을
결정하는가

국제수지와 환율

밀물과 썰물은 바람이 일으키는 것이 아니다

바람이 심한 날은 파도가 거세다. 그래서 언뜻 보기에는 바람이 바닷물의 움직임을 결정하는 것처럼 보인다. 그러나 바닷물의 거대한 흐름, 즉 밀물과 썰물은 바람 때문에 생기는 것이 아님을 우리는 익히 알고 있다. 지구와 태양과 달의 인력 작용이 바닷물의 조수 흐름을 만들고 바람은 그에 비하면 미세하기 이를 데 없는 파도의 크기를 좌우할 뿐이다.

1장에서 환율 여행을 떠나기 위한 워밍업을 마쳤다면 이번 장에서는 마치 바닷물을 움직이는 지구와 태양과 달의 인력 작용처럼, 환율을 결정하는 가장 큰 경제 변수인 국제수지, 물가, 금리에 대해 다룬다.

2장은 경제학 지식이 있는 독자라면 수월하게 읽어나갈 수 있다. 반면 경제학 지식이 전혀 없는 독자들에게는 다소 버거울지도 모르겠다. 약간의 집중력과 인내력이 필요하다. 정 이해하기 어려운 부분은 그냥 넘어가도 큰 상관없다. 경제서에는 일상에서 잘 안 쓰는 생소한 경제 용어들이 많아 어렵게 느

껴지지만, 계속 진도를 나가며 용어에 익숙해지면 처음에 어려웠던 내용도 쉽게 이해할 수 있게 되기 때문이다.

보통 사람들이 환율에 관심을 갖는 가장 큰 이유는 환율 예측 때문이다. 내일, 한 달 뒤, 아니면 일 년 뒤에 환율이 얼마일지 궁금해한다. 환율을 정확하게 예측할 수 있다면 생기는 경제적 이익이 한두 가지가 아니다. 개인에게는 사소한 경제적 득실일지 모르지만 대기업에는 천문학적인 규모의 손익이 달린 문제다.

경제정책 담당자에게도 정확한 환율 예측은 앞으로의 경제정책을 수립하고 경제성장률을 전망하는 데 필수적이다. 소비와 투자, 수출과 수입, 외환 수요와 공급, 물가 등이 환율의 영향을 받는다. 따라서 환율은 중요한 정책 변수다. 환율을 적정한 수준으로 유지하는 것이 외환당국의 정책 목표다. 그래서 경제학에서도 환율의 결정 요인들을 규명하려는 노력이 지속되어왔다. 하지만 아직 어느 이론도 완벽하게 환율의 움직임을 예측하는 데 성공하지 못하고 있다.

왜 그럴까? 환율에 영향을 미치는 요인들이 너무 많기 때문이기도 하다. 뉴스만 해도 그렇다. 세상 온갖 뉴스가 환율에 영향을 미친다. 뉴스에 따라서 환율은 요동친다. 미 연준이 금리를 동결할 거라는 보도, 북한과 미국의 지도자가 만난다는 뉴스, 런던브리지에서의 테러 소식, 중국 지도부가 부패 척결 기치를 내걸었다는 소식, 세계보건기구가 팬데믹을 선언했다는 소식, 화이자 제약회사가 코로나 백신을 개발했다는 소식 등등. 뉴스는 방대한 지구촌에서 시시각각 발생한다. 무슨 일이 벌어질지 예측도 어렵다. 사실 예상할 수 있는 사건은 더 이상 뉴스가 아니다. 따라서 환율에 영향을 미치는 뉴스를 모두 고려해서 환율을 예측하는 건 불가능하다.

사전에 뉴스를 예상하고 환율을 예측하는 것도 불가능하지만, 사후에 어떤 뉴스가 얼마만큼 환율에 영향을 미쳤는지 또한 알기 어렵다. 하루에도 환율에 영향을 미치는 수천, 수만 가지의 뉴스가 발생해서 복합적이고 중첩적인 영향을 주기 때문에 특정한 뉴스의 영향만을 따로 떼어내기란 불가능에 가깝다.

이런 이유 때문에 환율 이론들은 경제적 변수만 다루고 비경제적 변수는 고려하지 않는다. 경제적 변수라고 하면 해당 국가의 전반적인 경제상황이 양호한지 불안한지, 국제수지가 흑자인지 적자인지, 물가가 안정적인지 급격한 물가 상승이 예상되는지, 금리가 높은지 낮은지 등등이다. 비경제적 변수로는 정치가 안정적인지 아니면 정변 등 국내적 혼란이 있는지, 내전이나 테러로 국제적인 분쟁이 예상되는지 등을 들 수 있을 것이다. 경제학에서는 비경제적 변수에 대한 분석은 시도조차 하지 않는다. 왜냐하면 체계적인 분석이 불가능하기 때문이다.

환율에 대한 영향력 측면에서 경제적 변수가 비경제적 변수보다 더 중요한 건 아니다. 특히 단기적인 환율 변동은 뉴스로 대변되는 비경제적 변수가 좌지우지하는 경우가 많다.

그럼에도 우리가 경제적 변수에 더욱 주목하는 이유는 경제적 변수가 환율의 장기적 추세를 결정하기 때문이다. 환율은 단기적으로는 뉴스에 따라서 널뛴다. 하지만 길게 보면 결국 장기적인 추세로 수렴하는 경향이 있다.

내일의 기온이 오늘보다 높을지 낮을지 예측하는 게임을 한다고 해보자. 첫 번째 사람은 일기, 풍향, 구름의 이동 등 많은 요소들을 분석해서 내일의 기온을 예측한다. 두 번째 사람은 그저 계절만을 감안해서 예측한다. 다시 말해서 봄철이라면 내일 기온은 올라가는 쪽으로, 가을철이라면 내일 기온은 내려가는 쪽으로 베팅한다. 결과는 어떨까? 단기적으로는 첫 번째 사람이 이기는 경우도 생기지만, 일 년을 종합해보면 결국은 두 번째 사람이 승자가 될 가능성이 크다. 주식시장에서 하락장인지 상승장인지를 판단하는 것이 개별 주식의 주가를 분석하는 것보다 더 중요한 것과 같은 맥락이다.

이제 본격적으로 환율의 장기적 추세를 결정하는 가장 큰 경제 변수인 국제수지, 물가, 금리에 대해 하나씩 이해해보자.

외환 수요와 공급이 일반 상품과 다른 이유

외환도 일종의 상품이다. 그리고 환율은 외환이라는 상품의 가격이다. 원/달러 환율은 달러라는 상품의 가격이다. 원/달러 환율이 1,100이라면 1달러의 가격이 1,100원이라는 의미다. 외환의 가격인 환율도 일반적인 상품 가격과 마찬가지로 수요와 공급이 일치하는 수준에서 결정된다.

하지만 외환의 수요와 공급은 일반적인 상품의 수요, 공급과는 다른 측면이 있다. 왜 그럴까? 한마디로 외환은 화폐이기 때문이다. 화폐는 직접적인 소비가 목적이 아니라는 점에서 일반적인 상품의 수요와 다르다. 일반적인 상품은 직접 소비해서 효용을 얻지만, 화폐는 다른 상품을 사기 위한 매개물이다. 물론 화폐 자체를 모으는 것을 좋아하는 사람도 있겠지만 예외적이다. 외환을 보유하는 이유는 이 돈으로 상품을 사서 소비하는 등 경제활동을 하기 위해서거나 자신의 부를 외환으로 보유하는 것이 이득이라고 생각해서다. 이를 경제학에서는 '파생 수요'(派生需要)라고 한다.

공급 측면에서도 외환은 일반적인 상품의 공급과는 사뭇 다르다. 일반적인 상품은 가격이 비싸지면 누구나 더 만들어 공급을 늘린다. 하지만 외환의 가격이 비싸졌다고 함부로 화폐를 더 만들어서 공급할 수는 없다. 외환을 만드는 것은 통화당국뿐이다. 누구나 마음대로 만들어서 팔 수 있는 게 아니다. 수출업자는 상품이나 용역 거래의 결과로 외환을 획득하고 이걸 시장에 공급할 수 있다. 해외에 투자한 사람이라면 해외에서 올린 외화 소득을 시장에 내다 판다. 이렇게 외환 공급도 '파생 공급'(派生供給)이다. 외환의 수요와 공급이 파생적인 이유로 외환의 가격인 환율의 결정은 일반 상품의 가격 결정보다 복잡하다.

외환은 누가 주로 필요로 할까? 대표적인 수요자는 수입업자다. 외국의 상품을 사서 국내 소비자에게 팔려면 외화가 필요하다. 일반적으로 원/달러 환율이 오르면 외환 수요는 감소하고, 반대로 원/달러 환율이 내리면 외환 수요가 증가한다. 이유를 단순하게 설명하면 이렇다. 원/달러 환율이 오르면 외화 표시 가격은 변함이 없지만 외국 상품의 원화 가격은 상승하므로 외국 상품에 대한 국내 수요가 감소하고 외환 수요도 감소한다. 반대로 원/달러 환율이 내리면 외국 상품의 원화 가격은 내리게 되므로 외국 상품에 대한 수요는 증가하고 이에 따라 외환 수요도 증가한다.[8]

이번에는 외환 공급자를 살펴보자. 대표적인 공급자는 수출업자들이다. 원/달러 환율이 오르면 외환 공급은 증가하고, 반대로 원/달러 환율이 내리면 외환 공급이 감소한다. 그 이유를 단순화시키면 이렇다. 원/달러 환율이 오르면 우리 수출품의 외화 표시 가격은 하락해서(원화 표시 가격은 같더라도) 우리 상품에 대한 해외 수요는 증가한다. 이에 따라 수출업자가 벌어오는 외환이 증가해서 외환시장에서의 외환 공급은 증가한다. 반대로 원/달러가 내리면 우리 수출품의 외화 표시 가격은 상승해서 외국에서의 우리 상품에 대한 수요는 감소한다. 이에 따라 수출업자가 벌어오는 외환이 감소해서 외환시장에서의 외환 공급도 감소한다.[9]

외환시장에서 외환 수요와 외환 공급이 일치하는 수준에서 균형환율이 결정된다. 만일 현재의 환율이 균형환율보다 높으면 초과공급이 발생한다. 팔려는 외화가 사려는 외화보다 많아지는 것이다. 이로 인해 환율이 하락해서 균형 수준에 접근한다. 반대로 현재의 환율이 균형환율보다 낮으면 초과수요가 나타나고, 이로 인해 환율이 상승해서 균형 수준에 접근한다.

외환 수급을 한눈에 보여주는 국제수지표

외환에 대한 수요와 공급이 환율을 결정한다고 했다. 그러면 외환의 수요와 공급만 알면 과거의 환율 움직임도 설명되고 나아가 앞으로의 환율 예측도 어느 정도는 가능할 듯하다. 외환의 수요와 공급을 정확하게 안다는 게 쉬운 일은 아니지만 그렇다고 아주 불가능한 것도 아니다. 외환의 수요와 공급은 '대외거래'에 수반해 발생한다는 점에 포인트가 있다. 다행히도 일정 기간 동안에 발생하는 대외거래를 기록한 국제수지표(balance of payments)가 있어 외환 수요, 공급 예측에 활용할 수 있다.

국제수지표는 '일정 기간 동안 한 나라의 거주자와 비거주자 사이에 발생한 모든 경제적 거래를 체계적으로 기록한 표'다.[10] 이 한 문장의 정의에 다양한 의미가 함축되어 있다. '일정 기간 동안'의 거래이므로 국제수지는 저량(stock)이 아닌 유량(flow) 개념이다. 전체적인 국제수지표는 1년 단위로 발표되지만 월별, 분기별, 반기별로도 발표된다. 하지만 국제수지를 매일매일 알 수는 없다. 그리고 이 통계도 한국은행이 월별/분기별 통계는 1개월 이상, 연도별 통계는 2개월 이상

일정한 시차를 두고 발표하는 것이라 지금 당장의 단기적인 환율 예측에 활용하기 어렵다.

국제수지표는 '거주자와 비거주자 사이'에 발생한 거래만을 포함한다. 따라서 거주자 사이의 거래나 비거주자 사이의 거래는 국제수지에 포함되지 않는다. '거주자와 비거주자'의 개념은 '내국인과 외국인'과는 다르다. 우리나라의 '외환거래법'에 따르면 국내에 주소 또는 거소를 둔 개인이나 국내에 주된 사무소를 둔 법인을 거주자로 규정한다. 거주자가 아니면 나머지는 다 비거주자다.

'체계적으로 기록'한다는 것은 발생주의 원칙에 따른 복식부기를 의미한다. 발생주의에 따라서 실제 지급 수취보다는 그 원인 행위의 발생에 따라서 처리한다. 또한 복식부기에 따르므로 하나의 거래는 차변과 대변에 동시에 기입된다.

국제수지표는 크게 네 부분으로 구성된다. 경상수지, 자본·금융계정, 준비자산 증감 그리고 오차 및 누락이다.

경상수지는 상품수지, 서비스수지, 본원소득수지 그리고 이전소득수지로 나뉜다. 상품수지는 수출과 수입으로 벌어들이고 지급한 외화의 차이를 나타낸다. 서비스수지는 여행, 운수, 통신, 보험, 특허권 사용료 등 서비스 거래에 따른 외화의 수취와 지급 사이의 차이를 나타낸다. 본원소득수지는 배당금, 이자, 급료 등의 수취와 지급 간의 차이를 말한다. 이전소득수지란 대가 없이 주고받은 대외송금, 기부금, 무상원조 등의 수취와 지급 사이의 차이를 나타낸다.

자본·금융계정은 자본계정과 금융계정으로 나뉜다. 자본계정은 재산의 반입과 반출과 같은 자본 이전을 말한다. 금융계정은 직접투자수지, 증권투자(주식＋채권)수지, 파생상품수지 그리고 기타투자수지로 구분된다. 기타투자수지에는 대출과 차입, 무역신용, 예금과 현금 등의 금융거래를 기재한다. 국제수지표에서 가장 복잡하고 이해하기 어려운 부분이 금융계정이다. 하지만 환율 예측에 가장 중요한 정보를 담고 있기 때문에 반드시 숙지해야 할 항목이다.

'준비자산 증감'은 외환당국이 외환시장에 개입하기 때문에 발생한다. 외환당국이 외화나 금을 사면 준비자산의 증가로, 외화나 금을 팔면 준비자산의 감소로 나타난다. 준비자산에는 외화로 표시된 현금, 예금, 증권 등의 외화자산뿐만 아니라 화폐용 금, SDR, IMF리저브포지션(IMF reserve position)이 포함된다.

국제수지는 항상 균형?

놀랍게도 전체 국제수지는 항상 균형이다. 차변(외환의 공급)의 합은 대변(외환의 수요)의 합과 정확하게 일치한다. 적자나 흑자가 없다. 외환의 수요와 공급이 항상 일치한다는 얘기인가? 수급이 일치한다면 환율은 항상 같아야 하지 않을까? 별별 의문이 생긴다. 언론이나 일반인들의 국제수지에 대한 관심도는 높다. 국제수지가 적자라서 걱정이라든지, 환율 상승이 국제수지를 개선한다든지 하는 말들은 무슨 의미인가?

이런 혼돈은 사람들이 일반적으로 국제수지라고 할 때 실제로는 국제수지의 일부인 '경상수지(current account)'를 의미하는 것이기 때문에 생긴다.

전체적인 국제수지가 균형인 이유는 복식부기 원칙에 따라서 작성되기 때문이다. 우리 기업이 미국에 핸드폰을 1억 달러 수출하고 대금을 수출자의 해외 계좌로 받은 경우를 생각해보자. 상품수지의 대변에 1억 달러가 기입되고, 자본·금융계정(정확하게는 기타금융계정의 예금)의 차변에 1억 달러가 기입된다. 모든 대외거래는 대변과 차변에 동일한 금액으로 기입된다. 따라서 국제수지는 항상 균형을 이룬다.

물론 허위로 수출하거나 수출대금을 은닉하면 차변과 대변에 기재되는 내용이 불일치하게 된다. 하지만 이마저도 '오차 및 누락' 항목에서 조정된다. 균형인 국제수지를 자세히 들여다보면 한 가지 특이한 점을 발견할 수 있다. 경상수지가 적자이면 자본·금융계정이 흑자이고, 반대로 경상수지가 흑자이면 자본·금융계정이 적자라는 점이다.

경상수지의 적자나 흑자는 자본·금융계정의 흑자나 적자로 상쇄된다. 경상수지가 500억 불 적자를 기록하면 자본·금융계정은 500억 불 흑자를 나타낸다.[11] 예를 들어보자. 수출보다 수입이 많아서 상품수지가 적자가 났다면 기업들의 외환 공급보다 외환 수요가 많았다는 의미다. 누군가가 부족한 외환을 공급해주어야 했다. 주로 국내 은행이 그 역할을 한다. 외국 은행에서 달러를 빌려서 수입업자에게 달러를 공급했다는 의미다. 이런 경우에 자본·금융계정에서 동일한 규모의 흑자가 나타난다. 외채를 통해서 상품수지 적자를 메운 것이다.

항상 균형을 보이는 국제수지표 전체로는 외환의 수요와 공급을 파악할 수 없다. 국제수지표 상의 구성항목들을 나누어서 분석해야 의미 있는 외환 수급을 파악할 수 있다. 국제수지 구성항목들을 두 부류로 분류해서 보는 방법이 있다. 영국의 경제학자 제임스 미드가 주장한 방법이다.[12] 그는 모든 거래를 자발적 거래와 조정적 거래로 나눈다. 그리고 자발적 거래만 따져서 흑자와 적자 여부를 판단한다.[13] 자발적 거래는 개인, 기업, 은행들의 자발적인 동기에 의한 거래다. 반면에 조정적 거래는 자발적 거래가 불균형을 나타낼 때 불균형을 메워주기 위해 부수적으로 발생하는 거래다. 자발적 거래가 흑자/적자일 때 "국제수지가 흑자/적자다"라고 말한다.

문제는 구체적으로 어느 항목을 자발적 거래로 보고 어느 항목을 조정적 거래로 볼 것인가 하는 것이다. 경상수지를 자발적 거래로 보는 데는 이견이 없다. 확실히 준비자산 증감, 오차 및 누락은 조정적 거래다. 문제는 자본·금융계정에 포함되는 구체적 항목들이다. 자본·금융계정은 앞에서 자본계정과 금융계정으로 나뉘고, 금융계정은 직접투자수지, 증권투자(주식 + 채권)수지, 파생상품수지 그리고 기타투자수지로 구분된다고 했다.

자본·금융계정 가운데 기타투자수지를 조정적 거래로 보

고 나머지 항목들은 자발적 거래로 본다. 자본계정은 내국인이나 외국인이 이민 등의 이유로 재산을 반출하거나 반입하는 것이므로 자발적 거래다. 내국인이나 외국인의 직접투자, 채권투자, 주식투자 등도 경제적 동기에 의한 자발적 거래임이 틀림없다. 반면에 기타투자수지는 다르다. 기타투자수지에는 기업이나 은행이 해외에서 거래하는 대출 및 차입, 무역 관련 신용, 현금 및 예금이 포함된다. 이러한 금융자산의 변동은 다른 거래에 수반되어 발생하므로 조정적 거래로 분류된다.

앞으로 이 책에서 국제수지의 적자 또는 흑자는 자발적 거래로 보는 계정들의 합(상품수지+자본계정+직접투자수지+금융투자수지+파생상품수지)이 적자 또는 흑자를 말하는 것임을 기억해주기 바란다.

국제수지와 외환 수급의 괴리

국제수지가 환율에 영향을 주려면 은행간시장에서 수요와 공급에 변화를 주어야 한다. 하지만 그렇지 않은 경우가 있다. 개인이나 기업들이 아무리 많이 환전하더라도 은행의 외환 포지션에 영향을 주지 않는다면 환율에 미치는 영향도 없다. 국제수지로는 흑자지만 은행간시장에서는 공급이 증가하지 않는 것이다.

이런 현상이 발생하는 첫 번째 이유는 개인이나 기업이 늘어난 외환을 은행을 통해서 원화로 환전하지 않고 그대로 보유하기 때문이다. 환율 상승이 예상되는 경우에 개인이나 기업은 외화를 직접 보유하는 편이 이득이라고 생각하여 환전을 미룬다. 개인이나 기업이 직접 외화를 보유한다는 걸 자기 금고에 넣어둔다고 생각하지는 말자. 탈세 등과 연관된 검은 돈이거나 은행조차 믿지 않으면 모를까 현금 보유는 바보짓이다. 개인이나 기업은 외화를 외화예금 계좌에 넣어둔다. 늘어난 외화예금은 은행 입장에서는 외화예금이라는 외화부채가 늘어나지만 외화라는 현금자산도 늘어난다. 따라서 은행의 외환 포지션에는 변화가 없으므로 은행간시장에서 외화를 사고팔 이유가 없다.

앞에서 '리딩'과 '래깅'을 설명한 바 있다. 환율 상승이 예상되는 시기에 수입업체들이 환율이 더 오르기 전에 미리 외화를 사두는 걸 '리딩'이라고 한다. 반대로 수출업체들이 달러가 충분히 오른 뒤에 달러를 팔려고 시장에 내놓지 않고 보유하는 걸 '래깅'이라고 한다. 앞서 설명한 것처럼 수출업체들은 수출대금으로 확보한 외화를 외화예금 계좌에 넣어둔다. 수입업체들은 원화를 미리 외화로 환전해서 외화예금 계좌에 넣어둔다.

이러한 수출입업체들의 외화 수급에 대한 눈치작전이 심해지면 국제수지상으로는 외환 수급에 문제가 없지만 실제 환율이 급상승하기도 한다. 왜냐하면 은행의 입장에서는 수출업체로부터의 외화 공급은 없고 수입업체로부터의 외화 수요는 늘어나서 은행간시장에서 외화를 확보해야 하기 때문이다.

외환 수급이 국제수지와 괴리되는 또 다른 이유는 환해지 거래 때문이다. 외국인 투자자들이 국내 주식이나 채권에 투자하기 위해서는 국내 은행에서 외환을 원화로 환전해야 한다. 이 과정에서 국내 은행은 외화가 늘어나므로 이를 은행간시장에서 공급하게 된다. 따라서 외국인 투자가 늘어나면 (외환 공급, 원화 수요) 환율 하락 요인으로 작용하는 게 일반적이다.

하지만 외국인 투자자들이 외화를 원화로 환전하면서 동시에 환위험을 회피하기 위해 선물환을 매입하면(현재 정해놓은 환율로 나중에 외화를 사겠다고 미리 계약을 맺으면) 상황이 달라진다. 외국인 투자자들은 종종 선물환을 매입하는데 투자 회수하는 시점에 환율이 올라가면(달러가 비싸지고 원화가 싸지는 상황) 큰 손해를 보기 때문이다.

외국인 투자자들에게 선물환을 매도한 은행은 외화부채가 늘어난 셈이므로 은행간시장에서 외화자산을 확보해야 한다. 만일 외국인 투자자를 상대로 외환을 환전해준 은행이 동시에 선물환을 매도했다면 은행의 외화포지션은 변하지 않는다. 따라서 외국인 투자의 증가가 국제수지상으로는 흑자를 보이겠지만, 은행간시장에서는 수급에 전혀 영향을 주지 않는다.

국제수지와 외환 수급이 괴리되는 또 다른 이유는 외환당국의 개입이다. 외환당국이 은행간시장을 통해서 외환을 적극적으로 사고파는 경우에 국제수지가 환율에 미치는 영향은 불분명하다. 국제수지상으로는 흑자지만 외환당국이 시장에서 외환을 매입하여 이를 고스란히 흡수한다면 환율 변동은 나타나지 않는다. 외환당국이 국제수지상의 순공급 이상의 규모로 외환을 사들이는 경우에 환율은 오히려 상승압력을 받게 된다.

미국은 일본, 중국, 한국 등 무역수지 흑자국가에서 환율 하락이 신속하게 이루어지지 않고 무역흑자가 지속되는 이유를 각 나라 외환당국의 개입 때문이라고 본다. 무역수지 흑자국에서는 외환의 공급이 수요보다 많으므로 외환당국의 개입이 없다면 자연스럽게 환율이 하락해서 무역수지가 균형을 이룰 거라는 주장이다.

하지만 이런 미국의 주장에는 두 가지 오류가 있다. 무엇보다도 환율을 결정하는 외환의 수요와 공급은 무역수지가 아닌 경상수지와 자본수지(조정항목을 제외한)의 합으로 판단해야 한다는 점이다. 특히 오늘날 외환 수급에는 자본수지가 경상수지보다 결정적 역할을 한다. 따라서 경상수지는 흑자지만 자본수지가 더 큰 폭으로 적자라면 미국의 주장과는 다르게 환율은 오히려 상승할 수 있다.

둘째, 국제수지가 외환의 수요와 공급에 미치는 영향에도 변수가 많다는 점이다. 국제수지상으로는 흑자지만 외환시장에서는 외환의 초과공급으로 나타나지 않는 경우가 많다. 앞에서 설명한 이유 때문이다.

장기와 단기가 다르다

앞에서 국제수지표를 보면 대충 외환의 수요와 공급을 알 수 있다고 했다. 환율은 국제수지(자발적 거래 계정들의 합)가 흑자일 때 하락하고, 적자일 때 상승한다. 국제수지가 환율에 미치는 영향을 단순하게 설명하면 이렇다. 국제수지가 흑자라는 것은 개인이나 기업이 종전보다 외환을 더 많이 보유하게 되었다는 의미이다. 그러면 개인이나 기업은 필요 이상으로 보유한 외환을 국내 화폐로 환전할 것이다. 이러한 환전을 중개한 은행들은 결과적으로 종전보다 외환을 더 많이 보유하게 되므로 은행간 외환시장에서 초과 보유분을 팔려고 한다. 다시 말해서 은행간 외환시장에서 외환 공급이 증가하고 환율은 하락한다. 이러한 연쇄적인 거래의 결과로 국제수지 흑자는 환율 하락으로 이어진다.

국제수지가 적자인 경우에는 정반대의 결과가 나타난다. 국제수지가 적자라는 것은 개인이나 기업이 종전보다 외환을 적게 보유하게 되었다는 의미이다. 국내 화폐를 지불해 필요한 외환을 은행에서 살 수밖에 없다. 이 거래를 중개한 은행은 결과적으로 종전보다 외환보유액이 줄어들게 되므로 은행간 외환시장에서 사 와야 한다. 이로 인해 은행간 외환시장에서 외환 수요가 증가하고 환율은 상승한다. 결국 이 과정을 거쳐 국제수지 적자는 환율 상승으로 이어진다.

환율이 외환의 수급에 따라 결정되고 외환의 수급은 국제수지로 알 수 있다면, 국제수지만 보면 과거 환율의 움직임을 설명할 수 있고 나아가 미래의 환율을 정확하게 예측할 수 있을까? 그렇지 않다. 과거의 통계를 분석한 결과를 보면 장기적으로는 환율과 국제수지의 연관성은 대체로 이론과 일치한다. 즉 국제수지가 적자일 때 환율이 오르고 국제수지가 흑자일 때 환율이 내린다. 국제수지는 이렇게 장기 추세에서 환율에 영향을 준다고 보아야 한다. 단기적인 분기나 반기 자료에서는 그 연관성이 약하다.

우리는 신문이나 방송에서 국제수지와 환율 변동에 대한 보도를 자주 접한다. 국제수지(종종 경상수지를 의미한다)가 흑자면 환율이 내리고 적자면 환율이 오를 거라는 전망을 내놓곤 한다. 하지만 꼭 맞는 건 아니다. 전 세계가 변동환율제로 전환된 이후로 주요국들의 환율 변동과 국제수지 사이의 관련성은 일정하지 않았다. 과거 주요국의 환율변동과 국제수지의 연관성도 이론처럼 확실하지는 않다.

대표적으로 미국은 변동환율제도가 도입된 이후에 단 한 번도 경상수지가 흑자가 아니었음에도 불구하고 달러화는 상당 기간 동안 강세를 보인 적이 많았다. 특히 2008년 글로벌 금융위기 이후 미국으로 대규모 자본이 유입되면서 미국 달러화는 장기간 강세를 보였다. 사실 달러화는 국제수지와 상관없이 국제 금융시장의 안정기에는 약세를, 금융위기나 불안정 시기에는 강세를 나타냈다. 세계 경제가 침체기로 접어들거나 국제 금융시장이 불안정할 때 미국 달러화는 어김없이 강세를 보인다. 미국의 달러화가 안전자산이기 때문에 자본이 미국과 미국 달러화로 몰리기 때문이다.

국제수지와 환율의 불명확한 관계는 주요 국가의 통화에서도 발견된다.14 일본의 경우 경상수지는 흑자, 자본수지는 적자를 보인다. 그리고 전체적으로 국제수지 흑자다. 이론적으로는 엔화는 지속적인 강세를 보여야 한다. 하지만 최근만 보더라도 엔화는 장기간 약세를 보인 경우가 있다. 1990년대 후반 이후부터 2008년 글로벌 금융 위기 전까지 지속적인 약세였다. 도저히 국제수지로는 설명할 수 없는 현상이었다.

스위스의 경우에는 2000년대 이후로 자본수지 적자가 경상수지 흑자를 압도했지만 스위스 프랑은 지속적으로 강세를 보였다. 호주의 경우에는 전반적으로 경상수지 적자를 자본수지 흑자로 벌충해서 국제수지는 대체로 균형을 이루었다. 하지만 2000년대 들어서 글로벌 금융위기 이전까지 호주달러는 급격한 환율 인하를 나타냈다. 반대로 멕시코는 2000년대 들어서서 자본 유입이 경상수지 적자폭보다 많았지만 멕시코 페소화는 계속 평가절하를 보였다.

우리 원화는 어떤가? 우리나라의 경우에는 경상수지가 지속적으로 흑자를 보이고 외국인의 국내 주식과 채권자금도 유입되어서 국제수지는 흑자 기조를 유지해왔다. 이에 따라서 원/달러 환율은 하락 추세를 보여왔다. 하지만 1~2년 단위로 보면 국제수지상의 외화 유입과 환율 움직임이 반대로 나타나는 경우도 있었다. 2006~7년에는 외국인 주식자금이 대규모로 이탈하면서 자본 유출 규모가 경상수지 흑자를 압도했지만 환율은 하락(원화 강세)했다. 반대로 2009년에는 경상수지와 자본수지가 동시에 흑자를 보였지만 환율은 상승(원화 약세)했다. 특히 글로벌 금융위기를 전후한 시기에는 국제수지와 환율의 관계가 불안정했다.

물가와 환율

환율을 결정하는 것은 구매력

우리가 화폐를 보유하는 건 물건을 사거나 서비스의 대가를 지불하기 위해서다. 화폐가 지닌 구매력 때문이다. 앞에서 환율은 서로 다른 두 화폐의 교환비율이라고 했다. 하지만 엄격한 의미에서는 화폐 자체가 아닌 그 화폐가 지닌 '구매력의 교환비율'이다. 그런데 알다시피 화폐의 구매력을 결정하는 것은 물가다. 물가가 오르면 화폐의 구매력은 떨어지고, 반대로 물가가 내리면 화폐의 구매력은 오른다.

환율이 구매력을 반영하고 구매력은 물가와 반비례하므로 환율은 물가와 반대로 움직인다. 두 나라 사이에서 물가가 높은 국가의 통화는 물가가 낮은 국가의 통화에 비해서 구매력이 낮다. 따라서 두 나라 통화 사이의 교환비율인 환율은 상대적인 물가수준을 반영해서 변동한다. 물가가 두 배 비싼 나라의 통화는 물가가 절반인 나라의 통화에 비해 가치가 절반에 불과하다. 이를 반영해서 물가가 두 배 비싼 국가의 통화 2단위는 물가가 낮은 국가의 통화 1단위와 교환되도록 환율이 정해진다.

물가가 환율을 결정한다는 것은 경제학의 주류적 사고였다. 두 화폐의 구매력이 같아지도록 환율이 조정된다고 생각했다. 소위 구매력평가이론이다. 여기에서 '평가'는 평가(平價; parity)라는 점에 주목하자. 구매력이 같다는 의미다.

환율 이론 분야에서 구매력평가이론은 가장 오래된 이론이다. 일찍이 16세기에 스페인의 도밍고 바네스는 "화폐를 적게 발행한 국가의 물가는 화폐를 많이 발행한 국가의 물가보다 낮을 것이다. 화폐가 희소한 국가의 소액과 화폐가 흔한 국가의 다액이 교환되는 것이 바람직하다"라고 말했다.[15] 구매력이 환율 결정에 중요하다는 생각은 흄, 휘틀리, 리카도, 손턴으로 이어졌다. 마침내 이를 체계적으로 정리한 경제학자는 스웨덴 경제학자 구스타프 카셀이다. 구매력평가이론을 한마디로 요약하면 다음과 같다. "환율을 결정하는 가장 중요한 변수는 구매력이고, 구매력은 물가에 의해 좌우된다."

일물일가의 법칙

어떤 상품이 전 세계적으로 자유롭게 거래되면 이론적으로는 그 상품의 가격은 어디서나 같아야 한다. 만일 가격이 같지 않다면 무슨 일이 벌어질까? 가령 스마트폰의 가격이 한국에서는 싸고, 미국에서는 비싸다고 치자. 그러면 한국에서 스마트폰을 사서 미국에서 팔면 이익을 취할 수 있다. 이를 차익거래(差益去來; arbitrage) 또는 재정거래라고 한다. 차익

거래는 양국에서 스마트폰 가격이 같아질 때까지 계속 이루어진다.

그러나 이것은 어디까지나 이론이다. 가격 차이에도 불구하고 현실에서는 차익거래가 발생하지 않는 경우가 많다. 얼른 생각해봐도 어떤 상품은 한국보다 미국에서 더 싸고, 다른 상품은 한국에서 더 싼 경우가 비일비재하다. 왜 그럴까? 다시 스마트폰의 경우를 살펴보자. 스마트폰을 사서 미국으로 보내는 데는 수많은 비용이 든다. 운송비, 보험료 등등. 그리고 미국의 국경을 통과하려면 관세 등 각종 세금도 내야 한다. 경제학에서는 이러한 비용들을 총괄해서 거래비용이라고 부른다. 거래비용이 크다면 비록 양국 사이에 가격 차이가 있더라도 차익거래는 일어나지 않는다. 따라서 일물일가는 성립하지 않는다.

거래비용은 상품에 따라 천차만별이다. 채소나 과일처럼 상하기 쉬운 물건은 차익거래가 아예 불가능하다. 옷이나 쌀처럼 부피가 큰 물건도 거래비용이 커서 차익거래가 어렵다. 그럼 차익거래에 가장 적합한 상품은 무엇일까? 가격은 비싸고 부피는 작은 것들이다. 다이아몬드, 금과 같은 귀금속일 것이다. 이 가운데 금은 전통적으로 차익거래의 대표적인 상품이다. 고가일 뿐만 아니라 다른 귀금속에 비해서 품질이 균일하다는 장점 때문이다. 다이아몬드는 금보다 고가지만 색상, 모양에 따라서 가격이 천차만별이기 때문에 차익거래가 어렵다. 반면에 금은 순도와 무게로만 가치가 정해진다. 과거부터 밀수의 대상이 금인 까닭이다. 밀수는 관세 등 세금을 회피해서 거래비용을 줄이려는 일종의 차익거래다.

미국에서 금 1온스가 1,000달러이고, 한국에서는 1백만 원한다고 치자. 원/달러 환율이 1,000원이면 금 1온스의 가격은 미국에서나 한국에서나 같다. 만일 환율이 1,100원이라면 금 1온스는 한국에서는 100만 원인 반면에 미국에서는 110만 원인 셈이다. 그렇다면 한국에서 금을 사서 미국에서 팔면 10만 원의 이득을 볼 수 있다. 이에 따라서 한국에서는 금 수요가 늘어나서 금 가격이 오르고, 반면 미국에서는 금 공급이 늘어나 금 가격이 내리게 된다. 결국 금 가격은 미국에서나 한국에서나 100만 원과 110만 원 사이에서 동일한 수준으로 결정될 것이다.

앞에서의 조정과정은 환율이 고정된 경우(고정환율제)다. 금 가격에만 변화가 생긴다. 한국에서의 금 수요가 늘어나고 가격이 상승해서 양국에서의 금 가격이 같아진다. 환율이 고정된 상태에서는 가격이 싼 한국에서 비싼 미국으로 금이 이동해서 양국에서 동일한 금 가격이 형성된다. 환율이 변하는 변동환율제에서는 양국에서의 금 가격이 동일해지는 조정과정은 금의 이동과 환율의 변동을 통해서 이루어진다. 원/달러 환율이 1,100이라면 차익거래 때문에 원화 수요가 늘고 달러화 공급은 증가할 것이다. 이에 따라서 원/달러 환율도 1,100에서 1,000 사이에서 결정될 것이다.

환율시장이 완벽하게 효율적이라면 금 가격은 금의 이동

없이 환율 조정만으로 두 나라에서 같아질 수도 있다. 원/달러 환율이 1,100이라면 차익거래 때문에 원화 수요가 늘고 달러 공급이 증가할 거라는 기대가 외환시장에서 형성된다. 이러한 기대는 원/달러 환율이 1,100에서 1,000으로 하락하고서야 사라진다. 환율이 즉각적으로 조정되기 때문에 차익거래는 일어나지 않는다. 이처럼 변동환율제 아래서는 환율 조정이 물량 조정을 대신한다.

경제 이론과 달리 일물일가 법칙이 성립하지 않는 가장 주요한 이유는 교역 자체가 안 되는 재화나 서비스가 많기 때문이다. 이를 비교역재라고 한다. 가장 대표적인 게 토지와 건물이다. 그리고 노동력도 비교역재에 가깝다. 빅맥이나 스타벅스 카페라테 가격이 국가마다 차이가 나는 이유는 임대료와 인건비가 국가마다 크게 다르기 때문이다. 신라면을 슈퍼마켓에서 파는 가격은 한·중·일이 차이가 거의 없다. 하지만 음식점에서 조리된 신라면을 사 먹으면 일본이 제일 비싸고, 한국·중국 순으로 비싸다. 이유는 임대료와 인건비 때문이다. 그리고 교통비, 전기료, 공과금, 세금 등의 차이도 일물일가 성립을 막는 요인들이다.

일물일가 법칙은 현실에서는 좀처럼 보기 어렵다. 쌀, 밀, 옥수수 등 농산물은 물론이거니와 금, 은 등과 같은 귀금속 가격도 나라마다 각각 다르다. 하물며 한 회사가 생산하는 코카콜라 가격조차 전 세계적으로 동일하지 않다. 더 큰 문제는 모든 상품이 한쪽 나라에서 더 싸거나 비싼 게 아니고 상품별로 다를 때이다. 예를 들자면 보통 쇠고기는 한국이 미국보다 더 비싼데, 안경은 미국이 한국보다 더 비싸다. 쇠고기 가격을 일치시키려면 원/달러 환율은 내려가야 하고, 안경 가격이 같아지려면 환율은 올라야 한다. 과연 이 경우에 환율은 어느 상품의 가격을 일치시키는 방향으로 움직일 것인가 하는 의문이 드는 건 당연하다.

구매력은 물가지수로 판단

앞에서 한미 간의 소고기와 안경 가격 차이를 통해 보았듯이, 간단하게만 생각해도 수많은 상품 가운데 특정 상품 하나를 기준으로 환율이 조정된다는 것은 대단히 비상식적이다. 결국 특정 상품 하나가 아니라 전체적인 물가가 구매력 비교 대상이 될 것이다. 물가수준은 한 나라의 상품들이 평균적으로 상대국가에 비해서 높은지 낮은지를 나타내는 지표다. 결국 환율은 개별 상품의 가격이 아니라 두 나라 경제의 물가수준을 일치시키는 수준에서 결정된다고 볼 수 있다.

두 나라의 물가수준을 알면, 각 화폐의 구매력을 비교할 수 있고, 결국 적정환율도 알 수 있다. 하지만 이것도 쉬운 일은 아니다. 근본적인 문제는 상대적인 물가수준을 비교하기가 쉽지 않다는 사실이다.

전체적인 물가수준을 말해주는 것이 물가지수다. 물가지수는 일정 기준 시점에 비해서 현재의 물가가 얼마나 변했는지를 나타내는 지표다. 가령 2016년 물가지수가 115라는 것은 2010년 물가수준을 100이라고 할 때 2016년 물가는 15% 높다는 의미다. 2016년 미국의 물가지수가 107이라면 미국의 물가는 2010년에 비해 7% 상승했다는 의미다. 물가지수는 기준연도에 비해서 물가의 상대적인 변화를 보여줄 뿐이다. 이렇듯 물가지수는 물가의 '절대적 수준'을 나타내지는 못한다. 이러한 한계 때문에 물가로 환율의 '절대적 수준'을 가늠하기란 불가능하다.

2016년 한국의 물가지수는 115이고, 미국의 물가지수는 107이라면 환율은 어떻게 되어야 할까? 알 수 없다. 물가지수만으로 물가수준을 알 수 없고 따라서 적절한 환율수준을 말할 수 없다. 다만 예상되는 환율의 변화만을 말할 수 있을 뿐이다. 다시 말해 "구매력평가이론에 따른다면 원/달러 환율이 1,000이다 또는 1,100이어야 한다"라는 얘기는 못 한다. 다만 "구매력평가이론이 맞다면 2010년에 비해 2016년에 원/달러 환율이 8% 올라야[한국 물가지수(115)-미국의 물가지수(107)] 한다"는 얘기를 할 수 있을 뿐이다.

환율수준을 알려면 절대적인 구매력을 알아야 하는데 물가지수만으로는 구매력을 알 방도가 없다. 물가지수는 기준연도와 비교연도의 상대적 물가를 비교하는 수치일 뿐이다. 물가의 이러한 한계 때문에 환율이 양국의 구매력이 같도록 하는 수준에서 결정된다는 '구매력평가이론'은 현실적으로 환율 결정과 관련해서 아무런 지침을 주지 못한다. 이러한 한계에 직면해서 구매력평가이론은 수정되지 않을 수 없었다.

수정된 구매력평가이론은 "환율의 변화는 양국의 구매력 변화를 반영한다"라고 주장한다. 여기서 구매력 변화는 상대적 물가수준의 변화다. 예를 들어 한국의 물가가 5% 오른 반면에 미국의 물가는 2% 올랐다면 원/달러 환율은 3% 오른다는(원화는 3% 평가절하) 것이다. 물가 변화율은 인플레이션이므로 두 나라의 환율 변화율은 인플레이션의 차이와 같다.

　경제학에서는 환율이 물가수준을 반영한다는 이론을 절대적 구매력평가이론이라고 한다. 반면에 이를 수정해서 환율의 변화가 인플레이션 차이를 반영한다는 이론은 상대적 구매력평가이론이라고 한다.

빅맥지수로 적정환율을 구할 수 있을까?

　맥도날드의 대표적인 햄버거 빅맥은 전 세계 거의 모든 국가에서 간단히 사 먹을 수 있는 패스트푸드다. 영국의 〈이코노미스트〉지는 1986년부터 전 세계적으로 팔리는 빅맥의 현지 가격을 조사하고 있다. 현지 가격에 각 화폐의 달러 대비 환율을 적용해서 달러 가격으로 계산한 이른바 '빅맥지수'이다. 대체로 달러화로 환산한 빅맥 가격을 보면 선진국에서 비싸고 후진국에서 싸다는 사실을 알 수 있다. 2020년 빅맥지수에 따르면 빅맥이 가장 비싼 나라는 스위스(6.91)이고, 우리나라는 17위(3.75)였다. 일본은 22위(3.64), 중국은 34위(3.10) 그리고 인도는 46위(2.53)였다. 〈이코노미스트〉지는 2004년부터는 전 세계의 스타벅스 카페라테 톨 사이즈 가격도 조사해 발표하고 있다. '라테지수'라 하겠다.

예를 들어보자. 서울에서 빅맥이 3,000원이고, 미국에서는 3.5달러라고 하자. 원/달러 환율이 1,000이라면 한국에서 3,000원에 팔리는 빅맥의 달러화 환산 가격은 3.0달러다. 한국의 빅맥지수는 3.0달러가 된다. 한국 빅맥 가격이 미국보다 0.5달러 싸다는 의미다. 여기에서 한국 빅맥 가격과 미국 빅맥 가격을 동일하게 해주는 환율을 계산해볼 수 있다. 계산은 간단하다. 3,000원/3.5달러, 즉 857이다. 환율 857이면 한국과 미국의 빅맥 가격이 실질적으로 같아진다는 뜻이다.

그런데 실제 원/달러 환율이 1,000이고 양국의 빅맥 가격을 동일하게 만드는 환율이 857이라면 이는 무슨 의미일까? 원/달러 환율이 고평가(원화가 저평가)되었다는 뜻일까? 전혀 그렇지 않다. 환율을 빅맥지수로 계산한 환율과 비교해서 실제 환율의 저평가 또는 고평가 여부를 논할 수는 없다. 일물일가의 원칙이 현실에서 거의 적용되지 않음을 우리는 이미 살펴본 바 있다. 환율이 1,000이고 빅맥지수로 계산한 환율이 857이라는 사실은 단지 "빅맥 가격만큼은 한국이 미국보다 싸다"라는 뜻 이상도 이하도 아닌 것이다.

빅맥은 세계 어디에서나 동일한 상품일까? 같은 재료를 사용해서 같은 방식으로 만들어지고, 맛도 비슷하니까 세계 어디서나 같은 상품이라고 생각하면 오산이다. 빅맥은 사실상 교역이 가능한 상품이 아니다. 이른바 교역재가 아니라 비교역재에 가깝다. 말하자면 우리가 한국 서울의 어느 맥도날드 매장에서 사 먹는 빅맥은 미국 노동자들이 미국 땅에서 만든 햄버거가 아니다. 레시피와 제조 방식은 통일되어 있을지라도 한국 직원들이 한국 매장에서 만든 제품이다. 빅맥 가격에 반영되는 주요 비용은 인건비와 매장 임대료 비중이 대단히 크다. 인건비나 임대료는 대표적인 비교역재라 서로 다른 두 나라에서의 가격이 같을 수 없다. 결론적으로 비교역재인 빅맥의 가격 수준을 가지고 실제 환율의 저평가, 고평가를 따지는 것은 어불성설이다.

그러면 빅맥 현지 가격 조사결과를 어떻게 해석해야 할까? 빅맥의 현지 가격에 대(對)달러 환율을 적용해서 계산한 달러화 가격은 각 나라의 생활물가 수준을 가늠하는 잣대가 된다. 물론 생활물가가 빅맥 하나로 대표되지는 않지만 빅맥이 일반 서민의 기호식품이라는 점에서 생활물가의 일부를 구성하는 건 사실이다. 빅맥이 중국에서 2.3달러인데, 미국에서는 3.5달러라면 중국에서의 생활물가가 미국에 비해 약 1/3 정도 낮다고 추정할 수 있다. 생활물가에는 비교역재가 큰 영향을 미친다. 빅맥 가격이 상대적으로 낮다면 임금과 임대료가 낮다는 증거다. 그러면 다른 비교역재의 가격도 낮을 것이고 따라서 생활물가도 낮을 것이다.

빅맥지수는 각 나라 통화의 그 나라에서의 구매력을 보여준다. 원/달러 환율이 1,000인데 빅맥지수로 계산한 환율이 857이라면, 원화의 우리나라에서의 구매력은 환율(1,000원=1달러)에 비해서 빅맥지수 환율(857원=1달러)만큼 더 높다는 의미다. 그 나라 통화의 당해 나라에서의 구매력이 환율보다 높다는 건 같은 달러로 나타낸 소득수준보다 더 많이 소비할 수 있다는 의미다. 환율로 계산한 1인당 GDP가 보여주는 것보다 실제로는 더 잘 산다는 의미다. 이런 의미에서 빅맥지수는 유용한 지표다. 이를 확대해석해서 환율의 저평가 또는 고평가 여부를 판단하는 것은 잘못이다. 나아가 이러한 판단을 근거로 환율을 조정하는 게 정의고 공정이라는 주장을 간혹 SNS 등에서 접하곤 하는데, 순전히 억지에 불과함을 우리는 이제 알 수 있을 것이다.

금리와 환율

국경을 넘는 자본의 이동

경제학자들은 두 나라 사이에서 자본이 자유롭게 이동할 수 있다면 두 나라의 이자율은 같아진다고 주장한다. 이를 이자율평가이론이라고 한다. 왜냐하면 두 나라 사이에 이자율 차이가 조금이라도 생기면 금리차익을 노리는 투자자들이 자본을 저금리 국가에서 고금리 국가로 이동시키기 때문이다. 저금리 국가의 채권을 팔고(따라서 저금리 국가의 채권가격은 내리고 채권금리는 오른다) 고금리 국가의 채권을 사는 과정에서 두 나라의 금리는 동일한 수준으로 수렴한다.

하지만 국경을 넘나드는 국제적 자본 이동에는 다양한 요소들이 개입한다. 그 가운데 가장 중요한 변수가 환율이다. 환율의 변화는 해외에 투자하는 투자자의 최종 수익률에 큰 영향을 미친다. 만일 환율이 완전히 고정되어 있다면 투자자는 환율을 고려하지 않아도 된다. 환율이 불리하게 변해서 투자 수익이 내려가는 위험을 생각하지 않아도 된다. 하지만 환율이 바뀐다면 투자한 과실을 국내로 송금하면서 환전하는 과정에서 수익률이 변한다. 예를 들어 한국 투자자가 금리가 3%인 국내 채권 대신 금리가 7%인 브라질 채권을 샀다고 가정해보자. 환율이 변하지 않으면 투자자는 4%의 추가 수익을 올릴 수 있다. 하지만 투자 기간 동안에 브라질 헤알화가 원화 대비 5% 평가절하되어버리면 이 투자자의 실제 수익률은 2%에 불과해서 낭패를 볼 수도 있다. 오히려 국내 채권에 투자하는 편이 나았을 것이다.

이처럼 환율 변화는 실제 수익률에 큰 영향을 준다. 실제로 두 나라 사이에 금리 차이가 난다고 해서 자본이 무작정 저금리 국가에서 고금리 국가로 움직이지 않는다. 앞으로의 환율의 변화를 감안해야 한다. 일반적으로 저금리 국가의 통화는 평가절하(환율 상승)되고 고금리 국가의 통화는 평가절상(환율 하락)된다. 투자자들이 저금리 국가에서 고금리 국가로 투자를 변경하려면 외환시장에서 저금리 국가의 통화를 팔고 고금리 국가의 통화를 사야 한다. 이 과정에서 저금리 국가의 환율은 높아지고 고금리 국가의 환율은 내려간다. 고금리 국가의 통화가 평가절상되면 투자자들은 금리에서 고수익도 얻고 환차익도 챙길 수도 있다.

하지만 환율 변화는 그리 간단하지 않다. 투자자들에게 중요한 것은 현재의 환율이 아니고 투자를 회수하는 시점의 환율이다. 미래에 획득할 투자수익을 국내로 회수할 때 자국 통화로 바꾸는 환율이 실제 수익률을 결정한다. 금리차익을 노리는 투자자들은 원칙적으로 환율 변동으로 인한 위험을 지지 않으려고 한다. 환율 변동 위험을 회피하는 방법 가운데 하나는 장차 투자로 벌어들일 외화 수익을 투자 시점에서 미리 자국 화폐로 바꾸는 계약을 맺어두는 것이다. 투자자들은 현물 외환시장에서 투자할 국가의 화폐를 사는 동시에, 선물 외환시장에서 투자로 얻게 될 수익금을 파는 선물환 거래를 한다. 소위 현물환 거래와 선물환 거래를 동시에 하는 스와프 (swap) 거래다.

이처럼 장래 거래에 적용할 환율을 미리 정하는데 그 환율을 선물환율이라고 한다. 고금리 국가의 경우 일반적으로 선물환율이 현물환율보다 높지만(스와프포인트=선물환율-현물환율〉0, 이를 선물 프리미엄 상태라고 한다) 저금리 국가에서는 현물환율보다 낮다(스와프포인트〈0, 이를 선물 디스카운트 상태라고 한다).[16] 금리차익을 노리는 재정투자자들이 투자 여부를 결정할 때는 금리 차이와 함께 현물환율과 선물환율의 차이[정확하게는 (선물환율-현물환율)×100/현물환율, 이를 스와프레이트라고 한다]가 중요하다.

예를 들어보자. 가령 한국의 1년 만기 국채 금리가 2.5%인 반면에 일본의 1년 만기 국채의 금리는 0.5%라고 가정해보자. 일본의 투자자들은 일본 국채 대신에 한국 국채를 사면 추가로 2.0%의 금리 수익을 올릴 수 있다. 하지만 원/엔 현물환율이 100.0이고 원/엔 선물환율이 120.0이라면 선물 프리미엄은 (120-100)/100×100 = 2.0이다. 선물 프리미엄이 한국에 투자할 경우에 얻는 초과 수익률 2%와 같다. 일본의 재정투자자들로서는 한국에 투자해서 이익 볼 게 없다는 의미다. 선물 프리미엄이 금리차익을 완전히 상쇄하는 것이다. 따라서 금리 차이에도 불구하고 일본 투자자들은 한국 국채를 살 유인이 없다.

앞에서 든 예처럼, 미래의 환율 변동 위험까지 고려하는 투자자들은 단순히 금리 차이만 염두에 두고 투자하지 않는다. 환율 변동 위험까지 염두에 둔다. 따라서 선물환 거래를 통해서 환율 변동 위험을 완전하게 커버링(covering)하려고 한다. 위험을 커버링하는 과정에서 두 나라의 금리 차이가 선물 프리미엄과 같아지게 되고 더 이상의 재정거래가 생기지 않는다. 이를 '커버된 이자율 평가'라고 한다.

이와 달리 투자자들이 환율 변동 위험을 염두에 두지 않을 경우에는 어떻게 될까? 이 경우에는 미래 수익을 환전할 시점의 환율을 예상해서 수익률을 계산한다. 예상 환율 절하율 [(예상 미래환율-현물환율)/현물환율×100]과 이자율 차이를 비교해서 투자 여부를 결정한다. 이자율 차이가 예상 환율 절하율보다 클 경우에는 금리차익을 노리고 투자를 할 것이다. 투자자들이 환율 변화 리스크를 커버링을 하지 않는 경우에는 두 나라의 금리 차이가 투자자의 예상 환율 절하율과 같아진다. 이때 더 이상의 재정거래가 생기지 않는다. 이러한 균형 조건을 '커버되지 않은 이자율 평가'라고 한다. 환율 변동 위험을 커버하든 안 하든 금리 차이를 겨냥한 투자에서는 환율이 중요한 변수가 된다. 특히 환율 변동 위험을 커버하지 않는 투자의 경우에는 환율 예상이 중요하다.

이자율평가이론에 따르면 자본은 저금리 국가에서 고금리 국가로 이동한다. 환율 변동 위험을 커버하면서 금리 차이를 활용한 재정거래를 하면 손해 볼 위험은 없고 금리차만큼 이익을 얻을 수 있다. 무위험 투자이므로 누구나 재정거래를 할 것이다. 하지만 현실적으로 재정거래가 활발한 건 아니다. 만일 재정거래가 활발하다면 명목이자율 차이는 선물환 프리미엄과 일치해야 한다. 현실은 그렇지 못했다. 두 나라 사이의 명목이자율 차이와 선물환 프리미엄이 같아지지 않는다. 원/달러의 경우에도 한국 원화 채권 이자율이 미국 달러화 채권 수익율보다 높음에도 불구하고 선물환율이 현물환율보다 낮아서 스와프포인트가 마이너스를 보인다. 만성적인 달러 유동성 부족의 결과다. 금리 차이보다는 달러화의 유동성이 스와프레이트를 결정한다는 게 우리 외환시장의 대다수 참가자들 견해다.

앞에서 구매력평가이론을 다루면서 일물일가가 성립하지 않는 이유로 거래비용을 설명했다. 이자율평가이론에서도 마찬가지다. 국제적인 금융거래에 따르는 시간, 비용 등의 노력이 만만하지 않다. 가령 고금리 브라질 채권에 투자한다고 쳐보자. 브라질에 투자하려면 브라질 화폐로 환전을 해야 한다. 현물환시장에서의 환전으로 끝나지 않는다. 선물환시장에서 환위험을 헤지하기 위한 스와프거래도 필요하다. 그리고 브라질 채권 거래를 담당할 금융회사와 계좌를 열어야 한다. 물론 이 모든 과정을 증권회사가 처리해주지만 비용이 상당하다. 그 비용을 다 지불하고도 이익을 볼 수 있을까? 금리차이보다 이러한 비용이 크다면 굳이 브라질 채권을 살 이유가 없다.

와타나베 부인과 소피아 부인

국제 금융시장의 큰손으로 일본의 와타나베 부인이 있다. 특정 개인을 말하는 것이 아니다. '와타나베'는 일본에서 흔한 성(姓) 가운데 하나다. 사토, 스즈키, 다카하시, 다나카, 이토에 이어 여섯 번째로 많은 성씨, 우리로 말하면 김·이·박씨 정도다. 즉 와타나베 부인은 남편이 벌어오는 수입으로 가정을 꾸리는 평범한 일본 가정주부를 말한다. 어쩌다 평범한 일본 가정주부들이 국제 금융시장의 큰손으로 등장하게 되었을까? 그 배경에는 1990년 이후로 지속되는 일본 경제의 침체와 저금리라는 암울한 경제상황이 존재한다.

금리가 낮은 국내 은행에 저축해오던 와타나베 부인은 점차 고금리 국가에 투자하는 재테크에 눈뜨기 시작했다. 처음에는 남편이 벌어다준 자금 정도였을 것이다. 하지만 수익성이 입증되자 와타나베 부인의 투자는 더욱 과감해졌다. 은행에서 대출을 받아서 투자자금을 늘린 것이다. 오늘날 '와타나베 부인'은 저금리 엔화를 빌려서 고금리 국가에 투자하는 일본의 외환투자자들을 통칭하는 용어로 쓰인다. 이처럼 금리가 싼 곳에서 돈을 빌려서 비싼 곳에 투자하면 초과이득을 볼 수 있다. 이를 '캐리 트레이드(carry trade)'라고 한다. 한참 캐리 트레이드가 성황이었던 2007년 이들이 한 해 동안 거래한 규모는 200조 엔에 달했다. 도쿄 외환시장 거래량의 약 30%를 차지한 것이다.

거래하는 은행의 예금 금리는 2%인데, 다른 은행이 이자를 5% 준다면 거래은행을 바꾸는 게 당연하다. 한 국가 내에서는 이런 횡재의 기회가 좀처럼 없다. 하지만 국제 금융시장에서는 다르다. 일본에서는 금리가 0%다. 독일도 마찬가지다. 미국도 1.0%를 넘지 못한다. 그런데 눈을 전 세계로 돌리면 10%의 금리를 주는 곳도 있다.

대표적인 사례가 '엔 캐리 트레이드(yen carry trade)'다. 당시 일본 금리가 0.5%일 때 미국 금리는 4.75%에 달했다. 엔화를 달러화로 바꿔서 미국 은행에 맡기면 4.25%의 수익을 벌 수 있는 구조가 되었다. 평범한 가정주부나 직장인이 저금리를 이용한 해외 투자를 했다. 일본 은행에서 0.5%로 돈을 빌려서 이자율이 7~8%에 달하던 뉴질랜드의 은행으로 이체하는 방법으로도 고수익을 올렸다.

와타나베 부인은 해외 주식, 채권, 그리고 금융파생상품, 원자재까지 손길을 뻗치고 있다. 하지만 사실 와타나베 부인의 전공은 외환투자다. 나름의 방식으로 환율을 예측해서 앞으로 평가절상될 걸로 예상되는 통화에 투자한다. 사실 외환투자는 리스크가 큰 투자다. 일본의 가정주부들이 외환시장의 큰손으로 등장한 배경에는 인터넷이 있다. 인터넷 외환거래는 주식거래와 달리 수수료가 거의 없다. 인터넷으로 하루 24시간 언제나 거래할 수 있다. 적은 원금으로 높은 수익을 내는 레버리지도 활용할 수 있다. 금융회사에 맡긴 증거금의 최고 100배까지 인터넷을 통해 외환을 살 수 있다.

특히 FX마진 거래가 와타나베 부인들 사이에서 인기다. 와타나베 부인들의 FX마진 거래 금액은 약 200조 엔이라고 한다. 도쿄 외환시장 전체 거래액의 20~30%에 달하는 규모다. 미국의 서브프라임 모기지(비우량 주택담보대출) 사태 이후 국제 금융시장은 엔 캐리 청산의 바로미터로 일본 투자자들의 동향, 즉 와타나베 부인들을 주목했다.

저금리로 대출받아서 고금리에 투자하는 게 개인으로서는 훌륭한 재테크다. 하지만 국제 금융시장에는 시장불안을 야기한다. 자금이 몰려드는 고금리 국가는 한편으로는 유동성 과잉현상으로 자산 가격(부동산, 주식 등)에 거품이 생긴다. 다른 한편으로는 경제의 펀더멘털과 다르게 환율이 내리는 (통화의 평가절상) 어려움을 겪게 된다. 하지만 더 심각한 부작용은 캐리 트레이드가 청산되는 과정에서 발생한다. 일반적으로 캐리 트레이드는 점진적으로 이루어져서 환율변동성도 완만하다. 하지만 청산 과정이 급작스럽게 이루어지면 투자 대상국은 외화 부족 현상에 직면하고 극단적인 경우에는 외환위기에 빠질 수도 있다. 투자통화의 환율 상승으로 손실을 보는 투자자들의 강제적인 포지션 청산(fire sale)이 일어나기 때문이다.

국제 투기에는 일본의 와타나베 부인만 있는 건 아니다. 2008년 글로벌 금융위기 이후로 미국도 '제로 금리' 정책을 유지했다. 그러면서 달러도 캐리 트레이드의 대열에 합류할 것으로 예상되었다. 일본의 와타나베 부인에 이어 미국에서도 '스미스 부인'이 등장할 가능성이 있었던 것이다. 하지만 예상과 달리 일반 미국인들의 달러 트레이드는 많지 않았다.

중국의 일반 투자자들을 '왕(王)부인'이라 부른다. 이들은 금리 차이가 유인이 아니다. 중국 위안화의 금리는 여전히 상대적으로 높은 수준이다. 이들은 중국 내 투자처가 마땅치 않아서 해외로 눈길을 돌린다. 중국 주식시장은 불안하고 채권시장은 걸음마 수준이다. 중국의 자본 통제로 '왕부인'의 해외 투자는 제한을 받고 있지만 자본 개방이 되면 그 규모가 엄청날 것으로 예상된다.

그럼 유로화 캐리 트레이드를 하는 유럽인들은 뭐라고 부를까? 답은 '소피아 부인'이다.

통화정책과 환율

환율에 영향을 주는 이자율은 왜 변할까? 이자율이 오르고 내리는 이유는 많다. 그 가운데 가장 중요한 것은 통화정책이다. 통화정책은 경제 안정화 또는 경제 활성화를 위한 정책이다. 통화정책의 수단은 크게 두 가지다. 정책금리(policy rate)를 올리거나 내리는 것이 하나고, 통화량을 조절하는 것이 다른 하나다. 각 나라의 중앙은행은 물가 상승이 우려되고 경기가 과열되었다고 판단하면 정책금리를 올리거나 통화량을 줄인다. 반대로 경기가 침체되어 경기 활성화가 요구된다고 판단하면 정책금리를 내리거나 통화량을 증가시킨다.

통화정책이 환율에 영향을 미치는 경로에서 가장 중요한 요소는 '물가'다. 물가는 앞에서 살펴본 바와 같이 구매력을 변화시켜서 환율에 영향을 준다. 대체적으로 물가 상승은 환율 상승으로, 물가 하락은 환율 하락으로 이어진다. 통화정책은 물가에 영향을 준다. 통화량을 늘리면 물가가 상승한다. 따라서 통화량 증가는 물가 상승으로, 그리고 물가 상승은 환율 상승(자국 통화의 가치 하락)으로 연결된다.

통화론자들은 통화량 변화가 금리(실질금리)에 영향을 미치지 않는다고 본다. 통화량 증가는 비례적으로 물가 상승을 초래하기 때문에 실질 통화량(명목 통화량÷물가)은 변하지 않아 금리에 영향을 미치지 못한다는 것이다. 따라서 통화정책은 물가에 끼치는 영향을 통해 환율 변화를 낳을 뿐, 금리 변화로 인한 환율 변화는 없다고 본다.[17]

이에 대해서도 반대 의견이 있다. 통화론자들은 위에서 말한 것처럼 신축적인 물가의 변동을 인정하고 통화량의 증가는 물가의 상승으로 연결된다고 본다. 하지만 케인시언들은 다르다. 케인스는 유동성선호이론을 주장했다. 유동성선호이론의 핵심은 금리가 화폐 보유를 결정하는 변수라는 것이다. 금리는 화폐를 보유할 때 지불하는 기회비용(가격)이다. 즉 화폐를 보유하면 금융상품(채권)으로부터 나오는 금리를 포기해야 한다. 그럼에도 불구하고 화폐를 보유하는 건 화폐의 높은 유동성(liquidity) 때문이라는 게 이론의 설명이다.

이러한 케인시언의 화폐 이론에 따르면 통화량의 증가는 금리의 하락으로 이어진다. 케인시언들은 가격의 경직성을 가정하므로 중앙은행의 화폐량 증가는 전적으로 금리의 하락으로 이어진다. 금리가 하락하면 내외 금리차가 벌어져서 자본이 유출되고 환율은 상승한다. 반대로 중앙은행이 화폐량을 줄이면 금리가 오르고 자본이 유입되면서 환율은 하락한다. 가격이 신축적인 경우(통화론자)와 정반대의 결론이다.

오늘날 중앙은행들은 통화정책의 수단으로 통화량 조정보다는 정책금리 조정을 더 많이 활용한다. 통화론자들은 중앙은행이 정책금리를 내리면 시중은행들의 통화 접근성이 좋아져서 통화량 증가로 이어진다고 본다. 다시 말해서 정책금리 인하는 통화량 증가와 동일한 정책개입이고 이로 인해서 물가는 상승한다고 본다. 금리 인하는 통화량 증가, 물가 상승 그리고 환율 상승으로 이어진다. 반대로 금리 인상은 통화량 감소, 물가 하락 그리고 환율 하락으로 이어진다.

하지만 또다시 케인시언의 설명은 다소 다르다. 앞에서 언급했듯이 금리 인하는 내외 금리차로 인해서 자본의 이탈을 가져온다. 자본의 이탈은 외환의 수요를 증가시키므로 환율 상승으로 이어진다. 반대로 금리 인상은 자본의 유입을 초래하고 이로 인해서 외환의 공급을 증가시킨다. 그리고 이는 환율 하락으로 이어진다.

일반적으로는 통화량 증가가 이자율과 환율에 영향을 미친다고 본다. 하지만 그 영향은 시차를 두고 나타난다. 통화량 증가는 단기적으로 이자율의 하락을, 장기적으로는 물가 상승을 초래한다. 이자율 하락은 금융시장의 반응이어서 더 일찍 나타나고 물가 상승은 실물시장의 반응이라서 더 늦게 나타난다고 본다. 통화량이 증가하면 사람들은 증가한 통화를 보유하지 않고 채권에 투자한다. 이는 채권가격의 상승(금리 인하와 동일)을 초래하는 것이다. 통화량 증가가 물가를 상승시키는 건 별다른 설명이 필요 없다.

통화량 증가가 시차를 가지면서 이자율과 물가에 영향을 미치는 결과로 환율도 시차를 두면서 다른 모습을 보인다. 통화량을 증가시키면 금리 하락으로 인해서 환율이 큰 폭으로 하락한다. 하지만 시간이 흘러가면서 물가가 상승하고 이에 따라서 큰 폭으로 하락했던 환율은 점차 상승하면서 하락 폭을 줄인다. 이처럼 환율이 초기에 크게 변하지만 시차를 두고 점차 변화 폭을 줄이는 모습을 보이는데 이를 오버슈팅(over shooting)이라 부른다.

반대로 중앙은행이 통화정책의 일환으로 통화량을 감소시키는 경우의 오버슈팅을 살펴보자. 통화량이 감소하면 금리가 즉각적으로 인상되고 이에 따라서 자본이 국내로 유입된다. 외국 투자자들이 국내에 투자하는 과정에서 추가적인 외환이 공급되고 이는 환율의 하락(외환 가격의 하락)으로 이어진다. 하지만 시차를 두고 물가가 하락함에 따라서 환율은 초기의 상승 폭을 줄이면서 하락한다. 전체적으로 통화량 감소에 따라서 환율은 초기에 크게 상승했다가 시차를 두고 하락하면서 초기의 상승 폭을 줄이게 된다.

통화정책과 기대심리의 변화

통화정책이 환율에 영향을 미치는 다른 중요한 채널은 기대심리의 변화다. 시장참여자들의 심리가 중요하다는 건 누구나 인정한다. 시장에 아무런 변화가 없더라도 단순히 시장참여자들의 기대가 변해서 시장이 크게 출렁이는 경우가 많다. 초기의 통화론자들은 통화량 증가가 물가 상승을 초래하지만 금리의 변화는 없다고 보았다. 하지만 이들은 통화량을 증가시키면 물가가 상승할 거라는 예상이 형성된다는 점을 인정하게 되었다. 이러한 물가 상승 기대는 실질금리(명목이자율-기대 인플레이션)의 인하를 의미한다. 오늘날 통화론자들도 통화량 증가가 환율에 미치는 영향을 설명하면서 물가 상승과 금리 하락을 모두 인정한다.

자국 통화의 환율에는 자국의 통화정책뿐만이 아니고 상대국의 통화정책도 영향을 미친다. 원/달러 환율에 영향을 미치는 건 한국은행의 통화정책만이 아니다. 미국 중앙은행인 연준(FRB)의 통화정책은 우리 한국은행의 통화정책보다 훨씬 적극적이고 변화무쌍하다. 그만큼 영향력도 크다. FRB는 1994년 한 해에 일곱 차례에 걸쳐 금리를 0.25%p씩 총 1.75%p를 단박에 올린 경험도 있다. 글로벌 금융위기 이후로

2008년 0.00~0.25%로 인하했다가 2015년과 2016년에 각각 한 차례, 2017년에 세 차례, 2018년에는 네 차례에 걸쳐 각각 0.25%p씩 올렸다.

하지만 2018년 말에 2.25~2.50%였던 금리는 2019년에 들어서는 전격적으로 세 차례에 걸쳐 내려서 2019년 말에는 1.50~1.75%로 하락했다. 2020년 3월에는 두 차례에 걸쳐(3월 3일, 3월 15일) 코로나바이러스로 인한 심각한 경제침체 상황에서 각각 0.5%p, 1.00%p 인하하는 이른바 '빅컷(big cut)'을 단행해서 정책금리가 0.00~0.25% 수준으로 하락하여 다시 4년 만에 제로 금리 시대로 재진입했다. FRB는 더 나아가 2022년 말까지 제로 금리를 유지할 것임을 천명했다.

2019년 미국 정책금리의 인하는 '강달러'를 '약달러'로 선회시키는 계기가 되었다. 하지만 미국 금리 인하로 금리차를 노리는 금융 투자자들의 이동 때문에 '약달러'가 초래된 건 아니다. 저금리로 인해서 유동성이 풍부해지고 저금리에 따른 미국의 인플레이션 우려로 인해 투자자들이 외환시장에서 '약달러'에 베팅을 했기 때문이다. 물리적 반응보다 심리적 반응은 훨씬 즉각적으로 일어난다. 이러한 투자자들의 심리적 반응은 때때로 시장의 변동성을 증폭시키는 부작용을 초래하기도 하지만 일반적으로는 시장의 불균형을 신속하게 조정해서 균형상태에 도달하도록 작용한다.

자본이 내외 금리차를 따라갈까

2015년 미국 FRB는 양적완화정책에 종지부를 찍었다. 2008년 글로벌 금융위기 이후로 장기간 지속되었던 완화적인 통화정책을 반대로 선회하여 금리를 인상하기 시작했다. 그러자 국내 언론들은 앞다투어 한국은행도 국내 정책금리를 올려야 한다고 주장했다. 미국의 정책금리가 한국의 정책금리보다 높아져서 자본이 국내에서 미국으로 유출될 우려가 있다는 주장이었다. 하지만 자본 유출은 없었다. 그러자 언론들은 금리 차이가 작아서 자본 이탈이 없을 뿐이고 금리 차이가 커지면 자본 유출이 본격화될 거라면서 난리법석이었다. 그러나 지금까지 금리 차이 때문에 우리나라에서 자본이 대규모로 이탈했다는 보고는 없다.

우리나라와 미국 사이에 금리 역전은 2000년 이후로 두 번에 걸쳐서 일어났다. 2005년 8월~2007년 8월과 2018년 3월~2020년 3월에 우리나라의 정책금리가 미국의 정책금리보다 낮았다. 하지만 같은 기간에 별다른 자본 유출은 없었다.

현실적으로 자본이 저금리 국가에서 고금리 국가로 무작정 흘러가지 않는다. 우리나라는 선진국들에 비하면 금리가 높은데도 외국 자본이 무제한적으로 쏟아 들어오지 않는다. 일본도 오랫동안 제로 금리 수준을 유지하고 있지만 외국 투자자들이 이탈했다는 뉴스는 없다. 만일 자본이 금리 차이에 따라서 이동한다면 일본 엔화 예금과 채권은 자취를 감췄을 것이다. 금리보다는 다른 요인들이 투자자들의 투자처 결정에 영향을 준다.

금리 차이에도 불구하고 자본이 국경을 넘나들지 않는 이유는 여러 가지다. 경제학 교과서에서는 두 나라 사이에 완전히 대체 가능한 금융상품을 가정한다. 하지만 현실적으로 그런 대체 투자 금융상품을 찾기란 불가능하다. 만기, 유동성, 위험도가 동일한 금융상품이라고 하더라도 통화가 다르면 완전히 대체되기 어렵다. 조세 제도, 외국 자산에 대한 정보의 제약, 환위험 등이 다르고, 정치적 위험도 무시할 수 없다. 투자자들은 경상수지 적자가 큰 나라, 재정수지가 적자인 나라, 정부의 외환시장 개입이 빈번한 나라의 경우에 투자로 인한 위험이 크다고 생각해서 높은 수익률을 요구한다.

미국의 국채(10년 만기 국채 이자율은 2% 내외다)와 터키의 국채(10년 만기 국채 이자율은 6% 내외다)를 비교해보자. 과연 터키 국채의 수익률이 높다고 미국 국채를 팔고 터키 국채로 갈아타는 투자자가 있을까? 투자자의 입장에서는 국채 이자에 대한 과세 차이 때문에 수익률이 달라진다. 또한 미국 국채와 터키 국채의 유동성 차이도 있다. 그리고 두 나라의 국채는 지불불능의 위험도도 다르다. 터키는 불안한 정국 때문에 정치적 위험도가 크다.

이러한 차이는 선진국과 개발도상국 사이에서 뚜렷하게 나타난다. 한마디로 투자자들은 개도국 투자를 할 때 추가적인 '위험 프리미엄'을 요구한다. 위험 프리미엄은 위험을 내포한 국가의 채권에 투자할 때 투자자들이 요구하는 추가적인 보상이다.[18] 투자자들이 안전자산으로 평가받는 달러화, 유로화 또는 엔화 대신에 개도국 자산을 취득하려면 그만큼 더 높은 추가 수익률을 요구한다고 볼 수 있다. 금리 차이가 있더라도 그 크기가 선물 프리미엄과 위험 프리미엄의 합보다 작으면 투자자의 입장에서는 굳이 고금리 개도국에 투자하려고 안 할 것이다.

최근에 국제적인 환율의 움직임을 설명할 때 주로 사용하는 용어가 '리스크 온'(risk on; 위험선호)과 '리스크 오프'(risk off; 위험회피)다. '리스크 온'이 되면 달러가 약세를 보이고 신흥국 통화들이 강세를 보인다. 반면에 '리스크 오프'가 되면 신흥국 통화가 약세를 보이고 달러가 강세를 보인다. 리스크 온이 되면 투자자들이 낙관적인 전망을 가지고 신흥국 투자 위험을 기꺼이 수용하기 때문이다. 위험 프리미엄이 작아진다는 의미다. 반대로 리스크 오프가 되면 투자자들이 신흥국 시장의 리스크에 대한 경계심이 높아져서 신흥국에 투자하는 것이 위험하다고 판단해 투자를 꺼린다. 위험 프리미엄이 높아진다는 의미다.

그런데 '리스크 온'과 '리스크 오프'에 따라서 민감하게 반응하는 것은 금리(명목금리)가 아니고 환율이다. 금리는 급격하게 변하지 않는다. 고전적인 경제학 이론에서는 투자와 저축이 일치하는 수준에서 이자율이 결정된다고 본다(저축투자의 이자율 결정이론). 오스트리아의 정치가이자 경제학자였던 오이겐 폰 뵘바베르크는 "이자는 자본 사용의 대가이며 현재의 소비 대신에 절약한 보상이다"라고 했다. 이와 달리 케인시언들은 "이자율은 화폐의 수요와 공급에 의해 결정된다"고 본다(유동성선호이론). 케인스는 화폐가 주는 유동성을 포기하고 다른 자산을 소유하는 대가가 이자라고 보았다. 이자를 고전학파처럼 실물적 현상으로 보든, 아니면 케인시언처럼 화폐적 현상으로 보든 이자율은 전체적인 경제 상황을 반영해서 결정된다. 전체적인 경제 상황은 즉각적으로 변하기 어렵다.

반면에 환율은 다르다. 소규모의 외환 수급 변화에 따라서 환율은 움직일 수 있다. 더군다나 환율 결정에서 가장 중요한 요소는 시장참여자들의 심리와 예상이다. 외환시장에서 환율이 상승할 거라는 예상이 팽배하다면 미소한 외환 수요의 증가가 급격한 환율 상승으로 이어질 수 있다. 누구도 환율 인상에 따라 보유한 외환을 내다 팔 생각이 없기 때문이다. 거꾸로 대규모의 외환 공급도 시장참여자들이 환율 인상 예측을 가진다면 환율 변화 없이 시장에서 소화될 수 있다.

권투선수에 비유하자면 이자율은 헤비급이고 환율은 라이트급이다. 이자율 차이가 나더라도 환율이 신속하게 조정되어서 이자율 차이에 따른 국경 간 자본 이동 유인을 없앤다. 따라서 이자율 차이로 자본이 국경을 넘어 이동해서 이자율이 같아진다는 설명은 현실성이 없다. 내외 금리차를 결정하는 이자율 자체도 불확실하다. 장기금리를 말하는지, 단기금리를 말하는지, 정책금리를 말하는지 현실에서는 불투명한 게 한두 가지가 아니다. 중앙은행이 통화정책의 일환으

로 정책금리를 움직이더라도 시장에서의 금리는 상당한 시
차를 두고 반응하며, 그 반응도 예상과 달리 반대로 나타나
기도 한다.

3 장

환율은 경제에
어떤 영향을 미치는가

환율과 수출입

환율 상승은 과연 수출에 유리한가?

앞 장에서 경제의 어떤 요소들이 환율에 영향을 주는지 살펴보았다면, 이번 장에서는 거꾸로 환율이 경제에 미치는 영향을 살펴볼 것이다. 환율의 영향력은 광범위하다. 기업, 개인, 정부 할 것 없이 모든 경제주체들에게 영향을 준다. 환율이 상승하면 수출기업은 가격경쟁력이 높아져 수출이 늘고 수익성도 증가한다. 반면에 수입기업은 수입단가가 올라서 어려움에 처한다. 개인도 영향을 받는다. 미국 여행을 준비하던 사람이 원/달러 환율이 오르고 원/엔화 환율이 내리면 여행지를 미국에서 일본으로 바꾸기도 한다. 자녀가 해외유학을 간 부모들은 송금할 때가 되면 환율이 오르지나 않을까 노심초사한다.

하지만 가장 심각하게 영향을 받는 것은 국가 경제다. 그 영향도 '다각적'이고 또한 '복합적'이다. '다각적'이라는 건 환율이 소비, 수출과 수입, 물가 등 거의 모든 경제지표에 영향을 준다는 의미다. '복합적'이라는 건 긍정적인 측면과 부정적인 측면이 동시에 있고 단기적인 측면과 장기적인 측면에서 영향력이 다를 수 있다는 의미다.

'환율의 경제적 영향력' 하면 사람들이 가장 먼저 떠올리는 것은 수출과 수입이다. 흔히들 "환율 상승은 좋고, 환율 하락은 나쁜 것이다"라고 생각한다. 환율 상승은 수출을 증가시키고 수입을 감소시켜 경제에 도움이 된다고 믿기 때문이다. 정말 그럴까? 이렇게 생각해보자. 자국 화폐의 가치가 오르면(환율 하락) 그만큼 더 잘살게 된 것이고 부자가 된 것이다. 국제적으로 다른 국가들의 국민에 비해서 상대적으로 잘살게 된 거다. 그런데 우리 원화의 상대적 가치가 늘어나는 환율 하락이 나쁘다고? 외국 통화가 비싸지는 환율 상승이 좋은 것이라고? 이상하지 않은가? 원/달러 환율이 1,000원일 때, 원유 1톤을 구입하기 위해서 자동차 10대를 팔아야 한다. 하지만 환율이 1,500원이 되면 원유 1톤을 수입하기 위해서는 자동차를 15대나 팔아야 한다. 반대로 환율이 내려서 500원이 되면 원유 1톤을 자동차 5대와 교환할 수 있다. 이래도 환율 하락이 좋고, 환율 상승이 나쁘다고 할 수 있을까?

이처럼 환율 변동의 영향은 여러 각도에서 살펴봐야 할 이유가 있다. 환율은 양날의 칼이라고 한다. 경제의 많은 현상이 그렇듯이 어느 한쪽이 이익을 얻으면 어느 한쪽은 손해를 입는다. 좀 더 객관적이고 분석적으로 환율의 영향을 전체적으로 조망해야 하는 이유다.

고환율이나 환율 상승이 수출을 증가시키고 경제에 유리

하다는 주장에 한번도 의심하지 않았다면, 잠시 머리를 비우고 같이 차근차근 그 타당성을 따져보기로 하자.

환율이 상승하면 수출물량과 수출단가가 동일하더라도 수출기업의 매출은 증가한다. 수출로 벌어들이는 수출대금은 달러로 표시하면 동일하지만 국내 통화로 표시하면 증가한다. 따라서 환율 상승으로 인해서 수출기업의 수익성(국내 기업의 수익성은 원화 기준으로 계상된다)은 향상된다.

물론 환율이 변하면 수출기업은 여러 가지 전략으로 이익을 극대화할 수 있다. 먼저 공격적인 판매전략을 채택할 수 있다. 달러 표시 수출단가를 내려서 수출물량을 늘리고 시장점유율을 증가시킬 수 있다. 이 경우에 수출로 벌어들인 달러 금액은 많아질 수도 작아질 수도 있다. 이는 수출단가 인하효과와 수출물량 증가효과가 서로 반대방향으로 작용하기 때문이다(경제학에서는 가격탄력성이 1보다 크면 달러 수출금액이 증가하고, 가격탄력성이 1보다 작으면 달러 수출금액이 감소한다고 설명한다). 어떤 경우든 환율 상승의 경우 원화로 환전한 수출금액은 증가한다.

환율 상승에 편승해서 기업이 공격적으로 수출단가(달러 표시)를 하락시켜 수출을 증가시키는 전략을 채택하는 데는 어려움도 있다. 수출단가를 내렸을 때 얼마만큼의 판매량이 증가될지 예측하기란 쉽지 않다. 수출단가를 내렸는데 수출량이 늘지 않는다면 수익성만 악화시키는 결과가 된다. 예상대로 수출량이 늘더라도 이에 대비하기 위해 기존 설비를 증설해야 하는 부담도 따른다. 환율 상승이 일시적이라면 환율 상승에 편승해서 무모하게 설비를 증설할 기업은 없을 것이다. 따라서 환율 상승이 수출 증가로 이어지는 데는 한계가 있다. 실제로 수출 증대로 이어지기 위해서는 기업의 공격적인 생산과 판매에 대한 전략적 선택이 뒤따라야 한다.

글로벌 밸류체인의 영향

환율 상승이 수입에 미치는 영향은 수출과 반대라고 보면 된다. 환율이 상승하면 달러 표시 수입가격이 동일하더라도 국내 원화로 표시된 수입품의 가격이 상승하므로 수입품에 대한 수요가 감소한다. 물론 수입업자는 환율 상승에도 불구하고 국내 판매가격(원화 표시 가격)을 올리지 않고 종전처럼 유지할 수도 있다. 이런 경우에 수요 자체는 줄지 않겠지만 수입업자의 판매수익이 줄어든다. 반대로 외국 판매업자가 수출단가(국내 수입업자에게는 달러 수입단가)를 내려주어서 수출량을 유지하려고 할 수도 있다. 이 경우에도 환율 상승이 수입에 미치는 영향은 없다.

환율 상승으로 오히려 수입(원화로 표시한 수입액)이 증가하는 경우도 있다. 원/달러 환율이 1,000원에서 1,200원으로 상승해서 수입차 BMW의 판매가격이 1억 원에서 1억 2천만 원으로 상승했다고 하자. 만일 종전의 수입수요가 1,000대였는데 가격 인상에도 불구하고 수입수요가 900대로 소폭 줄었다면 수입액은 1천억 원에서 1천80억 원으로 증가하게 된다. 환율 하락이 수입차의 판매가격을 상승시킴에도 불구하고 수입액은 증가한 결과가 나온다. 수입가격 상승에 비해 수입수요가 상대적으로 적게 감소했기 때문이다.

환율 상승이 얼마나 수출을 증가시키고 수입을 감소시켜서 무역수지를 개선할 수 있는지를 따지는 방법이 있다. '탄력도 접근법'이다. 이에 따르면 환율 상승이 무역수지를 개선하려면 일정 조건이 충족되어야 한다. 수출가격을 하락시킬 때 수출수요가 탄력적으로 늘어나야 하고, 수입가격이 올랐을 때 수입수요가 탄력적으로 줄어야 한다는 조건이다. 수출수요와 수입수요의 가격탄력성의 합이 1보다 커야 환율 상승에 의해 무역수지가 개선된다고 한다. 이를 마셜-러너 조건(Marshall-Lerner Condition)이라고 한다.

반대로 환율 상승이 무역수지를 악화시킬 수 있을까? 그렇다. 환율 상승으로 인해서 수출은 늘지만 수입도 늘기 때문에 전체적으로 무역수지가 악화될 수도 있다. 경제학자들은 수출과 수입 탄력성에 주목해서 실제 탄력성을 구했다. 1940~50년대에는 수출과 수입 탄력성의 합이 1보다 낮게 조사되었다. 환율 상승이 무역수지를 개선시킬 수 없다는 결론이었다. 하지만 1960년대에 측정한 탄력성의 합은 1보다 커서 환율 상승이 무역수지를 개선시킬 수 있음을 암시했다. 수출과 수입수요의 가격탄력성은 상품에 따라서 다르다. 따라서 환율 상승이 무역수지를 개선시킬지 악화시킬지 여부는 그 나라의 수출품과 수입품 구성을 따져봐야 한다.

환율 상승으로 인해서 수입이 감소할지 아니면 증가할지는 상품의 특징과 경제구조에 달려 있다. 우리나라의 경우에는 원자재나 부품의 해외의존도가 높다. 따라서 원화 표시 수입가격이 오르더라도 수입할 수밖에 없는 경우가 많다. 자동차, 반도체, 화학제품 등에 들어가는 핵심 원자재나 부속품들이 그렇다. 일본에서 수입하는 원자재나 부품들이 이러한 상품들이라고 알려져 있다. 그래서 원화 대비 엔화가 강세가 되더라도 일본으로부터의 수입은 감소하지 않는다. 원유도 이런 경우다. 에너지원으로 사용되는 원유는 우리 경제가 굴러가기 위해서 무조건 수입해야 하므로 환율 상승이 되는 경우에도 단기적으로 원유 수입 물량은 줄지 않는다. 환율 상승으로 인한 수입 감소 효과는 제한적으로 나타난다.

한 연구에 따르면 우리나라의 경우에 환율이 수출에 미치는 영향력이 지속적으로(1992~2014년) 감소했다고 한다. 특히 수출 주력업종인 전기, 전자, 정밀기기, 수송장비 등에서 환율의 영향력이 두드러지게 감소한 걸로 나타났다.[19] 그 이유로 글로벌 밸류체인의 강화가 자주 거론된다. 글로벌 밸류체인이란 우리 수출품의 생산과정에 수입 중간재, 원자재가 사용되고, 반대로 우리 수출품이 중간재로 외국에 수출되는 복합적인 국제 분업 사슬을 의미한다. 이런 경우에 환율의 상승은 수출품 제조에 사용되는 수입 중간재와 원자재의 가격 인상으로 이어져 우리 수출품의 가격경쟁력을 상승시키지 못한다. 또 우리 수출품이 중간재로 해외 수출될 때 환율 상승으로 인한 가격경쟁력의 상승은 별다른 의미가 없다. 왜냐하면 우리 중간재 수출은 수입국의 생산량에 따라 좌우되기 때문이다.

환율과 무역수지의 관계를 보여주는 J-커브

환율 상승이 수출을 증가시키고 수입을 감소시켜 무역수지 개선으로 이어지기까지는 상당한 시간이 소요된다. 환율 상승에 따른 가격 변화는 즉각적으로 나타나지만 수출입 물량의 변화는 시차를 두고 나타나기 때문이다.

환율 변화가 한 나라의 무역수지에 미치는 영향이 시간 경과에 따라 어떻게 나타나는지를 보여주는 게 J-커브다. J-커브는 환율 상승 바로 직후에는 오히려 무역수지가 종전보다 악화됨을 보여준다. 그러다가 시간이 지남에 따라서 수출량이 늘고 수입량이 줄어서 무역수지가 개선되는 모습을 보인

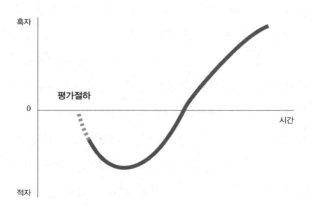

다. 영어 알파벳 J를 길게 늘여놓은 형태를 보인다는 것이다. 이를 처음으로 주장한 사람은 패트릭 아르투스(Patrick Artus) 라는 IMF의 경제학자였다.[20] 환율 상승이 무역수지 개선으로 나타나기까지 상당한 시간이 걸린다는 사실은 여러 경제학자에 의해 연구되었다. 한 연구에 따르면 제조업 분야에서 수출이 상대가격 변화에 반응하는 데 길게는 5년까지도 걸리는 걸로 분석되었다.[21]

수출량과 수입량이 변하는 데 상당한 시간이 소요되는 이유는 세 가지다. 첫째, 기존 계약이 이행되고 새로운 계약을 맺는 데 시간이 걸리기 때문이다. 기존에 체결한 수출입 계약이 생산, 인도, 결제를 거쳐 이행 완료될 때까지는 수출량과 수입량은 변하지 않는다. 둘째, 환율 변화가 수출입가격에 전가되는 데 시간이 소요된다. 환율 상승으로 수출입가격이 자동적으로 변하는 것은 아니다. 환율 변화는 수출입업자의 수익성과 시장경쟁력에 영향을 주기 때문에 이에 대한 수출입업자들의 가격 책정에 영향을 준다. 이러한 결정은 환율 변화가 일시적인가, 수출입업자 간의 협상력 등에 달려 있다. 또한 물량조정 기간도 상당한 시간을 필요로 한다. 셋째, 환율 변화가 수출기업으로 하여금 설비투자를 통해 생산을 늘리고 원자재 구입을 늘리게 하는 데 시간이 걸린다. 이를 생산자 반응시차라고 한다. 또한 수요 측면에서도 소비자들이 가격정보를 얻고 구매를 변화시키기까지 시간이 소요되는데 이를 소비자 반응시차라고 한다.

환율 변화가 수출입에 미치는 영향을 살펴볼 때 흔히 간과하는 게 있다. 수출과 수입이 어느 통화로 거래되느냐의 문제다. 환율 변화가 수출입에 미치는 영향은 수출입가격이 어떤 통화로 정해지느냐에 따라 차이가 있다. 우리나라의 경우에 대부분의 수출입가격은 미국 달러화로 정해진다. 그런데 통상적으로 경제학 이론에서는 '수출은 수출국 통화'로, '수입은 수입국 통화'로 계약되고 거래되는 것을 가정한다. 다시 말해서 한국이 수출할 때는 원화로, 수입은 상대국 통화(대미 수입이라면 미국 달러화)로 거래한다는 가정인데 이는 현실과 동떨어진 가정이다.

J-커브도 이런 가정에 기초를 두고 있다. 수출은 원화로 거래되므로 환율 상승은 당장 수출업자의 원화 수출대금에는 영향을 주지 않는다. 원화 수출대금을 달러로 환산하면 환율 상승의 효과로 달러 수출대금은 감소한다. 수입의 경우에는 달러로 거래된다면 환율 변화에도 불구하고 수입업자가 지불하는 달러 수입대금에는 당장의 변화가 없다. 하지만 환율 상승으로 원화로 표시한 수입대금은 증가한다. 따라서 환율이 상승하면 즉각적으로 무역수지(J-커브는 무역수지를 자국 통화로 표시)는 악화된다.

환율 상승을 접한 수입업자는 당장 원화 표시 국내 판매가격을 올려야 한다. 환율 상승으로 인한 원화 수입대금 증가를 고스란히 본인 손실로 떠안을 수 없기 때문이다. 수입품 가격의 상승으로 인해서 시간이 경과함에 따라서 수입품에 대한 수요는 줄어든다. 이에 따라서 즉각적으로 악화되었던 무역수지는 점차적으로 개선된다.

하지만 수출업자는 두 가지 선택을 할 수 있다. 첫째는 원화 표시 수출가격을 종전대로 유지하는 것이다. 그러면 환율이 상승했기 때문에 달러 표시로는 가격이 하락해서 외국에서의 수요가 증가하고 수출량이 늘어난다. 이 경우에는 수출은 원화로는 항상 증가한다. 하지만 달러화로는 수요탄력성에 따라서 증가할 수도 감소할 수도 있다. 다른 선택은 환율 상승을 반영해서 원화 가격을 인상하는 것이다. 원화 가격이 인상되어도 달러 표시로는 종전의 가격과 동일하므로 수출량은 그대로 유지될 수 있다. 이 경우에는 원화로는 수출대금이 늘어나지만 달러화로는 변화가 없다. 어느 쪽을 선택하든지 원화로 표시한 수출대금은 시간이 경과함에 따라서 증가하고 무역수지도 개선된다.

이론적으로나 현실적으로 환율 변화가 수출과 수입에 어떤 변화를 주느냐는 간단하지 않다. 사람들이 흔히 예상한 대로 무역수지를 개선하고 경제성장에 도움이 될 수도 있다. 하지만 반대의 결과가 나타나기도 한다. 더 어려운 문제는 이러한 수출입의 변화가 경제 전반에 어떤 영향을 미치는가 하는 문제다. 환율의 변화가 수출입 외에 다른 경제 변수, 즉 소득, 통화량, 금리 등에 영향을 주고, 이들의 변화가 다시 수출입에 미치는 간접적인 영향까지 고려해야 한다.

환율 변화의 수출입가격으로의 전가

환율 변화가 수출입가격에 반영되는 것을 전가(pass-through)라고 한다. 앞에서 언급했듯이 경제학에서는 수출가격은 수출국 통화(우리나라의 경우 원화)로, 수입가격은 수입국 통화(미국으로부터 수입하면 달러화)로 거래된다고 가정한다. 따라서 환율이 상승하면 수출가격은 원화로는 그대로 유지되지만 달러화로는 하락한다. 수입가격은 달러로는 그대로이지만 원화로는 상승한다. 만일 수출입가격의 변화가 환율 변화와 동일한 비율로 이루어지면 전가가 완전하다고 한다. 미국에 수출하는 한국산 스마트폰 가격이 원화로 900,000원이라고 하자. 원/달러 환율이 900이면 미국 소비자들의 구매가격은 1,000달러다. 만일 환율이 1,000으로 오르면 원화 수출가격은 일정하고, 미국 소비자들의 구매가격이 900달러로 인하된다. 환율 상승이 100% 미국 소비자 구매가격에 반영된 결과다.

현실에서는 환율 변화는 완전히 전가되지는 않는다. 1993~2004년 미국의 산업별로 환율 변화가 수입물가에 단기간 전가된 정도를 조사한 결과 0.04~0.35%로 매우 낮은 수준으로 나타났다.[22] 전가 정도가 낮은 이유는 수출입가격의 변화로 시장점유율을 잃게 될까 우려하는 기업들이 손해를 감수하고서라도 기존의 가격을 유지하려는 전략을 채택하기 때문이다. 환율 상승으로 인한 가격 인상 요인을 이익 축소나 생산비 절감으로 상쇄하려고 한다. 반대로 가격 하락 요인이 생기는 경우에 가격 하락을 통한 시장점유율 증가는 불투명하므로 꺼리고, 오히려 기존 가격을 유지해서 확대된 수익을 확보하는 데 치중하는 경향이 있다.

예를 들어보자. 원/달러 환율이 900에서 1,000으로 상승한다고 치자. 그러면 미국의 포드자동차가 한국에 10만 달러에 수출하는 SUV 차량인 익스플로러의 가격은 기존의 9천만 원에서 1억 원으로 상승하고 이에 따라 수요가 줄어들어 판매 타격이 우려된다. 이러한 상황에서 미국 포드사는 익스플로러 판매가격을 기존 9천만 원으로 유지하기로 할 수 있다. 그러면 포드자동차는 차 한 대를 팔 때마다 9만 달러의 판매대금을 받게 되어 그만큼 수익이 작아진다. 이러한 손실에 직면해서 포드사는 비용을 줄이고 생산성을 높이는 노력을 한다.

수출입가격이 어느 통화로 표시되느냐도 전가 정도를 결정하는 중요한 요인이다. 현실적으로 일반적인 무역거래에서는 앞에서 언급한 것처럼 수출국 통화로 수출가격이 표시되지 않는다. 국제통화인 달러화나 유로화로 수출가격을 정하는 것이 현실이다. 미국 수입품의 93%가 미국 달러로 표시되고 있다.[23] 아시아 국가들도 수출입가격의 70~90%가 미국 달러로 거래된다고 조사되었다. 원/달러 환율이 상승하는 경우 한국의 수출기업은 동일한 물량을 동일한 달러 가격으로 판매하더라도 이익이다. 달러로 표시한 수출대금은 동일하지만 원화로 환산하면 수익이 증가하게 된다. 환율 변화를 당장 수출가격으로 전가시킬 유인이 크지 않다.

달러화로 계약해서 수출하는 수출기업은 두 가지 선택을 할 수 있다. 보수적인 수출기업은 기존 수출가격을 유지하면서 환율 상승으로 인한 원화 수익의 증가만을 향유할 것이다. 이 경우에는 환율 상승이 전혀 수출가격에 전가되지 않는다. 하지만 공격적인 수출기업은 환율 상승을 계기로 미국 시장에서의 판매를 늘리기 위해서 달러 표시 수출가격을 내릴 것이다. 이런 전략이 성공을 거둔다면 시장점유율도 올리고 원화 수익도 늘릴 수 있다. 특히 수출시장이 경쟁적이어서 수요의 가격탄력성이 높을 경우에는 성공적인 전략이다. 이 경우에는 환율 상승이 수출가격에 부분적으로 전가된다.

수출기업이 환율 상승분을 완전히 가격에 전가시킬 수도 있다. 나아가 보다 공격적인 수출기업은 환율 상승분보다 더 많이 달러 가격을 하락시켜 시장점유율을 늘리려고 할 것이다. 환율 상승으로 높아진 가격경쟁력을 십분 활용해서 장기적으로 시장에서 우월한 위치를 차지하려는 이 전략은 1980~90년대 한국의 자동차업계가 미국을 비롯한 해외시장에 진출할 때 활용되었다. 낮은 수출가격으로 인한 손실도 마다하지 않고 출혈경쟁을 하던 국내 자동차업계로서는 원/달러 환율 상승이 큰 도움이 되었다.

환율에 따라 달라지는 기업의 손익분기점

기업들의 이익을 대변하는 연구기관들은 수시로 기업의 손익분기점이 되는 환율을 발표한다. 원/달러 환율이 하락하게 되면 이러한 발표는 더욱 빈번해진다. 환율 하락을 방치하지 말고 오히려 환율을 올려 달라는, 정부에 대한 일종의 '무언의 압력'이다. 기업과 일부 연구소들의 이런 주장이 국민들에게 "환율 상승(원화 가치 하락)이 좋고 환율 하락(원화 가치 상승)은 나쁘다"라는 선입견을 심는 근원이다. 기업들의 이런 압력은 정부의 외환정책 담당자들에게는 무겁게 다가올 수밖에 없다.

이러한 발표는 두 가지 종류의 조사 결과를 인용한다. 하나는 기업의 수출입 담당자들을 대상으로 하는 설문조사 결과다. 조사기관에서 수출기업의 담당자들에게 적정한 환율수준을 물어보고 집계하는 방식이다. 다른 하나는 연구기관에서 수출기업들의 재무제표를 분석한 결과다. 수출기업들이 업계 평균 수익률을 확보할 수 있는 환율을 계산한다. 문제는 어떤 방법을 사용하든지 발표하는 손익분기점이 수시로 오락가락한다는 점이다. 그러다 보니 설득력이 그리 높지 않다.

분명히 환율은 기업들에게 중요한 변수다. 특히 수출입 비중이 높은 기업에는 더욱 그렇다. 우리나라의 대표적인 기업들이 환율의 영향에서 벗어날 수 없는 게 사실이다. 해외시장에서 외국 기업들과 치열한 가격경쟁을 하려면 사활이 걸린 문제다. 2016년 원/달러 환율은 요동쳤다. 1/4분기에 1,130하던 원/달러 환율이 2/4분기에는 1,090으로 하락했다. 환율이 단지 3.2% 움직였을 뿐인데 기업들이 받는 영향은 컸다. 각종 언론매체와 경제연구소에서 환율 하락으로 기업들이 어렵다고 목소리를 높였다.

한국의 대표적인 기업인 삼성전자도 예외가 아니었다. 이러한 환율 하락은 삼성전자의 순익에 큰 영향을 미쳤다. 1/4분기에는 5천억 원 환차익을 본 반면에 2/4분기에는 3천억 원 환손실을 보았다. TV와 휴대폰은 해외 현지에서 생산되고 판매되어서 환율의 영향이 적었다. 반면에 반도체와 디스플레이는 국내에서 생산해 해외에 수출하기 때문에 환율 변화에 민감했다.[24] 반도체와 디스플레이를 수출하는 SK하이닉스와 LG디스플레이도 비슷한 처지였다. 자동차업계는 환율에 더욱 민감하다. 현대자동차는 생산량의 80%를 해외에 판매한다. 판매수입 대부분이 달러화다. 환율이 오르면 원화로 환산한 수익이 많아지고 환율이 내리면 손해 나는 구조다. 원/달러 환율이 10 내릴 때(가령 1,100에서 1,090으로 하락하는 경우)마다 국내 완성차 생산 5개 회사의 매출이 연간 약 4,200억 원 감소한다고 한다.[25]

반면에 수입업체는 환율 하락의 수혜자다. 달러화 수입단가에 변화가 없더라도 원화로 환산한 수입단가는 내려간다. 그만큼 수입비용이 줄어든다. 정유업계나 석유화학업계는 대표적인 수입업계다. 원료를 전적으로 수입에 의존한다. 그렇다면 이들 업계는 환율 하락으로 큰 수혜를 볼까? 아니다. 우리 정유업계와 석유화학업계는 생산한 제품의 절반 이상을 수출한다. 따라서 환율 하락에도 불구하고 전체적인 이익은 늘지 않는다. 환율 하락의 대표적인 수혜업체는 대한항공과 아시아나 등 항공사다. 항공유 수입비용이 절감된다. 또 이들 회사는 항공기를 살 때 빌린 순외화부채를 갖고 있어 환율 하락으로 평가이익을 얻을 수도 있다. 달러화 표시 부채가 원화로 환산하면 줄어들기 때문이다.

환율과 물가

환율과 수입물가

환율이 상승하면 수입품 가격도 상승한다. 수입업자의 입장에서는 수입가격(달러화 표시 수입가격이 일정하더라도 원화로 환산한 가격은 오른다)이 올랐으므로 이를 수입품의 판매가격에 반영할 수밖에 없기 때문이다. 물론 단기적으로는 원화 수입가격을 종전과 같이 유지해서 수입업자가 손해를 고스란히 떠안을 수도 있겠지만 장기적으로 이렇게 대처할 수는 없다. 따라서 수입품의 가격 상승은 전반적인 수입물가의 상승 압력으로 작용한다. 특히 수입품이 소비재인 경우에는 직접 소비자물가의 상승으로 이어진다.

수입품이 원자재와 자본재인 경우에는 기업의 생산원가 상승을 초래한다. 다시 말해서 생산자물가의 상승을 초래한다. 그리고 원가 상승은 소비자 판매가격에 일부 전가되므로 간접적으로 소비자물가의 상승으로 이어진다. 우리나라의 경우 원자재와 자본재가 수입품의 80%를 차지한다. 나머지 20%는 소비재다. 따라서 환율 상승은 즉각적으로 생산자물가의 상승을 가져온다. 반면에 소비자물가에 대한 영향은 시차를 두고 점진적으로 나타나는 현상을 보여왔다.

환율 상승으로 인해서 소비자물가가 어느 정도 오를지는 수입 의존도에 달려 있다. 대부분의 생필품을 수입에 의존하는 나라의 경우, 환율이 상승하면 국내 소비자물가는 대폭 상승한다. 국내 생산기반이 빈약한 중동 산유국들, 남미 국가들, 생필품을 수입에 의존하는 태평양 도서국가들이 이에 해당된다. 우리나라의 경우에는 생필품을 수입에 의존하지 않지만 대부분의 에너지 자원과 광물 자원을 수입에 의존하기 때문에 문제가 된다. 원유, 가스, 철, 석탄, 금속류 등을 수입에 의존하고 있다. 따라서 환율이 상승하면 주요 원자재로 사용되는 이들 수입품 가격의 상승으로 인해 전체적인 생산 단가도 오르고 결국 물가의 상승으로 이어진다.

수출입물가지수는 수출입 물품의 가격을 원화로 환산해서 작성한다. 수출입물가지수는 일부 국제가격의 변화를 반영하지만 환율의 영향도 받는다. 수출입물가의 변화는 길게는 2~3개월, 짧게는 1주의 시차를 두고 소비자물가에 반영된다. 수입재 가격은 국내 소비자물가에 직접적으로(소비재의 경우) 또는 간접적으로(자본재나 원자재의 경우) 영향을 준다. 하지만 수출재 가격이 국내 소비자물가에 미치는 영향은 불확실하다. 수출기업이 국내 가격을 수출가격 수준으로 올리거나 내리는 경우에는 영향을 미치지만 국내외 가격을 서로 다르게 책정하면 영향은 없다.

환율 하락이 물가에 미치는 영향은 앞서 본 환율 상승의 효과와 반대다. 환율 하락은 수입물가의 하락을 의미하고 전반적인 소비자물가의 하락으로 이어진다. 하지만 환율 상승의 물가에 대한 영향이 신속하고 확실하게 나타나는 반면에 환율 하락의 영향은 상대적으로 미미하다. 때로는 영향이 지연되어 나타나거나 전혀 나타나지 않을 때도 있다.

이러한 비대칭성은 왜 벌어질까? 수입품의 성격과 수입품 유통시장의 구조에 달려 있다. 대체로 수입품들은 상품 자체가 어느 정도의 독점력을 지니고 있다. 따라서 환율이 인상되는 경우에 수입품의 원화 가격을 올려서 환율 상승에 따른 손해를 소비자에게 전가시킬 수 있다. 반면에 환율 하락으로 인해서 수입품의 원화 가격을 내릴 여유가 생겨도 수입업자들은 기존 가격을 고수해서 추가적인 이득을 취하는 경우가 많다. 수입시장이 경쟁적이라면 이러한 초과 수입은 가격 인하 경쟁으로 곧 사라지겠지만 수입품 시장의 독점적 성격 때문에 가격이 장기간 인하되지 않곤 한다.

대표적인 사례가 국내 휘발유 가격이다. 환율이 오르거나 국제 유가가 오르면 1주일도 안 돼서 국내 휘발유 가격에 고스란히 반영되는 반면에 하락하는 경우에는 1개월 이후에야 국내 휘발유 가격에 반영된다는 것이다. 그것도 인하분의 절반 정도만 반영된다는 불만이다. 불만이 고조되었던 건 2008년 글로벌 금융위기 때였다. 배럴당 140달러까지 치솟았던 국제 유가가 하락세로 돌아섰다. 2008년 4월 15일~9월 15일

사이에 국제 유가는 무려 61% 하락했지만 동 기간에 국내 휘발유 가격은 22%만 하락(1,950원에서 1,514원으로 하락)했다.

이러한 국내 유가의 비대칭적 움직임에는 다른 원인도 있다. 무엇보다 국내 휘발유 가격에는 세금이 50% 정도이고 이 또한 종량세이기 때문에 세금부담은 국제 유가와 관계없이 일정하다. 따라서 단순히 계산해도 국제 유가가 50% 하락하더라도 국내 휘발유 가격은 약 25% 정도 인하요인이 생길 뿐이다. 또한 환율도 영향을 미친다. 국제 유가가 하락해도 원/달러 환율이 상승하면 국제 유가 하락의 효과는 감소한다. 그리고 국내 정유사의 원유 수입가는 대체로 국제 유가의 3개월 평균가격이 적용되므로 국제 유가의 하락은 시차를 두고 원유 수입가격 하락으로 나타난다. 국내 휘발유 가격은 개별 주유소가 결정하므로 정유사의 권장 소매가와 달리 움직일 소지도 있다.

환율 변화가 통화량에 미치는 영향

앞에서는 환율 변화가 수입품의 가격을 변화시켜서 물가를 올리는 직접적 영향을 살펴보았다. 하지만 환율 변화가 물가에 미치는 영향은 이것만이 아니다. 간접적으로 영향을 미치기도 한다. 통화량의 변화를 통해서다. 어떻게 환율이 통화량을 변화시킬 수 있을까? 환율은 국제수지에 영향을 미친다. 앞에서 설명했듯이 환율이 수출입에 영향을 미치기 때문이다. 일반적으로 환율 상승은 국제수지 흑자를, 환율 하락은 국제수지 적자를 초래한다.

국제수지의 불균형은 국내 통화량의 변화를 일으킨다. 국제수지가 흑자인 경우에 그 흑자 규모만큼 통화량이 증가한다. 반대로 국제수지가 적자를 보이면 그 적자 규모만큼 통화량이 줄어든다. 왜 그럴까? 국제수지 흑자의 경우에는 흑자 규모만큼 외환이 국내로 유입된 것이다. 이 외환은 최종적으로 국내 통화로 환전해야 사용할 수 있다. 수출업체는 수출대금으로 받은 외환을 국내 통화로 환전한다. 외국 투자자들은 국내 주식이나 채권을 사려고 외환을 원화로 바꾼다. 이 과정에서 외환은 원화로 환전되고 그만큼 국내 통화(본원통화)가 늘어난다.

국제수지 적자의 경우에는 반대로 그만큼의 국내 통화량이 감소한다. 예를 들어보자. 수입업자가 수입대금을 위해 시중은행에서 외환을 매입한다. 그러면 시중은행은 외환을 메우기 위해(스퀘어포지션) 중앙은행으로부터 외환을 매입한다. 이러한 거래로 중앙은행은 외환을 매출한 금액만큼 국내 통화를 환수하게 된다.

환율로 야기된 통화량의 변화는 물가에 영향을 미치게 된다. 국제수지 흑자국의 물가는 오르고, 국제수지 적자국의 물가는 내린다. 이런 과정을 통해서 국제수지 불균형이 해소된다(경제학 이론에서는 이를 '국제수지 접근법'이라고 한다). 1752년 스코틀랜드 출신의 역사가이자 경제학자인 데이비드 흄은 통화의 흐름이 국제수지 불균형을 자동적으로 조정한다는 이론을 발표했다. 흄은 당시에 금본위제 아래에서 국제수지의 불균형에 따라 금화가 국가 간에 이동해 국제수지 불균형을 자동적으로 해소시킨다고 보았다. 국제수지가 흑자인 국가는 금화가 유입되어 물가가 오르고, 반대로 무역수지가 적자인 국가는 금화가 유출되어 물가가 내린다. 이러한 흄의 이론은 '가격-정화-흐름 메커니즘'으로 알려져 있다.

흄은 금본위제(당연히 고정환율제도다)를 상정하고 분석했기 때문에 무역 불균형은 환율 변화를 통해 조정되지 못한다. 금본위제 아래에서는 금화라는 단일통화가 유통되므로 애초에 환율이 문제가 되지 않는다. 따라서 국제수지 불균형은 금화의 이동과 이로 인한 물가 변화를 통해 해소된다. 이러한 통화량 조정과정은 오늘날처럼 각국이 각자 다른 통화를 사용하는 경우에는 그대로 적용되지 않는다. 따라서 국제수지 불균형은 어느 정도 환율 조정을 통해서도 해소된다. 환율 변화가 국제수지 불균형을 초래하면 이는 역으로 환율을 당초 변화와 반대로 되돌리는 압력으로 작용한다.

변동환율제 아래에서도 환율 조정은 불완전하다. 그래서 국제수지 불균형이 상시로 존재한다. 미국, 영국 등은 국제수지 만년 적자국가이고 일본, 독일, 중국 등은 상시적인 국제수지 흑자국가다. 이로 인해 국제수지 흑자국가는 통화량이 늘고 물가가 상승하고, 국제수지 적자국은 통화량이 줄고 물가가 하락했을까? 그렇지 않다. 중앙은행으로서는 국제수지 불균형이 통화량 변화를 통해서 물가를 변화시키는 게 달갑지 않을 수 있다.

　이런 경우에 중앙은행은 국제수지 불균형이 초래하는 통화량 변화를 상쇄할 수도 있다. 소위 불태화 정책이다. 중앙은행은 외환의 매출이나 매입으로 인한 통화량 변화를 상쇄시키기 위해서 동일한 금액의 채권을 새로이 발행하거나 기존에 발행한 채권을 매입한다. 국제수지 흑자로 통화량 증가가 예상되면 중앙은행은 채권을 시장에 팔고 그만큼의 통화량을 회수한다. 반대로 국제수지 적자의 경우에는 시장에서 채권을 사들인다. 그러면 그만큼의 통화량이 시중에 공급된다. 이처럼 중앙은행은 불태화 정책을 통해서 통화량을 원래의 수준으로 되돌릴 수 있다. 이를 통해 통화량 변화로 인한 물가 변화를 상쇄시킬 수 있다.

　한국은행은 대외부문으로부터의 통화 증발을 중화시키기 위해서 통화안정증권(monetary stabilization bond; 일반적으로 통안채라고 부른다)을 발행한다. 1961년 최초로 발행한 이후로 1966년부터 인플레이션을 억제할 목적으로 본격적으로 활용되었고 그 잔액 규모는 169조 원(2020년 8월 말 현재)에 달한다. 지속적으로 누적된 경상수지 흑자나 외국인 투자자금 유입을 흡수하기 위해서 점차적으로 규모가 확대되었다. 한국은행은 경쟁입찰을 통해서 금융기관을 상대로(개인에 대한 매출은 2002년 이후 없음) 발행하거나 환수해서 통화량을 조절한다.

환율과 GDP

환율과 경제성장

일반적으로 환율 상승은 수출을 증가시키고 수입을 감소시킨다. 수출이 늘고 수입이 줄면 국내 생산과 고용이 늘어서 국내총생산(GDP)은 증가한다. 수출 증가는 국내 유휴자원의 추가 고용을 가능하게 해서 국내총생산을 증가시킨다. 한편 수입을 대체하는 수입대체산업이 발전하면 이를 통해서도 생산과 고용이 증가한다. 이러한 맥락에서 환율 상승은 전체적으로 경제성장에 도움이 된다. 경제성장의 수출의존도가 높은 우리 경제로서는 당연하다. 2019년 우리 경제의 무역의존도(수출＋수입/GDP)는 68.8%로 이웃 일본의 28.1%와 비교해보면 상당히 높은 수치임을 알 수 있다.

하지만 모든 국가가 고환율 또는 환율 상승을 무조건 반기는 것 같지는 않다. 수출산업이 경제의 주력산업인 국가에서는 고환율이 경제성장에 도움이 된다는 인식이 팽배하다. 성장을 뒷받침하는 수요를 해외에서 찾을 수밖에 없기 때문이다. 경제성장 초기 단계인 신흥 개발도상국들이 대체로 이런 국가들이다. 하지만 선진국의 경우에는 내수가 경제성장을 견인하므로 고환율을 의도적으로 추구하지는 않는다. 물론 미국, 일본, 유로 국가 등 선진국들도 지나친 환율 하락에 대해서는 단호하게 대처하곤 한다.

2008년 글로벌 금융위기는 선진국들도 경기부양의 최후 수단으로 환율 상승에 기댄다는 사실을 적나라하게 보여주었다. 당시에 선진국들은 금리 인하와 재정 확대로 위기를 넘겼지만 경기는 아직 살아나지 못했다. 금리는 제로로 떨어져서 더 이상 인하할 수 없고 재정은 이미 고갈된 상황이었다. 이러한 상황에서 양적완화만이 취할 수 있는 정책 옵션이었다. 미국, 유럽, 일본 등이 양적완화정책을 경쟁적으로 펼쳤다. 이는 다름 아닌 자국 통화 평가절하 경쟁이었다. 선진국에서 풀린 돈은 개도국으로 흘러갔고 결국 개도국의 통화는 평가절상되고 선진국들은 그 반사이익을 챙겼다.

환율 상승(통화 가치 하락)이 경제성장에 유리하다는 결론은 우리에게는 익숙하다. 하지만 그렇지 않은 나라들도 있다. 천연자원이나 농산물을 수출하고 대다수의 생필품을 수입하는 국가가 그렇다. 환율 상승이 되더라도 수출할 수 있는 물자는 한정되어서 수출은 늘지 않고, 생필품을 수입하기 위한 외화는 더 필요하게 된다. 종전과 동일한 외화를 벌어들이기 위해서는 더 많은 천연자원이나 농산물을 수출해야 한다. 결과적으로 이러한 국가들의 경우에 환율 상승은 더 많은 국내 자원의 해외 반출을 의미해서 경제 전반에 부정적인 영향을 미친다. 부존자원 수출에 의존하는 경제규모가 작은 국가들이 이런 경우다. 중동 산유국이 대표적인 경우다.

러시아는 국가 경제 규모가 크지만 늘 루블화가 평가절하되지 않도록 하는 데 모든 정책적 노력을 집중한다. 러시아는 석유와 가스가 전체 수출의 40% 정도를 차지한다. 자원을 수출해 벌어들인 달러와 유로로 원자재와 식량 등 기본 생필품을 수입하는 러시아로서는 환율이 상승하면 수입품 가격이 전반적으로 상승해서 물가가 오르기 때문이다.

앞서 보았듯이 환율 상승은 수입물가의 상승을 초래해서 전반적인 소비자물가의 상승으로 이어진다. 물가 상승은 실질 구매력 감소로 이어져서 소비를 위축시킨다. 또한 물가 상승이 미치는 영향은 소득계층마다 다르다. 따라서 환율 변화로 인한 물가 상승은 간접적으로 소득재분배효과(income redistribution effect)를 가져온다. 고정 임금을 받는 노동자들은 물가 상승으로 실질 소득이 감소한다. 이로 인해서 경제 전체의 소비지출은 전반적으로 위축된다.

환율 상승은 교역조건의 악화로 이어질 수도 있다. 앞서 보았듯이 환율 상승은 달러 표시 수출단가의 하락을 초래할 수 있다. 이러한 수출단가의 하락은 수출기업의 전략적인 선택일 수도 있지만, 외국 바이어의 요구 때문일 수도 있다. 해외 바이어는 국내 수출업자가 환율 상승으로 이익을 본다는 사실을 알고서 수출업자에게 수출단가의 하락을 요구할 수 있다. 이러한 흥정의 결과는 외국 바이어와 국내 수출업자 사이의 협상력 우열관계에 따라 결정될 것이다. 국내 수출업자가 독점적이고 우월적 입장(seller's market)일 경우에는 기존 달러 표시 수출가격이 유지될 것이다. 하지만 반대로 외국 바이어가 우월한 입장이고 수출품의 경쟁이 심한 바이어 시장(buyer's market)일 경우 수출업자로서는 수출단가의 인하 요구를 수용하지 않을 수 없다.

환율과 1인당 GDP

환율은 GDP 계산에도 영향을 준다. 실질적인 영향이 아니고 계산상의 영향이다. 하지만 중요하다. 왜냐하면 경제 수준과 실적은 GDP로 평가되기 때문이다. 1인당 GDP는 전 세계 국가를 줄 세우는 기준이다. 1인당 GDP가 가장 높은 나라가 이 지구상에서 가장 잘사는 나라다. 따라서 그 순위가 올라가면 국민의 자부심은 높아진다. 반면 순위가 내려가거나 1인당 GDP가 감소하면 국민은 정부를 비난한다.

2018년 우리 국민 1인당 GDP는 3만 달러를 넘어섰다. 2만 달러를 넘어선 지 12년 만에 3만 달러를 넘어섰다는 면에서 국민은 환호했다. 우리나라의 1인당 GDP가 항상 높아지기만 했던 건 아니다. 뒷걸음칠 때도 있었다. 최근에는 글로벌 금융위기 이후에 그랬다. 우리 국민 1인당 GDP는 2007년에 23,061달러였지만 2008년에는 20,431달러, 2009년에는 18,292달러로 내려앉았다. 그런데 2008년 실질 경제성장률은 2.3%, 2009년은 0.3%였다. 경제가 성장했는데 1인당 GDP

는 감소한 것이다. 왜 이런 일이 벌어질까? 환율 때문이다. 2007년 원/달러 환율은 929였다. 그런데 2008년에는 1,103, 2009년에는 1,276으로 상승했다. 원화 가치가 내려갔기 때문에 경제성장에도 불구하고 1인당 GDP가 2년 연속 하락했던 것이다.

앞에서 얘기한 1인당 GDP는 정확하게 말하면 '달러 표시 1인당 명목GDP'다. GDP는 원화로 계산할 수도 있고, 아니면 달러로 계산할 수도 있다. 국제적 비교를 위해서는 달러로 계산된 GDP를 사용한다.

'명목'에 대해서는 좀 더 설명이 필요하다. GDP는 명목 GDP와 실질GDP로 구별된다. 명목GDP를 산정할 때는 해당 연도의 가격을 사용한다. 반면에 실질GDP를 계산할 때는 기준연도의 가격을 사용한다. 기준연도는 5년마다 바뀐다. 예를 들어 2018년의 명목GDP를 계산할 때는 2018년의 가격들을 사용하지만, 2018년의 실질GDP를 계산할 때는 기준연도인 2015년의 가격들을 사용한다. 따라서 GDP는 서로 다른 네 가지로 계산될 수 있다. 원화기준 명목GDP, 달러기준 명목GDP, 원화기준 실질GDP, 달러기준 실질GDP다.

1인당 GDP는 명목GDP를 인구수로 나누어서 계산한다. 원화 표시 1인당 GDP는 원화 표시 명목GDP를 인구수로 나누어서 계산한다. 우리가 앞에서 살펴본 기간 중에 원화 표시 1인당 GDP는 감소하지 않았다. 2007년, 2008년 그리고 2009년에 지속적으로 증가했다. 국제적인 비교를 위해서 원화 표시 1인당 GDP를 달러기준 명목GDP로 변환시켜야 한다. 변환은 간단하다. 원화 표시 1인당 GDP를 연평균 원/달러 환율로 나누면 된다. 이 과정에서 환율이 개입된다. 환율의 변동이 1인당 GDP를 좌지우지하는 경우가 생긴다. 환율 변동이 심한 국가의 경우에는 그에 따라서 1인당 GDP가 널뛰는 경우가 있다. 특히 외환위기로 인해서 환율이 급등(자국 화폐 가치가 하락)하는 경우에 1인당 GDP는 급감하게 된다.

반면에 경제성장률은 실질GDP를 활용해서 구한다. 원화 기준 실질GDP를 활용하나 달러기준 실질GDP를 활용하나 경제성장률은 동일하다. 환율의 변동이 경제성장률 계산에는 전혀 영향을 주지 않는다. 왜냐하면 기준연도의 가격을 사용하기 때문에 가격에 변동을 주는 환율 변동은 문제가 되지 않는다. 환율의 변동에도 불구하고 실질 경제성장률은 동일하게 산정된다. 앞에서 2007~09년 사이에 경제성장률은 플러스인데도 1인당 GDP가 하락한 이상한 결과가 나온 이유도 환율 때문이다.

외환위기는 환율 상승을 초래해서 1인당 GDP를 떨어뜨리곤 한다. 우리는 1997년 아시아 경제위기나 2008년 글로벌 금융위기 때 경험한 바 있다. 반면에 경제 수준은 그대로인데도 환율 하락으로 인해서 1인당 GDP가 급등하는 경우도 있다. 이에 해당하는 사례가 유로화를 사용하는 유로 국가들이었다. 스페인의 1인당 GDP는 유로화가 강세(환율 하락)였던 2007년과 2008년에는 32,748달러와 35,725달러로 급등했다.

하지만 이후로 유로화 약세(환율 상승)로 1인당 GDP는 하락세를 보였고 2017년에도 28,359달러에 그쳤다.

명목환율을 적용한 1인당 명목GDP로 국가들을 줄 세우는 건 문제가 있다. 국가들 사이의 생활수준을 비교하려면 구매력평가(PPP; Purchasing-Power Parity)환율을 적용해 1인당 GDP를 계산하는 것이 좋다. 물론 완벽한 비교는 아니지만 환율로 인한 착시현상을 피할 수 있다.

이야기가 나온 김에 덧붙이자면, 이제 우리도 1인당 GDP의 부침에 일희일비할 때는 지났다고 생각한다. 1인당 GDP는 개인의 경제적 윤택함과 소득을 정확히 반영하지 못한다. 과거와 현재를 비교하는 데도 부적절하고, 국가들 간 삶의 윤택함을 비교하기에도 부적절하다. 따라서 1인당 GDP 몇만 달러 목표에 도달하려고 무리하게 환율을 내리고 원화 가치를 올리는 우를 범해서는 안 된다. 환율은 경제 현실을 정확하게 반영하는 것이 최선이다.

외환위기와 경제위기

잘나가던 개인이나 기업이 한순간에 위기를 맞고 파산하는 경우가 있다. 국가도 마찬가지다. 수년간 꾸준히 성장하던 국가가 외환위기를 맞아서 경제가 후퇴하기도 한다. 외환위기가 닥치면 환율이 큰 폭으로 상승하고 환율을 방어하는 와중에서 외환보유액이 고갈된다. 외환위기는 금융위기 또는 경제위기와 함께 오는 경우가 많다. 외환위기는 경제를 후퇴시키고 수년간에 걸쳐서 경제적 혼란을 초래한다. 경제가 다시 성장하려면 장기간의 혼란과 큰 희생을 치러야 한다.

외환위기의 원인과 진행되는 모습은 다양하다. 일반적으로는 경제의 기본적인 여건이 나빠져서 외국 투자자들이 자금을 한꺼번에 회수하는 경우에 외환위기가 발생한다. 그 원인에 대해서는 경제학자들이 다양한 이론을 내놓았다.[26] 노벨 경제학상을 수상한 미국의 경제학자 폴 크루그먼은 만성적인 재정적자를 통화 발행으로 보전하면서 동시에 고정환율제도를 유지하려는 정부의 일관성 없는 잘못된 정책 조합이 외환위기의 원인이라고 했다. 1970년대 후반부터 1980년대 초반에 걸쳐서 남미 국가들이 경험했던 외환위기에 적용된다.[27] 이에 비해 버클리 캘리포니아대학 경제학 교수 모리스 옵스펠드는 정부가 경기부양책으로 환율을 평가절하할 거라는 시장의 기대가 군집행동으로 나타날 때 외환위기로 발전한다고 설명했다. 1990년대 초반 유럽환율메커니즘이 투기적 공격에 의해서 와해된 경우를 잘 설명한다.[28]

그런데 1997년 발생한 아시아 외환위기는 그 원인에 대해서 종전과 다른 설명을 필요로 했다. 크루그먼은 정부의 암묵적 보증이 도덕적 해이를 가져와서 과잉투자와 과잉차입으로 외환위기가 발생했다고 설명했다. 미국의 경제학자이자 정책연구자인 제프리 삭스는 단기 차입으로 장기 투자한 금융기관의 만기 불일치로 예금 인출에 대비하지 못한 탓이라고 설명했다. 자본자유화도 외환위기의 원인으로 지적된다.

개도국의 경우에 자본시장이 개방되고 해외로부터 자본이 유입되면 통화 팽창과 환율 하락을 경험하게 된다. 이는 부동산, 주식 등 자산가격의 상승으로 이어져 경제에 거품을 형성한다. 그 거품의 끝이 외환위기라는 설명이 붐-버스트 사이클 모형이다.

외환위기는 그 자체로는 경제에 큰 영향을 미치지 않을 수도 있다. 외환위기는 통화의 급격한 평가절하를 유발하고 정부가 환율을 방어하기 위해서 외환보유액을 사용하거나 금리를 올려야 하는 상황을 의미한다. 문제는 외환위기가 금융위기[29] 그리고 외채위기로 이어진다는 점이다. 금융시스템이 손상되어서 실물경제에 혼란을 미치고, 더 이상 해외 차입이 불가능해질 수 있다. 경제학자 그라시엘라 카민스키와 카르멘 라인하트는 1970년대 이후 발생한 76번의 외환위기와 26번의 금융위기를 연구해 외환위기와 금융위기가 상호 영향을 미쳐서 사태를 악화시킨다고 분석하기도 했다. 금융기관들이 외화자금을 더 이상 차입할 수 없다거나 높은 금리를 지불해야 한다면 도산할 위험이 있다. 금융기관이 생존에 매달리면 기업의 자금 확보는 더욱 어렵게 된다. 경제의 악순환이 발생하는 것이다.

이상에서 보았듯이 외환위기가 벌어지는 원인은 다양하다. 하지만 한 가지 공통점이 있다. 환율의 급격한 상승, 다시 말해 통화의 가치가 급격하게 하락한다는 점이다. 급격한 환율의 상승(통화 가치의 하락)은 경제주체들이 더 이상 정상적인 경제활동을 할 수 없게 한다. 외화자금이 고갈되어서 외채를 상환하기 위해서 금융기관이나 기업들은 피 말리는 외화 확보 노력을 해야 한다. 정부도 환율을 유지하는 데 모든 정책 수단을 총동원할 수밖에 없다. 금리를 올리고 재정 지출을 줄이며 산업구조 조정에 나설 수밖에 없다. 수입품 가격은 급등해서 경제 전반의 인플레이션으로 이어진다. 인플레이션과 경기침체가 동시에 발생한다.

외환위기가 단기적으로 끝나는 경우도 있다. 1992년 9월, 외환위기에 직면해서 영국은 유럽환율메커니즘을 탈퇴함으로써 위기를 신속히 극복했다. 고정환율을 포기한 영국이 고정환율을 성공적으로 유지한 프랑스보다 위기 이후에 더 나은 경제적 성과를 얻었다고 평가된다. 우리나라의 경우 1997년 외환위기는 우리 경제의 성장과정에서 가장 아픈 기억이다. 하지만 안으로 썩어가던 구조적 문제점들을 단기간에 해결하기 위해 분발하는 계기가 된 측면도 무시할 수 없다. 한국은 외환위기 발발 4년 만인 2001년 8월 23일 IMF 지원금을 전액 상환했다.

남미 국가들의 상황은 정반대다. 1980년대 외채위기, 1994~5년 멕시코 위기, 1999년 브라질 위기, 2001년 아르헨티나 위기 등 외환위기가 반복해서 발생하고 있다.[30] 남미 국가들은 취약한 실물경제, 재정적자, 인플레이션 등 구조적인 경제 문제를 안고 있고 이러한 문제들이 외환위기로 나타나고 있다. 이 지역에서 외환위기는 문제의 원인이 아니고 문제가 표출된 결과다. 이러한 구조적 경제 문제들을 근본적으로 해결하지 못하는 한 외환위기는 반복적으로 발생할 수밖에 없다. 이들 국가들은 외환위기 방지와 극복에 전력을 다하고 있어서 실제로 경제성장에 도움이 되는 경제정책들은 써볼 수도 없는 상황이다. 외환위기에 발목을 잡히면 경제성장은 물 건너가게 된다.

환율과 경제구조

교역재와 비교역재

우리는 환율이 자국 상품과 외국 상품의 상대가격을 변화시켜서 수출과 수입에 영향을 미치는 점에 주로 주목한다. 경제가 어려워지면 환율을 올려서 수출을 늘리고 수입을 줄여야 한다는 주장이 힘을 얻는다. 이러한 주장은 환율의 영향을 자국 상품과 외국 상품의 가격경쟁력에 국한하는 좁은 시각에서 비롯된다.

지금부터는 환율이 경제구조 자체를 변화시키는 더 큰 측면에 대해서 주목해보자. 환율이 경제구조에 미치는 영향은 교역재와 비교역재의 구성에 미치는 영향으로 나누어 파악해볼 수 있다. 교역재는 수출산업을, 비교역재는 내수산업을 의미한다.

환율이 어떻게 교역재와 비교역재 사이의 상대가격을 왜곡시킬까? 만일 수출촉진정책의 일환으로 환율을 인위적으로 높게 유지하면 무슨 문제가 생길까? 교역재 생산은 늘고 비교역재 생산은 위축된다. 단순화해서 말하면 우리의 경우에 교역재는 공산품이고 비교역재는 농산물이나 서비스 분야다. 따라서 인위적으로 높은 환율을 유지하게 되면 공산품을 생산하는 제조업(특히 수출제조업)은 번성하고, 농산물이나 서비스업은 상대적으로 침체된다.

어떤 산업들이 고환율 정책의 수혜 산업이고 피해 산업일까? 수혜를 보는 산업으로는 운송장비, 전기전자, 화학제품, 기계, 석유제품 등 수출을 위주로 하는 산업을 들 수 있다. 반대로 농업, 음식업, 숙박업 등 국내 소비자를 대상으로 한 산업은 상대적으로 위축된다. 따라서 고환율이 장기간 지속되면 한 나라의 산업구조는 수출품을 생산하는 제조업 중심으로 고착화된다.

이러한 과정을 우리 경제가 직접 경험했다. 고환율 기조가 1960년대 경제개발의 초창기부터 유지되었다. 1960년대 이후로 우리 경제는 수출산업 위주로 성장했다. 1960~70년대에는 섬유, 완구, 신발 등을 생산하는 수출경공업이 확대되었다. 이어서 1980년대 이후로는 석유제품, 자동차, 반도체, 전자제품 등 중화학제품과 전자제품을 생산하는 산업이 확대되었다. 반면에 농산물 생산이나 서비스업은 상대적으로 위축되었다.

물론 이러한 제조업 중심 경제구조로의 전환은 산업화의 당연한 결과일 수도 있다. 그리고 경제발전의 초기 단계에서는 수출산업 위주의 성장전략이 불가피했던 측면도 있다. 문제는 이러한 제조업 중심의 경제구조, 더 정확하게 말하면 수출산업 중심의 경제구조가 지나치게 확대되었다는 점이다. 일반적으로 소득이 늘어나고 경제가 성숙되면서 탈공업화 현상을 겪는다. 제조업의 비중이 줄어들고 서비스산업이 부가가치 생산이나 고용을 주도하는 것이다.

1980년대 들어서 우리 경제도 다른 선진국들과 비슷한 탈공업화 현상을 보였다. 그런데 1997년 외환위기를 겪으면서 이전에 하강 추세를 보이던 제조업의 비중[31]이 오히려 증가했다. 그리고 마침내 2011년에 제조업의 부가가치 생산 비중이 최고조에 이르렀다. 전체 GDP 생산에서 제조업이 기여한 비율이 31.4%에 달했다. 탈공업화가 아니라 경제성장 과정에서 낮아지던 제조업 비중이 다시 올라간 '재공업화' 현상이 나타난 것인데 OECD 국가 가운데 유일한 경우이다.[32]

왜 1997년 외환위기를 거치면서 재공업화가 나타나게 된 걸까? 한 연구에 따르면 대외여건의 변화가 그 원인이라고 한다. 이러한 대외여건의 변화로 인해서 수출의 급증과 수입의 감소가 발생했고 그 과정에서 재공업화되었다고 보았다. 그리고 대외여건의 변화 가운데 중요한 요인으로 환율 상승을 꼽았다. 환율의 상승은 국내 제조업의 경쟁력을 높여서 수출은 늘리고 수입은 감소하게 되었다. 이러한 현상은 중국 경제의 부상으로 인한 수출시장의 확대와 맞물려 그 영향력이 증폭되었다고 한다.

소위 수출산업과 내수산업 사이의 양극화는 항상 논쟁의 대상이었다. 고환율을 선호하는 사람들은 수출산업의 수익성이 높아지면 축적된 수익으로 투자를 해서 그 혜택이 경제 전체에 고루 펼쳐질 거라고 생각했다. 1960년대 이후로 우리의 경제발전을 견인했던 성장모델이었다. 이른바 낙수효과이다. 하지만 낙수효과가 지금도 작동할지는 불투명하다. 최근 기업들은 축적된 수익을 현금으로 쌓아두고 투자하는 데는 소홀했다. 수출기업의 고용 창출도 제한적이었다. 수출기업의 경기 호조가 내수산업으로 전달되지 못하고 단절되었다. 경기는 양극화되었다.

국내외적으로 우리의 경제발전 전략을 '대외지향적 경제발전 전략'이라고 한다. 세계적으로 인정받는 우리의 자랑스러운 경제발전 모델이다. 하지만 국내적으로는 긍정적인 평가와 부정적인 평가가 공존한다. 스스로 우리 경제를 '수출 지향적 경제구조' 또는 '수출 의존적 경제구조'라고 부른다. '수출 지향적 경제구조'라는 표현에는 부존자원 없는 가난한 국가가 수출을 위주로 세계시장을 무대로 경제발전을 이루었다는 자부심이 담겨 있다. 하지만 '수출 의존적 경제구조'라는 표현에는 세계 경제 상황에 의존하는 불안감과 수출 대기업과 중소기업 사이의 양극화에 대한 비판을 담고 있다.

무엇이 우리 경제를 '수출 지향적' 혹은 '수출 의존적'으로 이끌었을까? 수많은 정부 정책이 이러한 결과를 만들었다. 그 가운데는 수출산업 위주의 전반적인 금융지원과 재정지원도 있고 아주 특별한 지원정책도 있다. 정부가 예산으로 직접 지원하기도 하고 수출입은행·산업은행·중소기업진흥공

단 등을 통해 간접적으로 지원하기도 한다. 수출기업에 한정해서 특별히 수출자금을 장기 저금리로 대출해주는 게 대표적인 지원이다. 하지만 이보다 효과가 큰 지원은 고환율 정책이다. 잘 알려진 바대로 고환율은 수출기업을 우대하는 효과가 있다. 하지만 더 중요한 건 환율이 전체적인 경제구조를 바꾸고 경제 전체의 재원의 흐름을 바꾼다는 사실이다. 앞으로 한국 경제의 나아갈 지표를 모색할 때 환율정책에 대한 깊은 고민이 필요한 이유다.

고환율은 왜 노동자에게 불리한가

우리는 환율이 소득분배에 미치는 영향에 대해서는 별로 신경 쓰지 않는다. 환율이 어떻게 분배구조에 영향을 미칠까? 흔히들 환율 상승으로 수출기업이 이익을 보고 수입기업이 손해를 본다는 정도로 정리하는 데 그친다. 여기에서 한 단계 더 생각해보면 수출품에 집약적으로 사용되는 생산요소가 상대적으로 이익을 본다고 할 수 있다. 우리나라의 경우에 수출품이 주로 자본집약적인 상품이므로 자본이 상대적으로 이익을 본다는 추론이 가능하다.

잘 알려진 무역 이론으로 '헥셔 올린 정리'라는 게 있다. 스웨덴의 경제학자인 헥셔와 올린은 두 나라 사이의 무역 패턴은 생산요소의 부존도(賦存度)에 따라 결정된다고 주장했다. 부존이란 어떤 것을 가지고 있는 상태를 말한다. 모든 나라는 다 자연, 노동, 자본 등의 자원을 가지고 있는데, 그 구성 비율

(부존도)은 나라마다 다르다. 자연자원이 풍부한 나라가 있고 노동력이 풍부한 나라가 있듯이 말이다. 헥셔와 올린의 주장은 다시 말하면 자본이 풍부한 나라는 자본집약적 상품을 생산해서 수출하고, 반대로 노동이 풍부한 나라는 노동집약적인 상품을 생산해서 수출한다는 이론이다. 자본이 풍부한 나라는 자본이 노동에 비해서 상대적으로 저렴하고, 노동이 풍부한 나라는 노동이 자본에 비해 상대적으로 저렴하다. 따라서 두 나라는 상대적으로 저렴한 생산요소를 집약적으로 사용하는 상품에 특화해서 생산하고 수출한다는 결론이다.

예를 들어 영국과 인도의 교역에서 영국은 자본집약적인 상품(자동차, 의약품, 전자제품 등)을 수출하고 반대로 인도는 노동집약적인 상품(곡물, 의류, 신발, 가발 등)을 수출한다. 이 이론은 대체적으로 과거의 선진국과 개발도상국 사이의 교역 패턴을 설명하는 데 적절하다. 하지만 항상 정확한 건 아니다. 미국의 수출품과 수입품을 분석한 결과 '헥셔 올린 정리'와 정반대의 결과가 나오기도 했다. 자본이 상대적으로 풍부한 미국의 수출품이 수입품에 비해서 더 노동집약적이라는 결과였다. 이는 '레온티에프 역설'로 알려져 있다. 이에 대해서는 미국 노동자의 생산성이 상대적으로 높기 때문에 나타나는 결과라고 설명한다. 흔히들 미국은 자본이 상대적으로 풍부하다고 생각되지만 노동생산성까지 감안하면 미국은 노동이 풍부한 국가라는 설명이다.

오늘날의 무역 패턴을 살펴보면 '헥셔 올린 정리'로 설명되지 않는 경우가 많다. 예를 들어서 중국의 화웨이가 미국, 유럽 등으로 휴대폰과 통신장비를 수출하는 현실도 그렇다. 노동이 상대적으로 풍부한 중국이 자본이 풍부한 선진국에 자본집약적인 상품을 수출하는 것이다. 이에 대해서는 현대 교역에서는 '기술'이라는 요인이 자본과 노동의 부존도보다 더 중요하다는 설명이 가능하다. 그리고 호주가 밀, 쇠고기, 와인을 아시아 국가에 수출하고 휴대폰, 전자제품을 아시아에서 수입하는 현실은 어떤가? 토지와 기후라는 요소도 교역을 결정하는 중요한 요인이다.

헥셔 올린 정리에 따르면 교역의 결과로 노동과 자본의 상대가격이 두 나라에서 같아지게 된다. 교역이 있기 전에는 노동이 풍부한 국가에서는 노동의 상대가격이 낮고, 노동이 희소한 국가에서는 노동의 상대가격이 높다. 그러나 교역의 결과로 두 나라에서 노동의 상대가격이 같아진다. 교역이 되면 노동이 풍부한 국가는 노동집약적인 상품을 더 생산하기 때문에 노동 수요가 늘어나 노동의 상대가격이 교역 전보다 올라간다. 반면에 노동이 희박한 국가는 교역 후에 노동집약적 상품을 덜 생산하게 되므로 노동 수요가 줄어들고 노동의 상대가격이 하락한다.

이 결과는 노동과 자본이 받는 보수 측면에서 의미가 크다. 교역의 결과 노동집약적 국가에서는 노동에 대한 상대적 보수가 올라가고, 자본집약적 국가에서는 노동에 대한 상대적 보수가 내려간다. 교역으로 인해서 더 많이 생산되는 상품에 집약적으로 사용되는 생산요소가 이득을 보게 된다. 이러한 상대가격의 변화는 생산요소 사이의 분배에도 영향을 준다. 교역으로 가격이 상승한 재화의 생산에 집약적으로 사용되는 요소에 돌아가는 보상은 절대적으로 증가한다. 그 결과 다른 생산요소에 돌아가는 보상은 절대적으로 감소한다. 이는 '스톨퍼 사무엘슨 정리'로 알려져 있다.

환율은 수출재와 내수재의 상대가격에 영향을 준다. 수출재의 상대가격은 올라가고 내수재의 상대가격은 내려간다. 그리고 수출재가 내수재에 비해 더 많이 생산된다. 우리나라의 경우 수출재가 내수재에 비해 더 자본집약적이다. 따라서 환율 상승은 자본에 상대적으로 유리하고 노동에 상대적으로 불리하다. 그 결과 노동소득분배율이 낮아질 것이다. 노동자들에게 돌아가는 몫이 작아진다는 뜻이다. 한 연구에 따르면 환율이 1% 상승할 때 제조업의 노동소득분배율은 0.125% 감소한다는 결과가 나왔다. 환율 상승이 수출품의 생산을 촉진한다면 그만큼 수출품 생산에 집중적으로 사용되는 생산요소인 자본에 유리한 것이다. 반면에 국내 수요에 필요한 내수품의 생산은 부진하고 이 분야에서 주로 사용되는 노동은 상대적으로 불리하다.

고환율이 노동자에게 불리한 건 분배율뿐만이 아니다. 앞에서 언급했듯이 환율 상승은 물가 상승으로 이어질 수 있다. 물가 상승은 자산소득자에 비해서 고정 임금을 받는 근로자들에게 상대적으로 더 큰 부담이 된다. 물가를 반영한 임금 조정은 더딘 반면에 자산가격의 상승은 물가와 동행하기 때문이다. 인플레이션이 자본가와 임금노동자 사이에서 강제적인 소득배분 효과를 갖는다는 건 잘 알려져 있다.

근로자라고 해도 대기업과 수출기업의 근로자인가, 아니면 내수기업의 근로자인가에 따라 환율 상승으로 인한 영향은 서로 다르다. 수출기업에서 일하는 근로자는 환율 상승이 수출기업의 호조를 유인하기 때문에 그 혜택을 볼 수 있다. 삼성전자나 현대자동차의 근로자들은 환율 상승으로 이득을 보는 것이다. 내수산업에 종사하는 근로자는 그 반대다. 자영업자나 도소매업, 음식업, 건설업 등 내수산업에 종사하는 근로자들은 상대적으로 손해를 본다.

수출 호조가 전체 경제의 호조로 연결되고 그래서 모두가 다 잘살게 되면, 그 안에서 누가 조금 더 이익이 크냐 하는 것은 작은 차이에 불과하다. 하지만 고환율에 의한 수출산업 호조가 전체 경제의 호조로 연결되지 않는다면, 한쪽에서는 오히려 손해를 보게 된다. 이 경우 고환율은 경제의 양극화를 조장해서 심각한 경제적·사회적 문제와 불평등을 야기할 가능성이 높다.

환율과 금융시장

환율이 오르면 주가도 오르나요?

흔히 받는 질문이 있다. "환율이 오르면 주가도 오르나요?" 또는 "원/달러 환율 상승은 주식시장에는 호재인가요?" 어려운 질문이다. 이렇게 답할 수밖에 없다. "환율이 오르면 주가가 오를 수도 있고 반대로 내릴 수도 있습니다." 상황에 따라 환율의 주가에 대한 영향이 다르다는 게 정답이다. 환율 상승이 호재일 수도 있고 악재일 수도 있으며 또 환율 상승이 주가에 전혀 영향을 주지 않을 때도 있다. 확실한 답을 기대했던 사람들에게는 상당히 실망스러운 답일 것이다. 그러나 어찌하랴. 사실이 그러하다.

환율이 주가에 미치는 영향은 불확실하다. 환율이 주가를 움직이는지 아니면 반대로 주가가 환율을 움직이는지조차 불확실하다. 환율이 주가에 영향을 주기도 하고, 반대로 주가가 환율에 영향을 주기도 한다. 원/달러 환율이 내리면 우리 기업들의 수출경쟁력이 떨어지지 않을까 하는 우려로 주가가 하락할 수 있다. 하지만 환율 하락이 주가 상승을 촉발할 수도 있다. 환율 하락이 향후 환율의 추가적인 하락을 예상하게 만들면 외국인들은 환율이 더 하락하기 전에 주식에 투자할 것이고(환율이 더 하락하면 국내 주식을 사기 위해서는 더 많은 달러가 필요하다) 주가는 상승한다.

주가에 미치는 영향을 알기 위해서는 환율이 움직인 '이유'를 따져봐야 한다. 가령 환율이 하락한 이유가 외국인들의 '셀 코리아' 때문이라면 주가도 하락할 것이다. 이 경우에 환율이 주가를 움직인 건 아니다. 단지 '셀 코리아'라는 요인이 환율 하락과 주가 하락을 동시에 이끈 것이다. 하지만 환율이 하락한 이유가 미국의 금리 인하 때문이라면(금리 인하로 국제적 자본이 미국을 떠나고 달러 약세가 나타난 것이라면) 주가에 미치는 영향은 불투명하다. 앞으로 환율 하락이 우리 수출기업들의 경쟁력 하락으로 이어진다면 주가 하락 요인이 된다. 하지만 미국 정책금리 인하가 미국 경제의 호전, 글로벌 경제의 호전으로 연결된다면 국내 주가에는 긍정적으로 작용한다.

그 영향이라는 것도 일방적이지 않다. 외환시장과 주식시장은 서로 영향을 주고받는 관계다. 환율이 주가에 영향을 주기도 하고 반대로 환율이 주가의 영향을 받기도 한다. 주가가 고공행진을 하면 외국인 투자자들이 몰려 들어와서 환율이 내려간다. 반대로 주가가 죽을 쑤면 외국인 투자자들은 투자 자금을 회수하고 환율은 상승한다. 사실 환율과 주가의 관계는 대부분의 경우에 '인과관계'라고 보기 어렵다. 오히려 '상관관계'라고 보는 것이 맞다. 어떤 요인이 동시에 환율과 주가에 영향을 주는데 변동 요인의 영향이 외환시장과 주식시장에 미치는 속도가 다르기 때문에 마치 인과관계로 오인하게 할 뿐이다.

금리가 대표적인 경우다. 가령 한국은행이 정책금리를 올리기로 했다고 하자. 금리 인상은 채권시장에는 호재지만 주식시장에는 악재다. 일반적으로 주가 하락으로 이어진다. 동시에 금리 인상은 외환시장에서 해외 자본의 유입으로 이어진다면 환율을 하락시킨다. 금리 인상 때문에 주가는 하락하고 환율도 하락(원화 강세)한다. 주가와 환율의 움직임이 동조화된 것처럼 보인다. 만일 금리 인상이 국내 주식시장에 미치는 영향이 신속하고 즉각적인 반면에 국제적 자본 이동에 미치는 영향은 장기적이라면 주가와 환율 사이에 인과관계(주가가 원인, 환율이 결과)가 있는 것처럼 보일 수 있다.

환율을 변화시킨 '원인'도 중요하지만 동시에 '변동의 크기'도 중요하다. 환율의 변동이 미세하다면 주가에 미치는 영향은 거의 없을 것이고 환율의 변동이 큰 폭이라면 주가에 직접적인 영향을 줄 수 있기 때문이다. '변동이 크다, 작다'라는 것도 상대적이다. 당초 예상과 비교해서 판단해야 한다. 예상보다 큰지, 작은지가 중요하다. 국제수지 흑자로 환율이 하락했다고 치자. 만일 환율 하락이 예상보다 작아서 추후에 추가로 환율이 하락할 것으로 전망된다면 외국인들은 환율 하락 전에 국내 주식을 사려고 할 것이므로 국내 주가는 상승할 것이다. 하지만 환율 하락이 예상과 일치하거나 오히려 예상을 뛰어넘어 과도했다면 추가적인 외국인 주식자금 유입보다는 유출이 전망된다. 이로 인해 주가는 상승세가 꺾이고 하락할 것이다.

"환율이 오르면 주가도 오르나요?"라는 맨 처음의 질문으로 돌아가보자. 일반적으로 환율과 주가는 반대로 움직인다. 환율이 오르면서 주가는 하락하고, 반대로 환율이 내려가면서 주가는 상승한다. 인과관계가 아니고 상관관계가 그렇다는 것이다. 왜냐하면 환율이나 주가나 모두 전체적인 경제 상황을 반영하기 때문이다. 경제가 좋으면 환율은 하락하고 주가는 상승한다. 경제가 안 좋으면 환율은 상승하고 주가는 하락한다. 경제가 좋으면 국제수지도 좋아져서 환율이 하락한다. 동시에 경제가 좋다는 건 기업의 수익성이 좋다는 것이고 기업의 가치를 반영하는 주가는 상승한다. 만일 환율과 주가가 반대로 움직이지 않고 같은 방향으로 움직인다면 다른 특별한 요인이 있기 때문이다.

환율과 금융시장의 연결고리는 외국인 투자자

외국인 주식투자자들은 환율과 주가에 동시에 영향을 준다. 마찬가지로 국내 채권에 투자하는 외국인 채권투자자들도 환율과 채권금리에 동시에 영향을 준다. 외국인 투자자들의 '셀 코리아'는 환율을 상승시키고 동시에 주식시장에서의 주가 하락, 채권시장에서의 채권금리 상승(채권가격 하락)을 초래한다. 반대로 '바이 코리아'는 환율을 하락시키고 동시에 주가 상승, 채권금리 하락(채권가격 상승)을 초래한다.

국내 주식시장과 채권시장에서의 외국인 동향을 모든 투자자가 주시한다. 비록 외국인의 투자 규모는 국내 시장에서 주식 30~40%, 채권 10% 정도로 국내 투자자들에 비하면 상대적으로 작지만 확실한 투자전략에 따라서 방향성을 갖고 투자를 하기 때문이다. 그만큼 주가와 금리에 미치는 영향력이 막강하다. 외국인들은 한국 경제가 호조를 보이면 국내 주식과 채권을 사기 때문에 주가와 채권가격은 오른다. 그런데 국내 주식과 채권을 달러로는 살 수 없다. 원화로 환전해야 한다. 달러를 들여와서 원화로 바꾸는 과정에서 환율은 하락한다. 반대로 외국인 투자자들이 국내 주식시장과 채권시장에서 투자한 자금을 회수하면 주가와 채권가격은 하락하고 환율은 상승한다.

우리 주식시장의 시가총액을 약 1,000조 원으로 보면 외국인은 300~400조 원을 보유하고 있다. 그 비율과 규모는 글로벌 금융시장의 추이와 주가에 따라 변한다. 코로나바이러스 사태가 확산되었던 2020년 2월~3월 초에만 외국인은 약 6조 원을 팔아치웠다. 2020년 3월 11일 하루에만 1조 3,000억원을 팔았고 이날 주가는 5% 하락했다. 주가가 반드시 외국인 투자자들에 의해 좌지우지되는 건 아니다. 2020년에는 이른바 '동학 개미'가 큰 주목을 받았다. 주식시장에서 외국인들이 2020년 3월 중에만 13조 원을 팔자, 개인들이 11조 원을 사면서 외국인 투자자들의 매도 물량을 받아내 주가 하락을 막았다.

외국인 주식투자자들은 편식 성향으로도 유명하다. 외국인들은 안전한 우량주를 선호한다. 대표적 우량주인 삼성전자의 경우 외국인 보유 비율은 50%가 넘는다. 특히 우선주의 경우에는 90% 정도다. 그만큼 삼성전자의 주가는 외국인의 매매 동향에 크게 영향을 받는다. 삼성전자의 기업실적과 전망, 향후 투자계획 등 삼성전자 내부의 요인보다 글로벌 투자 동향이 삼성전자 주가에 더 큰 영향을 준다.

그런데 외국인 투자와 관련해서는 두 가지 유의할 점이 있다. 외국인 투자가 주가나 채권가격에는 영향을 주지만 환율에 영향을 전혀 미치지 않는 경우가 있다. 외국인 투자자가 투자자금을 국내로 들여와 현물시장에서 원화로 환전하는 경우에는 환율에 직접적인 영향을 준다. 그러나 이렇게 단순히 환전을 통해 국내 금융투자를 하는 외국인은 드물다. 외국인 기관투자자의 경우에는 국내 채권에 투자할 때 외환스와프 거래를 통해 환헤지를 하는 경우가 많다. 외환스와프 거래는 외국인 투자자가 투자 시점에서 달러를 빌려주는 대신 원화를 받고, 채권투자 기간이 지난 시점에서는 반대로 원화를 주고 달러를 돌려받는다. 이러한 외환스와프 거래는 외화자금시장에서 거래가 성사되므로 현물환시장인 외환시장에 직접 영향을 미치지 않는다.

한편 외국인 주식투자자들은 차액결제선물환을 매입해서 환헤지를 하기도 한다. 차액결제선물환을 외국인 투자자들에게 매도한 국내 은행은 매도초과 포지션이 되기 때문에 현물환시장에서 달러화를 매입한다. 그러면 외환시장에서는 외국인 투자자의 달러 매각이 국내 은행의 달러 매입과 상계되어 수급에 변화가 없고 따라서 환율에 미치는 영향도 없다.

외국인들의 주식과 채권의 매도는 주가와 채권금리에 영향을 주지만 환율시장에는 전혀 영향을 미치지 않기도 한다. 외국인들이 주식과 채권 매도대금을 곧장 달러로 환전해서 외국으로 가져가지 않고 국내 은행의 '원화계정'에 넣어두는 경우가 그렇다. 원화를 환전하지 않고 원화계정에 당분간 파킹(parking)하기 때문에 환율에 영향을 주지 않는다. 외국인들도 시장상황을 주시하면서 투자 시점을 찾는 숨 고르기를 하는 것이다. 외국인들이 한국의 주식시장이나 채권시장에서 아예 빠져나가는 경우는 주로 세 가지다. 한국 주식시장이나 채권시장이 리스크가 커지거나 더 이상 투자 매력이 없는 경우, 애초에 목표했던 투자 이익을 충분히 실현한 경우, 그리고 채권의 경우 만기가 되거나 주식의 경우 당초 계획한 투자 기간이 만료한 경우다.

2진법 세상의 환율과 주가

우리 환율과 주가에 영향을 주는 결정적인 한 방은 국제 투자자금이다. 외국인 투자자는 우리 외환시장과 주식시장에서 큰손이다. 그런데 국제 투자자금의 흐름을 결정하는 요인은 무얼까? 오늘날 글로벌 투자자금의 흐름을 얘기할 때 빠짐없이 등장하는 게 '리스크 온'과 '리스크 오프'다. '리스크 온'은 글로벌 금융시장에서 낙관적인 전망이 팽배해질 때를 일컫는다. 이 시기에 글로벌 자금은 위험성이 높지만 수익률도 높은 개도국 주식시장으로 몰린다. 동시에 달러가 약세를 보이고 신흥국 통화들이 강세를 보인다.

반면에 비관적 전망이 지배적인 '리스크 오프'가 되면 글로벌 금융자금은 신흥국 주식시장에서 썰물처럼 빠진다. 이에 따라서 신흥국 통화가 약세를 보이고 달러가 강세를 보인다. 투자자들은 신흥국 시장의 리스크에 대한 경계심이 높아져서 신흥국에 대한 투자를 꺼린다. 위험 프리미엄이 높아진다는 의미다.

글로벌 금융위기 이후에 글로벌 투자자들은 투자환경을 흑백으로 나누어 투자하는 경향이 심해졌다. 이를 두고 월가에서는 '2진법 세상'이 되었다고 탄식하기도 한다.[33] 투자 결정에 있어서 다른 건 아무런 의미가 없고 오로지 '리스크 온'인지 '리스크 오프'인지만 중요시하는 경향이다. 개별 국가의 경제성적표나 개별 기업의 성적도 의미가 없다. 어느 개도국의 경제성장률이 아무리 높고 기업 이윤율이 높아도 글로벌 투자자들이 '리스크 오프'라고 판단하면 글로벌 투자자금은 썰물처럼 빠진다. 해당 개도국의 통화 가치는 곤두박질치고 주식시장은 하락장을 면치 못한다.

'리스크 온'이 되면 상황은 돌변한다. 문제가 있는 국가의 통화도 이유 없이 강세가 되고 주식시장은 활황을 보인다.

통화 가치의 상승은 국가 경제의 경쟁력을 갉아먹는다. 기업의 수익성은 묻지도 따지지도 않는다. 어느 기업의 주식을 사도 주가는 오르기 때문이다. 밀물처럼 쏟아져 들어오는 글로벌 투자자금은 주식시장의 상승을 이끈다. 당장은 좋지만 언제라도 리스크 오프가 되면 투자자들의 손실은 불가피하게 된다.

'리스크 온'과 '리스크 오프'에 따른 2진법 세상에서는 통화 강세는 주가 상승과 동시에 나타난다. 다시 말하면 환율과 주가는 반대로 나타난다. 환율이 하락하면서 주가는 상승하고, 환율이 상승하면서 주가는 하락한다. '리스크 온'에서 강세를 보이는 통화는 미국 달러화와 일본의 엔화 그리고 스위스 프랑화다. 반면에 개도국들의 통화는 약세를 면치 못한다. 유로화는 달러화에 비하면 약세를 보이지만 개도국 통화에 비하면 강세를 보인다. '리스크 오프'가 되면 개도국 통화들은 일제히 강세를 보인다. 유로화도 미국 달러화 대비 강세를 보인다.

'리스크 온' 상황에서 최고의 안전자산은 미국 달러일까? 아니다. 금이다. 이제 정식 화폐는 아니지만 한때 전 세계 통화로 사용되었던 금은 가장 안전한 자산으로 평가받는다. 따라서 리스크 온이 되면 금 가격은 치솟는다. 이러한 현상을 국제 금융가에서는 '황제의 귀환'이라고 한다. 반면에 리스크 오프 국면에서는 금 가격은 하락한다. 금은 미국 달러화보다 안전자산인 셈이다. 코로나바이러스가 창궐한 2020년 초에

금 가격(6개월물, 트로이온스 31.1034768g 가격)은 1,300달러 수준에서 1,700달러로 급상승했다. 7년 만의 최고치에 달한 것이다.

위험선호의 변화에 따라서 국제 투자자금이 선진국과 개도국 사이에서 이동한다. 나아가 한 국가 내에서도 투자자금이 이동한다. 주식과 채권이 그렇다. 주식은 대표적인 위험자산이지만 채권은 대표적인 안전자산이다. 따라서 '리스크 오프'에서는 주식이 채권보다 선호된다. '리스크 온'에서는 채권이 주식보다 선호된다. 특히 선진국 국채는 최고의 안전자산이다. 미국 국채는 위기 때마다 자금이 몰리는 안전자산이다. 미국 정부의 신용도를 고려할 때 부도 가능성은 없다고 생각하는 것이다. 미국 달러를 현금으로 보유하면 금리가 없지만 미국 국채를 보유하면 낮지만 최소한의 금리까지 취할 수 있기 때문이다.

글로벌 금융위기 이후로 선진국 국채는 거의 제로 금리로 수렴되고 있다. 심지어 일본과 독일 국채는 마이너스 금리다(2020.3.12일, 10년물 독일 국채와 일본 국채 수익률은 각각 -0.74%와 -0.07%이다). 10년 만기 1억 달러 국채를 사면 10년 후에는 9,990만 달러밖에 받지 못한다. 마이너스 국채를 사면 이자를 받는 게 아니고 보관료를 내는데도 투자자들이 국채를 사는 이유가 궁금하다. 개인도 아닌 세계적인 금융기관들이 사는 걸 보면 분명히 이유가 있다.

바로 이 국채를 산 가격보다 더 비싸게 팔아서 이익을 볼 수 있기 때문이다. 다시 말해 마이너스 국채를 더 비싸게 사주는 바보가 있다는 얘기다. 다름 아닌 통화당국이다. 시중에 더 많은 통화를 공급하려는(양적완화정책) 통화당국으로서는 금리를 마이너스로 유지해야 할 이유가 있다. 시중은행들이 풀린 통화를 대출하는 데 사용하지 않고 중앙은행에 초과지급준비금으로 예치한다면 양적완화의 정책효과를 볼 수 없기 때문이다. 그래서 통화당국은 마이너스 금리를 유지해서 시중은행들이 초과지급준비금을 갖지 못하도록 하고, 필요하면 그 벌금을 더 강화하기 위해서 금리를 더 내려야 한다. 추가적인 금리 인하는 마이너스 국채를 소유한 투자자들에게는 돈을 벌 수 있는 기회다.

그렇다면 글로벌 금융시장에서 리스크 오프와 리스크 온은 어떻게 결정될까? 한마디로 말하면 글로벌 경제의 건실함이 핵심이다. 전 세계적으로 경제성장이 순조로운지, 위협 요인이나 불확실성이 있는지, 주요 국가의 정부 정책이 우호적인지 등이 중요하다. 또한 세계 경제를 좌지우지하는 주요 국가의 경제상황이 중요하다. 세계 경제의 3대 축인 미국, 중국, 유럽연합의 경제상황이 핵심이다. 사실 2008년 글로벌 금융위기는 미국의 서브프라임 모기지 부실에서 비롯되었다. 이는 극단적인 리스크 오프를 초래했다. 그리고 이를 리스크 온으로 전환한 것도 미국이다. FRB의 양적완화정책이 그것이다.

유럽연합도 미국 못지않게 중요하다. 사실 유럽연합을 한

국가로 본다면 경제규모 면에서는 미국보다 못하지만 인구 규모로는 미국을 뛰어넘는다. 2008년 글로벌 금융위기가 일부 유럽연합 국가들(PIGS; Portugal, Ireland, Greece, Spain)의 재정 위기로 번졌다. 이에 따라서 국제 금융시장에서는 위험회피 성향이 크게 높아진 적이 있다. 최근 유럽연합의 미래를 위협한 사건은 브렉시트였다. 브렉시트는 영국을 넘어서 유럽연합의 장래에 대한 불안감을 만들었다. 이에 따라서 국제 금융투자자금이 안전자산인 미국 달러화와 선진국 국채로 몰렸다.

중국은 미국과 더불어 명실공히 G2(group of two)[34]다. 구매력 기준 GDP는 이미 미국을 앞질렀다. 그만큼 세계 경제에 정치적·경제적 위험요인을 드리운다. 체제 안정성과 대외 개방성은 투자자들의 의구심을 야기한다. 언제라도 중국 정부가 시장 지향적 정책을 중단하고 외국 자본에 대해 배타적일 수 있다는 의구심이 여전히 존재한다. 중국 금융기관의 부실 문제는 때때로 불거지는 이슈다. 중국 경제의 성장 둔화도 세계 경제의 큰 위협요인이다. 중국은 '세계의 공장'이며 동시에 '글로벌 수요의 큰손'이기 때문이다

개별 개도국들의 경제위기는 다반사다. 그래서 글로벌 차원에서 리스크 선호에 큰 영향을 주지 않는다. 하지만 한 개도국의 경제위기가 이웃 국가들 전체로 전염되면 이야기가 달라진다. 개도국 전체가 위기상황이라면 글로벌 경제도 무탈할 수 없다. 1997년 아시아 외환위기가 그 사례다. 1997년

태국에서 시작된 위기는 말레이시아, 인도네시아, 필리핀 등 동남아시아 국가들로 번졌다. 이어 대만, 홍콩을 거쳐 우리나라까지 위기상황으로 내몰았다. 아시아 외환위기의 주역은 엄청난 규모의 글로벌 금융자본이다. 위기 전에 쏟아져 유입된 자본은 아시아 국가들의 통화 가치 상승, 자산가격 폭등, 과소비와 투자, 경상수지 적자 등의 부작용을 초래했다. 물론 아시아 국가들의 책임이 없다는 얘기는 아니다. 글로벌 투기 자본의 위험성에 대한 인식이 부족했고, 이에 대한 사전 대비와 사후 대책이 소홀했다.

환율과 주가가 반대로 움직이는 건 일반적인 경제 원리에 비추어 자연스럽다. 경제가 안 좋으면 환율은 오르고 주가는 내리는 건 당연지사다. 문제는 환율이 오르고 주가가 내리는 현상이 경제상황을 정확하게 반영하지 못하고 과도하게 반응한다는 것이다. 금융시장의 과민하고 지나친 반응은 사람들의 어쩔 수 없는 광기와 패닉 때문이다. 글로벌 금융시장의 '리스크 온'과 '리스크 오프'도 이런 현상이다.

4 장

환율 예측과
외환 투자

환율 예측은 왜 어려운가

환율의 랜덤워크

이제 본격적으로 환율 예측이라는 현실적인 얘기를 해보
자. 환율은 모든 경제주체들에게 영향을 준다. 환율 변동으로
이익을 보는 기업과 개인이 있는 반면에 예상하지 못한 환율
변동으로 인해서 손해를 감수해야 하는 기업과 개인도 있다.
사실 환율 변동으로 인한 이익과 손해는 대칭적이라는 점에
서 전체적으로는 제로섬으로 볼 수 있다.

정확한 환율 예측을 할 수 있다면 손해를 피하고 적극적으
로 이익도 챙길 수 있다. 앞의 두 개의 장에서 살펴본 환율 지
식은 어느 정도나 환율 예측에 도움이 될까? 과연 소개한 환
율 지식은 예측의 정확성을 높이는 데 도움이 될까? 전 세계
가 고정환율제도에서 변동환율제도로 이행하던 시기에 경제
학자들도 환율 예측에 깊은 관심을 보인 적이 있다. 일부 경
제학자들은 환율 결정에 있어서 외환의 수요와 공급 측면을
분석했다. 다른 경제학자들은 화폐의 구매력에 착안해서 물
가를 환율 결정의 주요 변수로 보았다. 또 다른 경제학자들은

국경 간 자본 이동을 감안한 경제모형을 만들고 이자율이 중요 변수라고 주장했다.

다양한 환율 예측모형 가운데 어떤 이론이 가장 타당한지에 대한 실증연구로 이어졌다. 실증연구는 복잡한 수식과 통계적 기법을 사용해서 난해해 보이지만 기본은 간단하다. 실제 통계자료를 통해서 모형의 설명변수들이 얼마나 정확하게 환율 변동을 설명할 수 있느냐를 보는 것이다. 수많은 실증분석 결과는 예상 밖이었다. 어떤 환율 예측모형도 환율 변화를 충분히 설명하지 못했다. 특히 단기적인 환율의 움직임에 대해서는 예측 정확도가 낮았다. 환율이 규칙 없이 움직인다는 '랜덤워크(random walk)' 가설이 정교한 환율 모형들보다 높은 예측력을 보였다.

환율 모형의 예측력을 신봉하는 경제학자들은 "환율 이론이 맞지만 예상하지 못한 뉴스들 때문에 환율 예측에 오차가 발생한다"라고 변명하며 뉴스를 탓한다. 그래서 뉴스가 환율에 미치는 영향력을 연구하는 이론도 출현했다. 소위 뉴스접근법이다. 이에 따르면 환율의 움직임 가운데 상당 부분이 새로운 뉴스 때문이라고 한다. 하지만 여전히 뉴스만으로는 설명하지 못하는 부분이 훨씬 컸다.

환율이 랜덤워크를 한다면 내일 당장 환율이 어디로 움직일지 알 수 없다. 내일의 환율이 어디로 튈지 모른다면 출발점인 현재의 환율이 가장 정확한 예측치가 된다. 실망하는 사람들이 많을 것이다. 환율을 정확히 예측해서 초과 이득을 보려는 사람들에게는 허망한 결론이기 때문이다. 하지만 현재의 환율이 최적의 추정치라는 결론을 뒷받침하는 실증연구 결과가 많다.[35]

오늘의 환율을 미래의 예측치로 사용할 때 조심해야 할 점이 있다. 우선 예측 시점과의 시차가 문제 된다. 당장 내일의 환율을 예측한다면 오늘의 환율이 최선의 예측치가 될 수 있다. 그런데 내일의 환율이 아니고 한 달 뒤의 환율, 더 멀리는 일 년 뒤의 환율을 예측한다면 얘기가 다르다. 현재의 환율이 미래의 환율 예측치로 적정할 수 있는 건 단기일 경우다. 예측 시차가 멀어질수록 많은 변수가 누적적으로 환율에 영향을 미치게 된다.

현재의 환율 자체가 왜곡되었을 때도 문제가 된다. 현재 환율에 거품이 끼어 있다는 얘기다. 현재의 환율을 보고 어느 정도가 실상을 반영하고 어느 정도가 거품인지 정확하게 구분해서 말하는 것 또한 쉬운 문제는 아니다.

여기에서 주목해야 하는 건 시장의 거품은 우리가 아는 거품과는 다르다는 점이다. 시장의 거품은 쉽게 사라지지 않고 시장참여자들에게 확신을 심어주고 스스로를 강화시키는 힘이 있다. 대다수 사람들이 어떤 이유에서든지 원/달러 환율이 오를 거라고 생각하고 달러를 매입하면 원/달러 환율은 지속적으로 오른다. 반대로 대다수 사람들이 원/달러 환율이 내릴 거라고 생각하고 달러를 매도하면 원/달러 환율은 계속 내린다. 이러한 이유로 환율이 상당한 기간 동안 지속적으로 상승하는 경우가 있다. 반대로 상당 기간 계속해서 하락하기도 한다.

이런 경우에 오늘의 환율이 내일의 환율에 대한 최적의 예측치가 될 수 없다. 오히려 최근의 경향을 따라가는 게 최선일 수 있다. 일단 거품이 시작되면 시장참여자들은 이를 현실로 받아들이고 이를 믿게 된다. 거품이 언제인가는 터질지 모른다는 두려움도 있지만 거품이 주는 보상이 크다는 점에서 거품으로부터 거리를 두기란 쉬운 일이 아니다.

만일 사람들이 환율의 랜덤워크를 그대로 받아들이면 무슨 문제가 발생할까? 사람들이 모두 미래 환율 전망이 무의미하다고 생각해서 정보획득 노력을 그만두지는 않을까? 사람들이 정보획득 노력을 하지 않으면 환율은 정보를 반영하지 못하고 외환시장의 효율성이 떨어질 수밖에 없다. 시장 효율성은 환율을 예측하려는 시장참여자들의 부단한 노력의 결과다.

외환시장의 효율성을 부정하면서 시장을 이겨보려는 사람들이 있어야 외환시장의 효율성이 만들어지는 셈이다. '외환시장의 효율성 가설'이 환율의 랜덤워크를 예견하지만, 실제로 환율이 랜덤워크 하면 누구도 정보의 습득에 관심을 두지 않고 따라서 시장의 효율성은 담보되지 않는다. 참으로 시장의 아이러니다.

선물환율로 미래 환율을 예측하기

선물환율은 미래에 거래할 외환의 현재 가격이다. 따라서 현물환율보다는 선물환율이 미래 환율 예측치로 적당해 보일 수도 있다. 선물환율은 현물환율뿐만이 아니고 어떤 환율보다 미래 환율에 대한 예측치로 손색이 없어 보인다. 미래의 환율에 대한 시장참여자들의 기대를 반영하기 때문이다.

하지만 선물환율은 근본적으로 미래의 현물환율과 다를 수밖에 없다. 선물환율이 미래 시점에서 실제 환율과 일치하는 건 예외적이다. 같아질 수도 있지만 우연일 뿐이다. 체계적인 오차를 보이는 이유 가운데 하나는 선물환을 거래하는 시장참여자들의 '위험에 대한 태도' 때문이다. 선물환율에는 위험 프리미엄이 포함되어 있어서 미래의 환율과 차이가 생긴다. 예를 들어 1만 원을 내고 동전 앞면이 나오면 2만 원을, 뒷면이 나오면 돈을 잃는 게임을 생각해보자. 이 게임의 기댓값은 1만 원으로 게임 참가비와 같다. 위험을 즐기는 사람은 이 게임에 참가하고, 위험을 기피하는 사람은 참가할 이유가 없을 것이다. 만일 게임 참가비가 거액이라면 상황이 달라진다. 1만 원이 아닌 100억 원을 게임비로 내고 이기면 200억 원을 받거나 지면 100억 원을 잃는 게임이라면 어떨까? 1만 원도 아니고 100억 원을 동전 한 번 던져서 잃을 수 있다니! 이 게임의 기댓값은 100억 원으로 게임 참가비와 같다는 점에서 그 속성은 1만 원을 내고 참가하는 앞의 게임과 다를 바가 없다. 하지만 1만 원 게임과는 달리 이 게임에는 아무도 참가하지 않을 것이다. 보통 사람에게 1만 원은 재미로 날릴 수도 있는 돈이지만 100억 원이라면 전 재산 이상이기 때문이다.

사람들은 상당한 위험을 부담할 때 추가적인 보상을 요구한다. 이 경우 위험 할증(리스크 프리미엄)은 플러스다. 하지만 예외적으로 일부 사람들은 위험을 즐기는 경우도 있다. 이 경우에 위험 할증은 마이너스로 음의 값을 갖는다. 선물환율에 포함된 위험 할증은 이론적으로는 플러스가 당연하다. 외환 투자자의 입장에서는 추가적인 위험의 부담이므로 플러스의 위험 프리미엄을 요구한다. 환위험을 헤징하는 실수요자의 입장에서도 환위험을 더는 거래이므로 플러스의 프리미엄을 지불할 의사가 있다. 위험 할증이 플러스인지 마이너스인지, 나아가 위험 할증이 얼마나 큰 값인지 여부는 시장상황에 따라 변한다. 확실한 것은 리스크 프리미엄 때문에 선물환율이 미래 환율에 대한 기댓값과는 다르다는 사실이다.

만일 금리평형이론을 신봉한다면 선물환율이 미래의 환율 예측값으로 적절하다고 여길 수 있다. 금리평형이론에 따르면 선물환율은 기본적으로 두 통화 사이의 금리 차이를 반영한다. 1년 만기 원/달러 선물환율을 생각해보자. 미국에서의 채권금리가 2%이고 한국에서의 채권금리가 4%라고 치자. 그리고 원/달러 스와프레이트[(선물환율-현물환율)×100/현물환율]가 3%라고 하자. 이런 상황에서 우리나라 투자자들은 현물환시장에서 달러를 사서 미국 채권에 투자(2% 수익률)하고 동시에 선물환시장에서 1년 원/달러 선물환을 파는 거래(3% 선물 프리미엄)를 하면 5%의 수익을 올릴 수 있다. 이는 원화 채권에 투자해서 벌 수 있는 4% 수익률에 비해 1%의 추가적인 수익을 올릴 수 있다. 따라서 이러한 차익거래로 달러 현물은 사고 달러 선물을 매도하게 된다. 이는 현물환율은 오르고 선물환율은 내려감에 따라서 스와프레이트가 2%로 하락한다. 금리평형이론을 믿는다면 국내외 금리차에 의해 결정되는 선물환율(현물환율+스와프레이트)은 앞으로의 환율 예측치로 볼 수도 있다.

미인대회 수상자 맞히기

환율 예측이 어려운 이유 가운데 하나는 환율이 사람들의 예상에 좌지우지되기 때문이다. 예상이 맞든 틀리든, 합리적이든 비합리적이든 상관없다. 대다수 사람이 동일한 예상을 하고 행동하면 결과는 예상과 유사하게 된다. 예를 들어, 외환 공급이 평소보다 반으로 감소할 거라고 시장에서 예상하고 환율 상승에 베팅하면 환율은 대폭 상승한다. 실제로는 외환 공급이 평소와 비슷할지라도 말이다. 이런 일이 자주 발생하다 보니 시장의 외환 수급을 파악하는 것보다도 시장참여자들의 마음을 읽는 게 환율 예측에 더 유용하다는 냉소적인 생각이 팽배해진다.

문제는 사람들의 마음을 읽기 어렵다는 점이다. 모든 사람에게 어떻게 예상하는지 물어볼 수 없다. 물어본들 사람들이 제대로 속마음을 얘기해줄 리도 만무하다. 사람들마다 나름의 환율 예측 방법을 갖고 있다. 어떤 사람들은 신문이나 TV 같은 언론매체가 제공하는 예측 정보에 의존한다. 다른 사람들은 보다 전문적인 경제연구소나 금융기관 등의 환율 예측 보고서에 의존한다. 하지만 가장 인기 있는 방법은 다른 사람들의 예측을 살피고 추종하는 것이다. 어떤 환율 예측이 더 근거가 정확한가에는 관심이 없고 어떤 예측이 대세인가에만 관심을 갖는 것이다.

'미인 콘테스트'에 비유해보자. 사람들을 미인대회의 심사 위원으로 위촉하고 대회 우승자를 맞히면 큰 상금을 준다고 해보자. 그러면 사람들은 자기가 보기에 가장 미인인 사람에게 투표하지 않는다. 대신에 우승자가 될 가능성이 높은 참가자에게 투표한다. 정말 미인인지 아닌지는 중요하지 않다. 경제학의 대가인 케인스는 이렇게 말했다. "사람들은 자기 스스로 미인이라고 생각하는 후보에게 표를 찍지 않고, 다른 참가자들이 미인이라고 여길 것 같은 후보에게 표를 찍는다."

외환시장에서도 마찬가지 현상이 종종 발생한다. 시장참여자들은 다른 사람들이 미인이라고 여길 것 같은 후보자(원화 아니면 달러화)를 선택한다. 그 결과로 시장의 수급에 근거하면 원화가 당연히 강세가 되어야 하는 상황에서도 반대로 달러화가 강세를 보이곤 한다. 외국인 투자자들의 일거수일투족은 외환시장의 관심거리다. 경상수지 흑자가 지속되는 상황에서 원화의 강세가 당연한데 시장참여자들은 외국인 투자자들이 베팅하는 방향으로 따라가곤 한다.

외환시장 참여자들의 미인대회 심사위원식 행태는 시장의 변동성을 증폭시킨다. 시장에서 대세가 확인되면 대다수 사람이 대세에 따르는 쏠림현상, 즉 밴드웨건 효과가 발생한다. 이것은 부동산시장도 마찬가지다. 집값은 사람들의 예상이 개입되기 때문에 큰 변동성을 보인다. 예상은 확신으로 굳어진다. 마침내 확신이 틀렸다는 게 확인될 때까지는 굳건히 유지된다. 그 확신이 오산이었음을 확인하기까지는 긴 시간이 걸린다.

앞에서 언급했듯이 예상은 스스로 정당화하는 경향이 있다. '자기실현적 기대' 때문이다. 사실과 무관하게 시장참여자들의 예상대로 결과가 나오는 일이 계속 반복되다 보면 시장참여자들은 근거도 없는 법칙을 믿게 된다. 그리고 그 잘못된 믿음은 스스로를 강화시키고, 법칙을 과신한 사람들은 맹목적으로 행동하게 된다. 이런 일이 반복되면서 환율의 변동성이 커지고 심각한 경우에는 외환투기의 광풍으로 이어진다.

예를 들어 미국이 기준금리를 올려서 우리나라와의 금리 차가 역전되는(미국의 금리가 높아짐) 경우를 보자. 외국인 자금이 빠져나가서 원/달러 환율이 오르지 않을까 하는 조심스러운 우려가 일부 투자자들 사이에서 나타난다. 하지만 금리 차이는 무시할 정도여서 외국인 자금이 빠져나가지 않고 환율도 별다른 반응이 없다면 우려는 우려로 끝난다. 그런데 신문 경제면이나 TV 방송에서 외환 애널리스트들이 원/달러 환율이 급등할 것이라는 예측을 쏟아낸다면 결과는 달라진다. 이러한 언론매체의 예측을 믿고 사람들이 원화를 팔고 달러를 사면 실제로 환율은 오르게 된다. 가만히 두고 보던 외국인 투자자들도 원화 가치가 더 하락하기 전에 달러로 바꿔서 자금을 회수한다면 환율이 더욱 오른다. 외국인 자금이 빠져서 환율이 오르는 게 아니고 반대로 환율 상승 때문에 외국인 자금이 빠진 셈이다. 그리고 환율 상승을 확인한 사람들은 당초 예상이 옳았다고 착각한다.

이와 관련해서 한 가지 흥미로운 이슈는 외환거래량과 환율변동성의 관계다. 일반적으로는 환율에 대한 시장참여자들의 예상이 서로 다르고 차이가 날 때 거래량이 증가한다. 왜냐하면 예상이 다를 때 누구는 팔고 누구는 사게 되어서 사고파는 사람들이 많기 때문이다. 이 경우에 상대적으로 거래량은 많아지고 환율변동성도 크다. 반대로 만일 환율 예상이 동일하다면 외환을 사고팔 필요가 없다. 실제 외환시장에서는 거래량이 줄어드는 점심시간 전후에 환율의 변동성도 작아진다. 그리고 일주일 중 금요일에 거래량이 적고 변동성도 작다.

물론 거래량이 작다고 변동성이 항상 작은 것은 아니다. 선진국과 개도국의 외환시장을 비교해보면 평소에는 선진국의 외환거래가 활발하고 환율변동성도 상대적으로 크다. 상대적으로 개도국의 외환시장은 잔잔한 바다처럼 평온해 보인다. 외환거래량도 적고 환율변동성도 작다. 그런데 국제 금융시장에 비상이 걸리면 개도국의 외환시장은 크게 출렁인다. 사람들이 모두 환율이 오를 거라는 동일한 예상을 하면서 외환 유동성 확보에 나서기 때문이다. 이럴 때는 모두가 외환을 사려고만 하고 팔려는 사람은 없는 상황에서 거래량은 더욱 줄지만 변동성은 확대된다.[36]

환율이 급등락하는 이유는 정보의 차단과 예측력의 미비 때문인 경우가 많다. 시장이 정보의 유통 측면에서 효율적이라면 시장참여자들은 각자의 기준에 따라서 서로 다른 예상을 갖게 된다. 시장의 혼란은 일시적인 현상에 그칠 것이다. 시장참여자들이 자신의 예상에 따라 포지션을 조정하는 과정에서 외환거래량이 증가하지만 환율변동성이 축소된다. 하지만 정보가 단절된 상태에서는 사람들의 합리적인 예상은 없고 서로 눈치 보기만 하게 되어 거래가 사라지면서 오히려 변동성이 증폭된다.

기술적 분석에 의한 환율 예측

환율의 중요성에 대한 인식이 커짐에 따라서 환율 변동을 이해하고 예측하려는 노력도 배가되어왔다. 1970년 고정환율제도를 지탱하던 브레튼우즈 체제의 붕괴는 그 서막이었다. 그 이후 변동환율제도가 국제 통화질서로 자리매김하면서 환율 변동은 전 세계적인 관심거리가 되었다. 경제학자들은 어떻게 환율이 결정되는지를 규명하고 나아가 환율을 예측하려고 발 벗고 나섰다.

이러한 경제학적인 이론에 근거한 환율 예측을 '기초적 분석'이라고 한다. 하지만 기초적 분석의 결과는 만족스럽지 못했다. 장기적으로는 경제학자들이 제시하는 환율 결정 이론이 맞을지도 모르지만 당장 사람들의 환율 예측 욕구를 충족시키지 못했다. 당장 내일, 다음 주의 환율을 예측하는 데는 쓸모가 별로 없었던 것이다.

기초적 분석은 왜 만족할 만한 환율 예측력을 주지 못할까? 그 이유 가운데 하나는 이론의 환율 예측모형에 들어 있는 설명변수들의 값을 추정해야 하기 때문이다. 일반적으로 환율 예측모형의 설명변수로는 금리, 물가, 경제성장률 등이 들어간다. 이 설명변수들의 추정치가 틀리면 예측 결과 또한 맞을 수가 없다. 기초적 분석의 더 큰 오류는 이론이 놓치는 비경제적 변수들 때문이다. 북한 김정은의 핵실험, 트럼프 대통령의 트위터 정치, 중동 분쟁, 코로나바이러스의 출현, 백신의 개발 등 비경제적 충격이 있는 경우에, 이론에 기초한 환율 예측은 빗나가기 마련이다. 특히 외환시장 참여자들의 변덕스러운 심리적 변화, 기대심리 등은 가히 예측의 범위를 벗어난다. 기초적 분석의 한계다.

외환시장에서는 보다 실용적인 환율 예측 기법을 찾기 시작했다. 그 기법이 이제 살펴보려는 '기술적 분석'에 의한 환율 예측이다. 기초적 분석은 장기 예측에 도움이 될지는 몰라도 단기 예측에는 별반 소용이 없다는 결정적 약점이 있는 데 비해 기술적 분석은 단기적인 환율 움직임을 예측하는 데 실제적인 도움을 주었다. 기술적 분석은 과거의 환율 움직임을 관찰해서 앞으로의 환율을 예측하는 방법이다. 그 예측은 어떤 경제적 이론이나 분석에 근거하지 않는다. 심오한 이론이나 분석은 필요 없다. 직관적이고 이해하기 쉽고 누구나 활용할 수 있다는 점에서 큰 인기를 얻었다.

기술적 분석은 세 가지 전제를 깔고 있다.[37] 첫째, 과거의 시장가격은 모든 정보를 반영했다는 걸 전제한다. 과거 환율은 우리가 알든 모르든 모든 정보가 반영되어 나타난 결과다. 왜 환율이 올랐는지, 왜 내렸는지 이유를 몰라도 상관없다. 과거의 환율 움직임에 근거해서 예측하면 모르는 정보까지 암묵적으로 고려해서 예측하는 것이라고 생각해도 된다. 둘째, 시장가격의 움직임에는 추세가 있다는 걸 전제한다. 환율은 시장참여자들의 분석과 기대를 담고 있다. 그리고 경제적 변수들의 추세를 담고 있다. 일정한 추세는 일정한 기간 동안 지속되는 경향이 있다. 장기적으로 추세도 바뀌는데 그 전환시점을 찾는 게 기술적 분석의 핵심이다. 셋째, 시장의 움직임은 반복되는 경향이 있다는 걸 전제한다. 한마디로 "미래는 과거에서 발견된다(The future can be found in the past)"[38]는 말로 요약된다. 과거 환율 움직임을 잘 살펴보면 일정한 패턴을 보이고, 이러한 패턴은 미래에도 반복해서 나타난다는 생각이다.

기초적 분석과 기술적 분석의 배합

기술적 분석에도 종류가 많지만 대표적인 몇 가지 기법에 대해 알아보자. 가장 잘 알려진 기술적 분석 가운데 하나가 '차트분석'이다. 차트분석이 곧 기술적 분석이라고 생각할 정도로 이 방법은 매우 널리 사용된다. 차트에는 라인 차트, 바 차트, 포인트 & 피겨 차트, 캔들스틱 차트 등이 있다. 차트의 장점은 환율의 움직임을 시각적으로 보여준다는 점이다. 차트의 모양을 보고 일정한 패턴을 찾아내고, 패턴을 해석해서 향후 환율의 변화를 예측한다. 차트에 나타난 패턴을 통해서 추세를 찾아내는 것이 핵심이다.

최근에 가장 많이 사용되는 캔들스틱 차트를 간단히 살펴보자.[39] 캔들스틱 차트는 초기에 주식투자자들이 주로 사용했지만 현재는 외환투자자들에게도 인기다. 이 차트는 여러 가지 정보를 시각적으로 보여주는 동시에 시황 판단에 도움을 준다는 장점이 있다. 캔들스틱 차트는 고가(high), 저가(low), 시가(open), 종가(close)를 모두 보여준다. 동시에 환율의 변화 방향도 보여준다.

시가와 종가의 차이를 나타내는 게 몸통(real body)이다. 종가가 시가보다 높으면 양선(white candle) 또는 양봉이라고 하고 빨간색 또는 흰색으로 나타낸다. 반대로 종가가 시가보다 낮으면 음선(black candle) 또는 음봉이라고 하고 초록색 또는 검은색으로 표시한다. 대체적으로 양봉은 상승 기미, 음봉은 하락 기미로 해석된다. 특히 몸통이 긴 양장대봉은 매우 낙관적인 상승 기미를 나타내고 음장대봉은 매우 비관적인 하락 기미를 나타낸다.

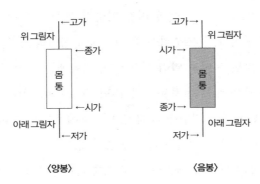

〈양봉〉   〈음봉〉

모양	형상	별칭	해석
▯ ▮	그림자 없는 양장대봉 양장대봉	양봉 마루보주	매우 낙관적 상승 기미
▮ ▮	그림자 없는 음장대봉 음장대봉	음봉 마루보주	매우 비관적 하락 기미
▯ ▯	아래 그림자만 있는 양봉 아래 그림자가 긴 양장대봉	양봉 종가마루	상승 기미
▮ ▮	위 그림자만 있는 음봉 위 그림자가 긴 음장대봉	음봉 종가마루	하락 기미
▯ ▮	양단봉 음단봉	코마	추세 불확실
┼ ┼	시가/종가 도지	십자형 장십자형	추세 전환
┬	시가/종가 도지	잠자리형	추세 전환
┴	시가/종가 도지	비석형	추세 전환
▯ ▯	아래 그림자만 있는 양봉 위 그림자만 있는 양봉	해머형 역해머형	상승추세 전환
▮ ▮	아래 그림자만 있는 음봉 위 그림자만 있는 음봉	유성형 행잉맨형	하락추세 전환

몸통 위 또는 아래의 선은 그림자(shadow)다. 몸통 위의 선은 장중 고가를 나타낸다. 반면에 몸통 아래의 선은 장중 저가를 나타낸다. 양봉일 때 장중 고가가 종가와 같다면 위 그림자는 없다. 거꾸로 음봉일 때 장중 저가가 종가와 같다면 아래 그림자는 없다. 같은 양봉이라도 아래 그림자와 결합한 형태는 상승 기운이 센 것으로, 위 그림자와 결합한 형태는 약한 상승 기미로 해석된다. 장중 일시 저가로 밀렸더라도 곧 회복하고 상승한 것이 아래 그림자를 단 양봉이기 때문이다.

만일 시가와 종가가 같다면 어떤 모양일까? 이 경우에는 몸통이 없다. 대신 위아래 모두에 그림자가 있는데 그것이 짧으면 십자형(doji), 위아래 그림자가 길면 장족십자형(tonbo)이라고 한다. 아래 그림자만 있는 형태를 잠자리형(dragonfly), 위 그림자만 있는 형태를 비석형(gravestone)이라고 한다. 이들은 추세 전환이 가능한 상황을 암시하는 것으로 해석된다. 양봉이 긴 아래 그림자와 결합된 형태는 상승추세 전환, 반대로 음봉이 긴 윗 그림자와 결합된 형태는 하락추세 전환으로 해석된다.

추세를 파악하는 또 다른 기술적 분석 방법으로는 계량적 분석이 있다. 계량적 분석으로는 '이동평균법'이 가장 많이 사용된다. 이동평균법은 최근의 추세가 앞으로도 지속되는 성향이 있다는 전제를 깔고 있다. 환율은 매일 여러 가지 불규칙적인 요인들로 인해서 높아지거나 낮아지기 때문에 오늘 하루의 환율만을 고려하기보다는 과거 일정한 기간 동안의 환율 평균을 내서 추세를 파악하자는 것이 이동평균법이다. 그 기간은 필요에 따라 임의로 변경할 수 있다. 며칠의 평균을 내든 중요한 건 오늘의 가격을 포함하는 것이다. 예를 들어 가장 많이 사용하는 5일 이동평균은 오늘의 환율과 직전 4일간의 환율을 더해서(1+4=5) 5일간의 평균을 구한다.

일반적으로 기술적 분석은 단기 투자자들이 사용하고, 기초적 분석은 장기 투자자들이 사용하는 걸로 알려져 있다. 단기적 수익을 목표로 삼는 투자자들은 최근의 환율 추세를 기술적으로 분석해서 환율을 예상한다. 기술적 분석의 환율 단기 예측력은 높다. 만일 모든 외환시장 참여자들이 동일한 믿음에 근거해서 기술적 분석을 따른다면 환율은 기술적 분석이 예측한 방향대로 움직인다. 환율의 자기실현적 특징 때문이다.

단기적으로 이렇게 유용함을 지닌 것이 기술적 분석이지만 약점도 많다. 우선 무조건 최근 추세가 정당하고 합리적이라고 판단한다. 이유 불문이다. 왜 환율이 상승했는지, 왜 하락했는지 묻지도 따지지도 않는다. 이런 이유로 기술적 분석에 대해 회의를 품는 사람들도 많다. 기본이 없는 테크니션을 보는 느낌이랄까? 기교는 화려하고 그럴듯한데 실제는 공허하다고나 할까?

때문에 장기적 수익을 목표로 하는 투자자들은 기초적 분석에 기초해서 환율을 예측한다. 앞의 2장에서 살펴본 주요 경제 변수들을 중시하는 것이다. 환율이 이유 없이 이상 급등한다고 하자. 기술적 분석은 최근 추세를 반영해 주로 환율 상승을 예측할 것이다. 반면에 기초적 분석에 따르면 환율 급등의 이유를 설명할 수 없으니 따라서 환율이 다시 하락해 제자리로 돌아가는 게 당연하다고 본다. 기초적 분석은 매일매일의 환율을 예측하는 데는 허당이지만 장기적으로 1년 후 아니면 5년 후의 환율에 대해서는 제법 그럴듯한 근거를 제시한다.

기술적 분석은 단기적으로는 성공률이 높을 수 있으나 아주 중요한 기회나 위기를 감지하지 못해서 큰 낭패를 보게 하기도 한다. 소위 검은 백조(black swan)의 출현을 놓치게 될 우려가 있다.

결국 환율 예측에서는 기초적 분석과 기술적 분석을 안배하여 활용할 필요가 생긴다. 나침반과 지도(기초적 분석)로 큰 방향을 정하고, 매일매일의 일상적인 결정은 최근 날씨와 풍향(기술적 분석)을 고려하여 길을 걸어가자는 것이다.

환위험으로부터의 탈출

잘못된 위험 헤지의 대표 사례, 키코 사태

일종의 외환 옵션상품인 키코는 우리나라에서 유독 유명하다. 2008년 환율 상승으로 이 상품을 거래한 많은 중소기업이 심각한 손실을 입은 이른바 키코 사태 때문이다. 이 키코 사태로 인해서 사람들이 외환 파생상품이라면 나쁜 것이고 위험한 것이라는 인식을 갖게 되었다. 사실 당시 거래되었던 키코는 환위험을 줄이는 헤지상품이 아니라 환위험을 떠안는 투기상품이었다.

키코(KIKO)는 '녹인 앤드 녹아웃(Knock In & Knock Out)'의 앞 글자를 조합한 용어다. 키코는 두 개의 조건(녹인과 녹아웃)이 결합된 콜옵션(살 수 있는 권리)과 풋옵션(팔 수 있는 권리)의 복합 상품이다. 녹인은 환율이 약정한 어떤 수준에 도달하면 옵션의 효력이 발생하는 것을 말한다. 반대로 녹아웃이란 환율이 약정한 수준에 도달하면 옵션의 효력이 사라지는 것을 말한다. 중소기업들은 은행들로부터 풋옵션을 샀다(예를 들어서 원/달러 환율이 1,000원 아래로 내려가더라도 1달러당 1,000원으로 달러를 파는 권리를 산 것이다). 그런데 이 풋옵션이 단순한 풋옵션이 아니고 녹아웃이 붙은 풋옵션이다(예를 들어 원/달러 환율이 1,000원보다 더 떨어져서 한 번이라도 900원 이하로 내려가면 풋옵션이 사라지는 것이다). 동시에 중소기업들은 은행에 콜옵션을 팔았다(예를 들어서 원/달러 환율이 1,000원 위로 올라가더라도 1달러당 1,000원으로 달러를 파는 의무를 진 것이다). 이 콜옵션은 단순한 콜옵션이 아니고 녹인 조건이 있는 콜옵션이었다(예를 들어 원/달러 환율이 1,000원을 넘더라도 콜옵션 의무가 당장 생기지는 않지만 1,100원을 한 번이라도 넘어서면 비로소 콜옵션 의무가 생긴다).

키코에서는 풋옵션에 녹아웃이 걸려 있으므로 환율이 일정 수준 이하로 내려가면 구매한 중소기업은 풋옵션을 행사할 수 없게 된다. 단순한 풋옵션보다 구매자인 기업에 불리하고 판매한 은행이 유리하다. 반대로 콜옵션은 환율이 일정한 수준 이상으로 올라가야 행사할 수 있다. 일반적인 콜옵션보다는 구매자인 은행에 불리하고 판매자인 중소기업에 유리하다. 이 키코 상품에서 중소기업은 환율이 일정 범위에서 움직일 때 유리하다. 풋옵션이 녹아웃되지 않으므로 풋옵션 행사로 이익을 얻을 수 있고, 콜옵션은 녹인되지 않으므로 의무도 안 생긴다. 반면에 환율이 일정 범위를 넘어서면 손해를 본다. 풋옵션은 녹아웃되므로 행사할 수 없고 콜옵션은 녹인되므로 이에 응해야 한다. 적정한 수준의 환리스크는 헤징하면서 극단적인 환리스크를 떠안는 상품이다.

2001년부터 2007년까지 원/달러 환율은 1,300 수준에서

1,000 아래로 지속적으로 하락하고 있었다. 따라서 대부분의 사람들은 환율이 더 내려갈 거라고 생각했고 환율이 올라갈 가능성은 없다고 믿었다. 그래서 환율이 내려가더라도 현재의 환율로 달러를 팔 수 있는 풋옵션을 은행에서 샀다. 그런데 은행으로서는 환율이 일정 수준 이하로 내려가면 큰 손해를 보니까 녹아웃 조건을 붙였다. 여기서만 그쳤으면 환위험이 없고 손해도 안 나는 파생상품이다.

문제는 중소기업들이 이 옵션의 가격이 비싸서 사길 꺼렸다는 점이다. 그래서 은행들은 녹인 옵션이 결합된 콜옵션을 중소기업이 팔도록 하고 은행 스스로 구매자가 된 것이다. 녹아웃 조건이 달린 풋옵션을 산 중소기업들이 녹인 조건이 달린 콜옵션의 판매자가 되었다. 이 거래를 통해서 중소기업들은 비용이 전혀 들지 않거나 아니면 소액의 수수료만 냈을 뿐이다. 왜냐하면 녹아웃 옵션을 산 비용과 녹인 옵션을 판 수익이 상계되었기 때문이다.

그런데 문제가 발생했다. 계속 내려만 가던 환율이 오르기 시작한 것이다. 2008년 글로벌 금융위기를 전후해서 환율이 급격히 상승하자 콜옵션이 녹인되었다. 이 콜옵션의 구매자는 은행이고 판매자는 중소수출기업이었다. 예를 들어 콜옵션 행사가격은 1,000원이고 녹인 발동가격이 1,100원이었다고 하자. 환율이 1,150원으로 상승하면 은행은 중소기업들로부터 1,000원에 약정한 규모의 달러를 살 수 있게 된다. 은행이 콜옵션을 행사하고 이에 따라 중소기업들은 달러를 1,150

원에 사서 은행에 1,000원에 팔아야 한다. 환율이 1,300원까지 오르면서 중소기업들의 피해는 눈덩이처럼 커졌다.

피해를 입은 기업들은 주로 중소기업들이었다. 대기업들은 키코 상품의 위험성을 간파했기 때문에 가입하지 않았다. 중소기업들만 비싼 풋옵션 대신에 상대적으로 가격이 저렴한 키코를 사게 된 것이다. 앞에서 언급했듯이 옵션은 가격이 비싸다. 시장상황에 따라 옵션을 행사하지 못하면 옵션가격만 날릴 수도 있다. 자금 사정이 빠듯한 중소기업으로서는 비싼 옵션을 살 처지가 안 되었다. 그래서 눈을 돌린 게 하필 키코였다.

키코는 미국의 투자은행이 개발한 상품이다. 우리 은행들은 판매수수료를 받고 국내 기업들에 팔았다. 따라서 국내 은행들이 큰 이익을 본 건 아니었다. 하지만 중소수출기업들은 약 2조 원 규모의 손해를 보았다. 은행들은 자신의 잘못이 아니고 중소수출기업의 잘못으로 손해가 발생했다고 주장했다. 중소수출기업들이 수출로 벌어들일 달러액을 고려하여 키코 계약을 했다면 손해가 크질 않았을 것인데 수출대금 이상으로 또는 그와 관계없이 키코를 계약했기 때문이라고 했다. 중소수출기업의 환투기가 원인이라고 핑계를 댄 것이었다.

당시 판매되었던 키코 상품은 본질적으로 환헤지 상품이 아니었다. 왜냐하면 풋옵션과 콜옵션이 비대칭적으로 결합되었기 때문이다. 풋옵션 1개와 2~3개의 콜옵션이 결합되었다. 비대칭적으로 결합함으로써 옵션가격을 0에 가깝게 만들어 중소수출기업들이 사도록 유도한 것이다. 중소수출기업들은 1개의 풋옵션을 사고 2~3개의 콜옵션을 판 셈이 되었다. 전체적으로는 중소수출기업이 옵션 매도자가 된 결과였다. 옵션 매수는 프리미엄이 비싼 대신 환율이 예측 방향과 다르게 움직이면 행사 권리를 포기함으로써 프리미엄만큼만 손해를 감수하면 되는데, 옵션 매도는 환율이 움직이는 범위가 어떻게 되든 매수자의 요구에 응해야 하는 의무가 있다. 이론상 손실이 무한히 커질 수 있는 것이다.

중소수출기업들은 이런 키코의 위험을 알지 못했다. 문제는 과연 은행들이 키코의 위험성을 충분히 설명했느냐 하는 것이다. 위험성을 충분히 알리지 않았다면 '불완전 판매'로서 은행에도 책임이 있다.

롱, 숏 그리고 스퀘어

외환거래를 하는 은행들은 매일매일 영업이 끝나면 은행의 외환보유 현황을 점검한다. 영업 마감 시점에 당일의 외환 매입액과 매출액 간의 차이를 확인하는 작업이다. 만일 매입한 외환액이 매도액보다 많으면 매입초과 포지션 또는 롱포지션(long position)이라고 한다. 반대로 매도한 외환액이 매입액보다 많으면 매출초과 포지션 또는 숏포지션(short position)이라고 한다. 롱 또는 숏포지션을 취한 상태를 오픈포지션(open position)이라고 한다. 그리고 오픈포지션이 아닌 상태, 즉 매입과 매출이 동일한 상태를 스퀘어포지션(square position)이라고 한다. 여기서 롱이냐 숏이냐는 모두 외환을 중심으로 판단한다는 걸 기억하자. 달러화가 순매입 상태여서 남아돌면 롱, 순매도 상태여서 부족하면 숏이다. 외환 포지션도 환율과 마찬가지로 원화가 아닌 외환의 입장에서 기술한다.

외환 포지션은 여러 기준으로 집계될 수 있다. 위에서는 은행 전체의 하루 외환 매입과 매도 간의 차이를 나타내는 포지션을 예로 들었다. 이러한 포지션은 딜러 개인별로도 집계할 수 있다. 그리고 통화별로도 집계할 수 있다. 가장 중요한 건 은행이 보유한 전체 외환자산과 외환부채 간의 관계다. 은행의 외환자산과 외환부채 간의 차이를 외환 포지션이라고 한다. 은행의 외환 포지션은 현물환과 선물환을 종합해서 집계한다. 그리고 파생상품에서 발생하는 이자, 손익포지션 등도 포함되어 계산된다.

순외환자산이 플러스인 롱포지션 상태에서는 환율이 오르면 이익을 보고 환율이 내리면 손해를 본다. 반대로 숏포지션인 경우에는 환율이 오르면 손해를 본다. 왜냐하면 외환을 더 비싼 가격으로 구입해서 외환부채를 갚아야 하기 때문이다.

따라서 은행들은 외환의 오픈포지션을 꺼린다. 환율의 영향으로 손해를 보게 될 위험이 있기 때문이다. 그래서 외환자산과 외환부채의 규모를 일치시킨다. 이를 스퀘어포지션이라고 한다. 스퀘어포지션인 경우에는 환율이 오르면 외환자산의 가치는 오르지만 동시에 외환부채의 가격도 오르기 때문에 전체적인 영향은 없게 된다. 환위험으로부터 자유로워지려면 외환과 관련해서 스퀘어포지션을 만들어야 한다.

그러면 어떻게 스퀘어포지션을 만들 수 있을까? 여기에서는 은행의 경우를 살펴보자. 기업의 경우는 더욱 복잡한데 따로 설명할 것이다(4장 2절 '어떻게 환위험에 대처할 것인가?'에서 다룬다). 은행에서 오픈포지션을 스퀘어포지션으로 만드는 거래를 커버거래(cover trade)라고 한다. 커버거래의 원칙은 간단하다. 달러가 롱포지션이면 달러를 팔고, 달러가 숏포지션이면 달러를 산다. 달러의 경우에는 국내 원/달러 시장에서 매일매일 커버거래가 가능하다. 달러 이외 통화의 경우에는 다소 복잡하다. 유로화가 롱포지션일 경우에는 유로화에 해당하는 금액만큼 국내 외환시장에서 달러를 일단 판다. 그리고 추후 국제 외환시장에서 유로화를 팔고 달러를 사면 전체적으로 스퀘어포지션이 만들어진다.

스퀘어포지션이 꼭 좋은 건 아니다. 은행이든 기업이든 개인이든 항상 환위험으로부터 완전히 자유로울 필요는 없다. 감내할 정도의 환위험은 안고 가는 게 유리할 수도 있다. 환위험을 완전히 제거하는 데 드는 비용이 클 수도 있다. 환위험을 제거한 이익보다 비용이 훨씬 크다면 전체적으로 손해다. 그리고 환위험은 늘 손실 가능성과 함께 이익 가능성도 제공한다. 감내할 범위 내에서 관리된다면 환위험을 무조건 제거할 이유는 없다. 기업의 영업상 발생하는 외환채권이 매출의 미소한 부분을 차지할 경우에는 큰 신경을 쓸 필요가 없다. 하지만 해외 영업이 커지면서 외환채권의 규모가 커지고

비중이 커지는 경우에는 환위험을 관리할 필요가 있다. 외환
채권을 방치했다가 환율의 변화에 따라서 기업의 존폐가 흔
들리기도 하니까 말이다.

기업 환노출의 여러 케이스

환율은 어디로 튈지 모르는 럭비공이라고 한다. 환율이 갑
자기 올라서 이익을 볼 때도 있지만 갑작스러운 환율 하락으
로 낭패를 볼 때의 어려움은 이만저만이 아니다. 환위험에 심
각하게 노출되는 건 단연 기업이다. 사업을 하다 보면 원하든
원하지 않든 외환거래와 관련되는 경우가 생긴다. 외환부채
를 진다든지 반대로 외환채권을 받을 수 있다. 따라서 개인이
나 기업은 환율 변동으로부터 영향을 덜 받도록 관리하는 게
최선이다.

환율 변동으로부터 영향을 받는 부분을 '환노출(currency
exposure)'이라고 한다. 환위험은 '환노출×환율 변동'이다. 환
율 변동이야 어쩔 수 없다면 환노출의 정도를 조절해서 환위
험을 관리할 수밖에 없다. 1억 달러 순채무를 가진 A기업과 1
만 달러 순채무를 가진 B기업이 있다고 치자. 원/달러 환율이
1,000에서 1,100으로 100원 상승하면 A기업은 100억 원의 부
채를 더 부담하게 되는 반면에 B기업은 100만 원의 부채만 더
부담하게 된다. 환노출이 클수록 환위험이 커진다. 기업이 직
면하는 환노출은 세 가지다. 회계적 노출, 거래적 노출, 경제
적 노출로 구분된다.

회계적 노출은 환산 노출이라고도 한다. 외환(현지통화라고 한다)으로 표시된 자산, 부채, 수익, 비용 등을 자국 통화(보고통화라고 한다)로 환산할 때 가치가 바뀌는 외환 포지션을 말한다.[40] 우리 기업들은 재무제표를 원화로 작성해야 한다. 따라서 달러화로 표시된 항목들을 원화로 바꿀 때 환율의 영향을 받게 된다. 재무제표의 모든 항목을 현재 환율로 바꾸지는 않는다. 어떤 항목을 현재 환율(재무제표 작성 시점의 환율)로 바꾸고 나머지 항목은 역사적 환율(자산과 부채 항목이 발생한 시점의 환율)로 남겨둘지는 여러 가지 방법이 있다. 가장 널리 사용하는 현행환율법(current rate method)에서는 자본계정을 제외한 모든 자산을 현행환율을 적용해서 계산한다.

특히 해외 현지법인들의 회계처리와 관련해서 환산 노출의 중요성이 점점 커지고 있다. 우리 기업들에는 본사와 국내외 법인들의 연결재무제표 작성과 보고가 의무화되어 있다.[41] 해외에 소재하는 자회사의 경우에 소재국 통화로 재무제표를 작성하는데, 본사에 보고할 때는 본사가 소재하는 국가의 통화로 변환해야 한다. 현지통화와 보고통화가 다른 경우 회계적 노출이 불가피하다. 장부상의 가치 변동이므로 진정한 위험이 아니라고 할 수도 있다. 화폐적 표현을 바꾸는 것이므로 미용과 같은 효과라고 치부하고 무시하기도 한다. 하지만 환산한 손익은 과세나 세금공제의 대상이 되므로 기업에는 중요하다.

거래적 노출은 거래 시점과 결제 시점이 달라서 그사이에 발생하는 환율 변동으로부터 영향을 받는 부분이다. 외환으로 거래된 외상매입, 외상매출, 차입, 대출 등이 거래적 노출에 해당된다. 예를 들어보자. 현대자동차가 국내 판매가격이 5천만 원인 승용차 그랜저를 현재의 원/달러 환율 1,000을 고려해서 5만 달러로 결정하고 이 가격에 10만 대를 미국 딜러에게 팔기로 계약을 했다. 그 인도는 1개월 후이고 대금은 6개월 후에 그때의 현물환율로 받기로 했다. 만일 6개월 후에 환율이 그대로 1,000이면 현대자동차는 환율 변동으로 인한 영향을 받지 않는다. 하지만 만일 환율이 900으로 하락하면 현대자동차는 그랜저 1대당 5백만 원 손실을 보고 전체적으로는 5천만 달러(4천5백억 원)의 손실을 입게 된다. 이렇게 계약 시점과 결제 시점에 환율이 변동해서 손익이 발생하는 것이 거래적 노출이다.

앞의 예는 무역거래에서 생기는 거래적 노출이다. 거래적 노출은 금융거래에서도 발생한다. 대표적인 경우가 투자재원을 외국 통화로 조달하는 경우다. 원리금 상환시점에서 환율이 변동하면 외환으로 표시한 원리금은 같지만 이를 원화로 환산하면 큰 차이가 생긴다. 2005년 무렵 개인과 중소기업들 사이에서 엔화 대출이 유행했다. 금리가 싼 엔화로 대출받아서 투자자금으로 활용되었다. 특히 의사들이 엔화 자금을 대출받아서 병원을 짓거나 고가의 의료장비를 구입했다. 원화 대출 금리가 5% 이상인 반면에 엔화 대출 금리는 1% 내외였다. 더군다나 원화가 엔화 대비 강세를 이어갔다. 당시 원/

엔 환율이 950이었다. 하지만 2008년 글로벌 금융위기로 안전자산인 엔화의 가치가 폭등해 원/엔 환율이 1,200까지 치솟았다. 이로 인해서 의사들이 엔화 대출을 갚느라 고생이 많았다. 환위험과는 무관할 것 같은 의사들이 어려움을 겪었다는 에피소드는 거래적 노출에 따른 환위험을 보여준다.

경제적 노출은 환율 변동으로 기업의 경쟁력이 영향을 받는 측면을 말한다. 환율 변동은 판매량, 판매가격, 원자재 단가, 자금 조달 등 기업에 다각적인 영향을 미친다. 그리고 그 영향은 장기적이다. 따라서 경제적 노출은 확정적이지 않고 가변적이다. 앞서 설명한 회계적 노출과 거래적 노출은 당장 기업의 수익성에 영향을 준다. 그래서 기업들은 회계적 노출과 거래적 노출로 인한 환위험에 민감하게 대응하지만, 경제적 노출에서 오는 환위험에는 상대적으로 둔감한 반응을 보이기도 한다.

하지만 경제적 노출은 기업의 전반적인 생산, 판매 등에 영향을 주어 기업의 가치를 근본적으로 변화시킨다. 장기적인 기업의 경쟁력을 손상 또는 향상시키고 기업의 사활을 좌지우지한다. 특히 글로벌 시장에서의 경쟁력에 결정적인 영향을 미친다. 환율 변화는 주로 해외 판매 시장, 원자재 시장에 미치는 영향을 통해서 기업의 활동에 영향을 미친다. 환율이 내려 상품의 외화가격이 상승해 국제경쟁력이 떨어지면 향후 판매에 지장이 생긴다. 이는 향후 기대수익의 흐름을 줄여서 기업의 시장가치를 낮추는 결과를 초래한다.

어떻게 환위험에 대처할 것인가?

환위험에 대한 대응은 전사적으로 이루어져야 한다. 무엇보다 최고경영자가 확고한 의지를 보여주어야 한다. 담당자의 환위험 대응에 대해 사후적으로 책임을 물어서는 안 된다. 내부 규정에 따른 결정이라면 손실이 나더라도 개인을 질책해서는 안 된다. 환위험을 줄이면 동시에 환이익의 기회도 사라진다. 투기적 유혹을 버리는 게 말처럼 쉽지 않다.[42]

환위험 관리는 어느 부분이 환위험에 노출되어 있는지 확인하는 작업에서부터 시작한다. 환노출이 확인되면 환노출을 그대로 받아들일 것인지, 아니면 헤징할 것인지를 결정한다. 헤징을 하더라도 전부 또는 부분만 할 건지를 고민해야한다. 환위험의 크기, 환위험 제거에 드는 비용과 편익을 고려해야 한다. 마지막으로 가능한 여러 헤징 기법들을 비교해서 가장 안전하고 효과적인 기법을 선택해서 실행하게 된다. 회계적 노출, 거래적 노출, 그리고 경제적 노출에 따라서 위험관리 방법이 서로 다르다.

먼저 회계적 노출로 인한 환위험 관리 방법을 알아보자. 회계적 노출은 다국적기업의 경우에 중요하다. 자회사들이 여러 국가에 소재해서 자산과 부채가 여러 가지 소재국 통화로 기재되어 있기 때문이다. 다국적기업 전체의 통화별 순노출을 구하고 모회사와 자회사 간의 거래를 통해서 순노출을 제거한다. 하지만 다국적기업 내부거래를 통해서 환노출이 완전히 제거되지는 않는다. 따라서 대차대조표 헤징을 위해

자산·부채 관리를 하든지 파생금융상품을 이용해서 헤징을 한다.

둘째, 거래적 노출을 줄이는 게 일반적인 기업의 환위험 관리로 알려져 있다. 주로 리딩과 래깅을 활용해서 환위험을 관리한다. 모기업의 입장에서는 현지통화 가치 하락이 예상되는 자회사로부터의 송금은 앞당기고(리딩), 현지통화 가치 상승이 예상되는 자회사로부터의 송금은 이연시키는(래깅) 방법이다. 네팅(nettng)은 본사와 지사 또는 지사 간에 발생한 채권·채무 관계를 상계하고 차액만 결제하는 방법이다. 양자 간 상계뿐만이 아니라 다자간 네팅이 가능하다. 네팅은 수수료 등 금융비용을 줄이고 개별적인 환전에 따른 환위험도 제거할 수 있다.

매칭은 외화의 수입과 지출을 통화별, 만기별로 일치시키는 방법이다. 예를 들어 현대자동차가 유럽 수출을 위한 투자를 한다면 유로화로 자금을 조달하는 게 유리하다. 수출로 벌어들인 유로화로 원리금을 상환하면 된다. 만일 미국 수출을 위한 투자라면 미국 달러화로 자금을 조달해서 통화를 매칭시킬 수 있다. 수입과 지출을 동일한 통화로 일치시키는 걸 자연매칭이라고 한다. 동일한 통화로 매칭시킬 수 없는 경우에는 환율 변화가 동일한 제3의 통화로 매칭하는데 이를 평행매칭이라고 한다.

경제적 노출을 관리하는 방법을 살펴보자. 앞서 살펴본 회계적 노출과 거래적 노출에 대한 대응은 재무적 기법으로 가능했다. 하지만 경제적 노출에 대한 대응은 기업의 전반적인 전략 수립을 요구한다. 마케팅, 생산, 재무 등 기업 전반에 걸친 장기 전략을 세워서 대응해야 한다. 여기에서는 기업이 처한 시장 환경이 중요하다. 어떤 기업이 뛰어난 기술력을 바탕으로 전 세계적으로 시장을 선도한다면 환율 변동은 큰 위협 요인이 아니다. 반대로 저가의 가격경쟁을 하는 기업으로서는 환율 변동으로 인한 가격경쟁력에 민감할 수밖에 없다. 그리고 경쟁 기업들의 전략에 따라서 대응도 영향을 받게 된다.

환율 변동으로 인한 위협을 차단하기 위한 방안으로 다변화 전략이 자주 언급된다. 판매 시장을 다변화시키면 환율 변동으로 인한 일부 시장에서의 손실을 다른 시장에서의 이익으로 만회할 수 있다. 손실과 이익이 자동적으로 중화된다. 제품 구성에서도 소수의 품목을 대량판매하는 전략보다는 다품종 소량판매 전략이 환율 변동의 위험을 덜 입게 된다. 소위 시장 분할(market segmentation)이다. 원자재 공급처와 생산기지의 다변화도 도움이 된다. 자본 조달과 자본 운용의 다변화도 경제적 노출을 방지하는 전략이다.

이처럼 다변화 전략은 마케팅, 재산, 재무 등에서 공히 채택 가능한 전략이다. 하지만 단점도 있다. '규모의 경제' 그리고 '집중과 선택'의 장점을 포기하는 결과를 초래하기 때문이다. "기업은 자기가 가장 잘할 수 있는, 상대적 경쟁력이 있는 상품과 시장에 집중해야 한다"라는 경영 철칙에 반한다. 모든 기업에 다변화가 수월한 것도 아니다. 환율 변화가 일시적인

지 아니면 구조적인 건지도 신중히 판단해서 대처해야 한다. 환율 변동만을 염두에 둔 생산기지 이전은 추후에 더욱 심각한 문제를 야기할 수 있다.

어느 정도의 환노출로 인한 환위험은 떠안고 갈 수밖에 없다. 그러나 기업의 생사가 걸릴 정도의 환위험은 제거되어야 한다. 관리 가능한 환위험은 문제없다. 환율 변동에 대한 정보 수집과 분석은 핵심적인 기업 활동이다. 이를 게을리해도 상관없을 만큼의 완벽한 환위험 관리 비법은 애초에 존재하지 않는다.

외환투자를 생각한다

외환투자는 환투기인가?

앞에서는 환위험을 회피하는 방법을 살펴보았다. 환위험 회피는 환위험에 대응하는 소극적인 대응이다. 반면 어떤 사람들은 적극적으로 외환을 사고팔아 이익을 얻으려고 한다. 외환투자를 주식투자의 대안으로 인식하기도 한다. 주식시장이 불안할 때 외환에 투자하는 것이 더 안전하다고 여기기도 한다. 전통적으로는 채권투자가 주식투자의 대안으로 인식되었는데, 채권 수익률이 낮아져서 채권투자의 매력이 떨어지고 인터넷 보급으로 외환투자가 수월해지면서 나타난 현상이다.

환율 예측만 정확하다면 외환투자는 큰 수익을 가져다줄 수 있다. 하지만 일반적으로 외환시장에서의 투자를 '환투기'라고 하고 위험성이 높아서 도박이라고까지 말한다. 외환투자자들을 '환투기꾼'이라고 부르기도 하는 등 알게 모르게 외환투자는 나쁜 것이라는 선입견이 팽배하다. 극단적인 경우에 환율 폭등을 야기해서 경제위기를 초래한다고까지 한다.

1997년 외환위기의 주범으로 환투기가 거론되기도 한다.

과연 환투기는 나쁜 걸까? 일반적으로 환투기는 외환거래가 수반되는 경제행위가 없는데도 환율 예측에 따른 외환거래를 통해 적극적으로 수익을 도모하는 행위다. 예측이 맞아떨어지면 이익을 보지만, 예측이 틀리면 손해를 본다. 자기 책임으로 이익을 보기도 하고 손해를 보니까 비난할 이유는 없다. 단지 불로소득이라는 측면에서 윤리적인 비난은 피할 수 없다. 하지만 외환투자자들이 예측의 정확성을 높이기 위해 남다른 노력을 쏟는다는 점을 감안하면 노력과 비용에 따르는 정당한 보상이라고도 볼 수 있지 않을까? 그리고 그런 정보 획득과 정보 분석 등 개인적인 노력이 종국적으로는 외환시장을 효율적인 시장으로 만드는 힘이다.

환투기가 문제가 되는 건 개인 차원이 아니라 시장에 미치는 부작용 때문이다. 하지만 환투기가 항상 시장을 불안정하게 만드는 것도 아니다. 외환시장에서 수요와 공급은 일치하지 않는 게 일상적이다. 외환투자자들이 어떤 예측을 가지고 시장에서 거래하느냐가 관건이다. 외환투자자들이 정확한 예측에 근거해서 외환투자를 한다면 외환투자는 긍정적이다. 외환투자로 인해서 환율은 더욱 신속하게 시장상황을 반영해서 조정된다. 또한 외환투자자들이 제공하는 유동성 때문에 시장도 일시적인 요인에 크게 영향받지 않고 안정적으로 움직인다. 외환투자를 '환투기'라고 부르면서 나쁘다고만 몰아세울 일은 아니다.

외환투자가 어떤 식으로 환율에 영향을 미치는지 예를 들어보자. 원/달러 환율이 오를 경우에 이러한 환율 변동을 일시적이라고 판단하는 외환투자자는 달러화를 팔고 원화를 살 것이다. 일시적으로 비싸진 달러를 팔아서 이익을 챙기려는 것이다. 이러한 투자자들이 다수여서 달러 매도 규모가 외환시장에 영향을 미칠 정도라면, 전체적인 달러의 공급이 늘고 원/달러 환율을 내리는 방향으로 작용한다. 외환투자자들이 의도하지 않았지만 그들의 투자행위는 일시적으로 올랐던 환율을 제자리로 돌려서 환율의 안정에 기여한다.

하지만 정반대의 결과도 가능하다. 투자자들이 일시적인 요인으로 환율이 오르는 걸 보고서 계속 오를 것이라고 잘못 판단할 수도 있다. 원/달러 환율이 계속 오를 거라고 오판한 투자자들은 원화로 달러를 사는 거래를 한다. 그 결과 외환시장에서 달러화에 대한 수요가 증가해서 원/달러 환율은 더욱 오르는 결과를 초래한다. 이러한 외환투자는 환율의 불안을 가중시킨다. 결국 외환투자가 환율의 안정에 기여하느냐 아니면 불안정하게 하느냐는 외환투자자들이 얼마나 정확한 판단을 하느냐에 달려 있다.

외환투자로 돈을 벌려면

우리는 종종 외환투자로 돈을 벌었다는 사람들에 대한 얘기를 듣곤 한다. 나아가 조지 소로스와 같은 국제적인 외환투자자가 입이 떡 벌어질 정도의 상상을 초월한 부를 쌓았다는 뉴스도 접하곤 한다. '나도 외환투자로 돈을 벌어볼까?' 하는 무모한 생각을 한 적도 있을 것이다. 하지만 이와 동시에 외환투자를 하다가 가산을 탕진했다는 얘기도 종종 들린다. 국제적으로는 외환투자로 국제적인 금융기관이 막대한 손실을 보고 휘청거린다는 소식도 들리곤 한다. 실로 외환 트레이딩으로 돈을 벌기란 쉽지 않다.

몇몇 탁월한 투자자들을 제외하면, 외환투자는 제로섬 게임이다. 누군가 이득을 보았다면 다른 누군가는 그만큼의 손실을 본 것이다. 그런데 엄밀하게 말하면 제로섬이 아니고 마이너스섬 게임이다. 왜냐하면 외환브로커들이 일정액의 수수료를 떼어가기 때문이다.

외환투자 과정에서 외환브로커가 외환거래를 중개한다. 외환을 사려는 사람들과 팔려는 사람들 사이에서 거래가격을 정하고 외환을 인도한다. 이러한 서비스를 제공한 대가로 브로커는 외환거래 수수료를 챙긴다. 최근에는 인터넷으로 외환을 사고팔아서 외환거래에 따르는 수수료가 없거나 아주 미미하다. 하지만 드러나지 않는 거래비용이 곳곳에 숨겨져 있다. 스프레드, 롤 오버, 외상거래 수수료 등이 숨겨진 비용들이다.

먼저 외환매매에 따르는 스프레드부터 알아보자. 외환투자를 하려면 달러를 사야 한다. 우리는 달러를 비싸게 사고, 팔 때는 싸게 판다. 예를 들어 달러를 살 때는 원/달러 환율이 높지만(예를 들어 1,150), 팔 때는 이보다 낮다(예를 들어 1,100).

이 차이가(50=1,150-1,100)가 스프레드다. 스프레드는 고스란히 브로커의 수입이 된다. 한편, 달러를 사거나 팔고서 이를 청산하지 않고 유지하기도 한다. 일정 기간 내에 청산하지 않고 계속 유지하는 것을 롤 오버라고 하는데 일종의 수수료를 내야 한다. 롤 오버 수수료다. 이 또한 브로커의 짭짤한 수입원이다. 외환거래는 당장 잔고가 없어도 외상으로 사고팔 수 있다. 하지만 이러한 외상거래는 이자비용을 부담해야 한다. 외상거래 수수료다. 명목적으로 청구되지 않지만 어김없이 브로커가 챙기는 비용으로 브로커들의 큰 수입원이다. '밤새 도박판을 벌이면 돈 딴 사람은 없고 도박장만 돈을 번다'는 속설이 괜히 나온 것이 아니다.

브로커들은 개인들의 과도한 거래로부터도 이득을 챙긴다. 스프레드와 각종 수수료는 개인투자자들의 자본금을 소리 없이 브로커들의 수중으로 이동시킨다. 레버리징을 과도하게 활용하는 투자자들의 성공 확률이 낮다. 온라인 외환중개사인 FXCM의 조사에 따르면 레버리징이 25 이상인 투자자들의 승률은 17%인 반면에 5 이하인 투자자들의 승률은 40%였다.[43]

다시 말하지만 외환투자는 여간 위험한 비즈니스가 아니다. 혹시 외환투자를 심각하게 고민하는 사람이 있다면 그 위험성을 직시해야 한다. 특히 외환시장에서 개인투자자들은 본질적으로 여러 가지 이유로 불리한 위치에 있기 때문이다.

첫째, 외환투자는 승률이 낮다. 2005년 FXCM의 CEO였던 드류 니브는 15%만이 실제로 돈을 번다고 말했다. 영국의 금융감독청은 외환거래자들의 82%가 돈을 잃는다고 보고했다. 18%만이 돈을 번다는 얘기다. 이 보고서는 영국 금융감독청이 외환거래에서 부채비율을 제한하고 리스크 관리를 강화하는 계기가 되었다.

둘째, 손실 위험이 없는 외환투자는 없다. 원금 손실 없는 투자라면서 외환투자를 권하는 광고가 많다. 세상에 그런 투자는 없다. 특히 고수익을 내는 외환투자의 경우에는 더욱 그렇다. 공짜 점심은 없다.

셋째, 시장 평균보다 더 높은 수익률을 내는 외환 펀드는 50%도 안 된다. 펀드 매니저에게 투자를 일임하는 것은 돈을 잃는 지름길이다. 펀드에 돈을 맡길 때는 반드시 여러 가지 사항들을 체크해야 한다. 펀드 투자전략의 강점은 무엇인지, 투자 빈도는 얼마나 되는지, 레버리지는 얼마인지, 스프레드와 수수료는 얼마인지 그리고 마지막으로 성과 수수료는 얼마인지 따져봐야 한다.

불패의 투자전략이 있을까?

위에서 언급한 내용을 세세히 따져보고 나서도 외환투자를 하겠다는 사람이 있다면 성공 비결 하나를 소개해볼까 한다. 20년 이상 외환시장, 채권시장, 상품시장에서 명성을 떨친 벤 롭슨이라는 투자자는 외환 트레이딩의 전설로 불리는 사람들의 성공 사례를 연구했다.[44] 연구에 따른 그의 조언은 4가지로 요약된다.

1. 스스로의 분석과 연구에 기초한 전략을 세워라.
2. 자신의 상대적 강점을 개발하라.
3. 레버리지를 활용해서 이윤을 극대화하라.
4. 최악의 경우를 가정해서 리스크 관리를 하라.

첫째, 외환 트레이딩에 성공하려면 철저한 분석과 검증을 통해 자기만의 투자 원칙과 전략을 세우고 이를 지켜야 한다. 성공한 외환투자자들은 공통적으로 철저한 분석가들이었다. 아이디어만으로는 성공할 수 없다. 그 아이디어는 철저하게 분석되고 검증되어야 한다. 성공한 외환투자 거물들은 모두 다 일 중독자라고 할 정도로 자기 일에 남다른 열정이 있었다.

뒤에서 소개할 존 헨리는 수십 년 동안의 옥수수와 콩 선물 거래를 분석했다. 옥수수와 콩은 수년 동안 자신이 직접 거래하던 농산물이었다. 그는 점차 투자영역을 농산물을 포함한 상품거래로 넓혔다. 그리고 마침내 외환거래를 포함한 금융 상품거래로 수십억 달러의 펀드를 굴려 성공했다.

조지 소로스도 그렇다. 전 세계에서 벌어지는 방대한 정보를 활용해서 국내외에 미치는 영향을 분석했다. 분석 결과를 통해서 변수 사이의 불일치가 있음을 확인하고 환율의 움직임을 예측했다. 조지 소로스의 투자 파트너였던 짐 로저스는 통화공급, 정부 부채, 금융시장, 정부 정책들을 줄줄이 꿰차고 인플레이션을 예측했다. 오토바이를 타고 세계 일주를 하면서 직접 눈으로 보고 들은 경험을 토대로 투자를 결정했다.

둘째, 자신의 상대적 강점을 찾아야 한다. 상대적 강점은 여러 가지다. 앞선 데이터 분석이 가능한 컴퓨터시스템을 갖추면 경쟁자들보다 한발 앞설 수 있다. 우수한 인적자원을 확보하는 것도 성공의 관건이다. 주문을 남들보다 신속하게 처리하는 것도 중요하다. 그리고 거래비용과 금융비용을 최소화할 수 있다면 금상첨화다. 이 모든 강점이 오랫동안 유지될 수 있도록 비밀도 유지되어야 한다. 이런 모든 것들이 창의적인 사고, 치밀한 전략, 엄격한 자기규율과 결합되면 자신만의 강점이 될 수 있다.[45]

정보는 외환투자자로서의 성패를 좌우하는 요인이다. 남들보다 앞선 정보력은 핵심적인 강점이다. 불법적이거나 탈법적인 정보는 허용되지 않는다. 내부 정보를 거래에 활용하는 것은 불법이다. 갈수록 시장 규제기관의 감시가 높아지고 있는 실정이다. 남들보다 빠른 정보의 습득이 성패를 좌우한다. 1815년 나폴레옹 전쟁 당시 독일 은행가 로스차일드는 웰링턴 장군의 워터루 전투 승전보를 하루 먼저 전달받고 영국 채권을 사들여서 40%의 이익을 냈다. 오늘날 정보의 파급 속도는 1815년과 비교하기 어렵다. 수백만 분의 1초를 다툰다. 정보의 속도는 특히 단타 트레이더들에게 중요하다.

상대적 강점을 찾기도 어렵지만 계속 유지하기는 더욱 어렵다. 조지 소로스는 높은 수익률을 지속적으로 올리려면 계속적으로 남들보다 앞서야 한다고 이렇게 충고했다. "유연해라, 적응해라, 쇄신해라 그리고 기회를 잡아라."

셋째, 상대적 강점으로 스케일 업(scaling up) 하라. 스케일 업은 이윤의 크기를 배가시키기 위해 레버리지를 활용하는 것이다. 물론 레버리지는 손실의 규모를 확대시키는 위험도 갖고 있다. 레버리지를 활용해서 성공한 사례가 조지 소로스다. 조지 소로스는 파운드 폭락에 레버리지를 활용해 크게 베팅했다. 당초에 측근이 40억 파운드의 매도 주문을 내자고 제안했다. 하지만 그는 100억 파운드를 내질렀고 결국 영란은행의 항복을 받아냈다. 이 한 번의 거래로 그는 10억 파운드를 벌었고 헤지펀드의 황제로 등극했다.

하지만 높은 레버리지는 하루아침에 빈털터리가 되는 끔찍한 실패 스토리도 만든다. 따라서 스케일 업은 적절하고 효과적인 위험 관리 시스템을 반드시 동반해야 한다. 한때 3백만 킬로그램의 은을 보유했던 헌트 형제가 대표적인 위험 관리 실패 사례다. 당시 넬슨 헌트와 윌리엄 헌트는 은 시장을 좌지우지하는 큰손이었다. 과도한 차입으로 조달한 자금을 기반으로 은 구매를 늘려서 은 가격을 11달러에서 50달러까지 올리며 막대한 부를 축적했다. 하지만 뉴욕 금속시장규제위원회가 마진율을 올리자 은 가격이 폭락하면서 은을 팔 수밖에 없게 되었고 결국 파산하고 말았다.

넷째, 적절하고 효과적으로 리스크를 관리해야 한다. '손절매'(stop-loss)는 잘 알려진 리스크 관리전략이다. 손실의 규모를 일정한 한도 내에서 관리하는 전략이다. 몰빵 전략을 택하면 운 좋은 경우에는 큰돈을 벌 수 있다. 하지만 하루아침에 전 재산을 날릴 수도 있다. 과도한 레버리지와 빈번한 거래가 외환시장에서 망하는 가장 흔한 원인이다. 과도한 레버리지는 투자자 자신이 시장을 이길 수 있다는 과신에서 비롯한다. 만일 50배의 레버리지를 활용한다면 예상과 반대로 나타난 2%의 시장 변화만으로도 전 자산을 날리게 된다.

빈번한 거래도 마찬가지로 실패로 가는 길이다. 자본을 잠식한다. 거래할 때마다 스프레드 차이와 거래수수료를 부담해야 한다. 확률이 동일한 게임에서 계속 베팅을 하면 결국 게임운영자만이 승자가 된다. 그 예를 들어보자. 주사위를 던져서 짝수가 나오면 A가 B로부터 10원을 받고 홀수가 나오면 반대로 A가 B에게 10원을 주는 게임을 생각해보자. 그리고 주사위를 던질 때마다 게임운영자인 C는 각 게임의 승자로부터 2원을 받는다고 하자. A와 B가 각각 판돈 100원으로 참가해 이 게임을 100번 한다면 A와 B는 모든 돈을 C에게 지불하게 된다. 과도한 레버리지와 빈번한 거래는 자살행위나 마찬가지다.

리스크 관리의 소홀이 재앙으로 이어진 사례가 롱텀캐피털매니지먼트(LTCM)의 경우다. 1994년에 설립된 LTCM은 당시 헤지펀드로서 최고의 경쟁력을 갖추고 있었다. 경영진에는 옵션 가치 모형에 대한 연구로 노벨 경제학상을 수상한 마이런 숄즈[46]를 비롯한 자타가 공인하는 업계의 능력자들이 포진해 있었다. 자체 현금도 풍부했다. 투자은행들은 앞다투어 LTCM과 거래하려고 안달이어서 유동성도 풍부했다. 그들의 거래 모델은 최고로 평가되었다. LTCM의 투자전략 가운데 하나는 만기와 약정금리가 동일한 신규채권과 구채권을 교차판매하는 것이었다. 신규채권을 팔고 동시에 구채권을 사는 전략이었다. 신규채권은 유동성이 높아서 구채권에 비해서 프리미엄을 받고 팔 수 있었다. 만기가 같고 약정금리가 같으므로 이론적으로 만기가 가까워지면 두 채권의 가격은 동일하게 수렴한다. 시장도 그렇게 작동하는 듯했다. 위험은 없어 보였다. LTCM은 대규모 차입을 통해 거래했고 사업을 확대할 수 있었다.

하지만 LTCM의 투자전략, 자산보유 및 자금상황이 알려지면서 시장은 민감하게 반응했다. 투자자들은 신규채권을 대량으로 구입하고, 구채권을 투매했다. 이로 인해서 만기가 도래해도 신규채권과 구채권의 가격수렴은 발생하지 않았다. 대출해준 은행들이 자금을 회수하자 LTCM은 결국 파산했다. LTCM은 성공의 조건을 완벽하게 갖추고 있었다. 정밀한 분석과 전략이 있었다. 이를 기반으로 상대적 강점을 지녔다. 그리고 상대적 강점을 스케일링 업도 했다. 무엇이 잘못되었을까? 그들은 극히 작은 확률이지만 블랙 스완이 나타날 가능성에 대비하지 않았던 것이다.

리스크 관리의 소홀로 파산한 또 다른 사례가 MF글로벌이다. 2011년 MF글로벌의 파산은 전 세계 금융시장에서 역대

10번째로 규모가 큰 파산이었다. MF글로벌의 파산은 공동 CEO인 존 코자인의 무리한 확장이 원인이었다. 코자인은 골드만삭스의 CEO였고, 뉴저지 주지사를 역임한 카리스마적인 경영인이었다. 회사에는 그를 견제할 이사도, 감사도 없었다. 그는 MF글로벌을 제2의 골드만삭스로 키우려는 야망으로 불탔다. 대규모 레버리지를 활용해 매칭 환매거래를 했다. 금리가 낮은 국채를 사들이고 이를 담보로 자금을 대출받아서 금리가 비싼 채권을 사는 전략이었다. 금리 차이만큼 고스란히 수익이 되었고 막대한 부를 쌓았다. 하지만 유럽 재정위기가 발발하자 스페인, 이탈리아, 포르투갈의 국채 가격은 곤두박질쳤고 MF글로벌의 자산상태는 흔들렸다. 결국 MF글로벌의 주가는 폭락하고 투자자들이 투자금을 빼가기 시작하자 파산을 맞게 되었다. 자신이 시장보다 스마트하다고 믿었던 CEO의 과신이 초래한 또 다른 실패 사례였다.

전설의 외환투자자들

조지 소로스 : 글로벌 거시경제 투자전략

여기에서 전설적인 외환투자자로 널리 알려진 세 사람의 투자전략을 살펴보기로 한다. 이들은 서로 다른 투자전략을 활용해서 외환투자로 큰 부를 축적했다. 그들이 활용한 투자전략은 달랐지만 공통점이 있었다. 끊임없는 연구 분석 그리고 철저한 자기절제다. 작은 성공에 안주하지 않고 지속적으로 투자전략을 업그레이드하고 이를 철저하게 따르고 지켰다.

먼저 살펴볼 인물은 '외환투기'의 상징처럼 알려진 조지 소로스다. 1992년 9월 16일, 소로스가 영국 파운드화의 하락에 베팅해서 영란은행을 상대로 10억 파운드를 번 일화는 외환투자를 꿈꾸는 사람들에게는 전설이다. 그는 헝가리계 유대인으로 태어났다. 부유한 변호사였던 부친은 1947년 헝가리가 공산화되자 소로스를 영국으로 보냈다. 소로스는 런던정경대학을 다녔다. 여기서 『열린 사회와 그 적들』의 저자 칼 포퍼 교수를 만나서 그의 철학에 심취했다. 하지만 경제학에 관해서는 원론 정도만 맛본 소로스였다. 그가 오랜 전통과 명성을 다져온 영란은행에 맞서서 이기리라곤 누구도 예상하지 못했다. 다윗이 골리앗을 이긴 것이다. 이날은 '검은 수요일'로 불린다.

이 사건이 벌어지기 2년 전인 1990년에 영국은 유럽환율메커니즘(ERM)에 가입했다. ERM은 유럽 국가(그리스를 제외한 11개 EC회원국)들의 환율 안정을 목적으로 1979년에 시작되었다. 여기에 가입한 국가들은 자기 나라의 환율을 일정 범위 내(파운드와 리라는 ±6%, 다른 통화들은 ±2.25%)에서 유지할 의무가 있었다. 하지만 산업 경쟁력, 물가 상승률, 경상수지 등이 다른 나라들이 일정한 환율관계를 유지하기란 사실 불가능하다. 따라서 균열은 불가피했다. 이탈리아는 1992년 9월 14일 환율 하락 압력에 굴복해서 리라화 환율을 7% 인상(가치 절하)했다. 그다음 차례는 영국이었다. 영국은 환율 인상에도 불구하고 파운드화의 절하 압력이 지속되자 투기세력에 백기를 들고 ERM을 탈퇴할 수밖에 없었다. 이 과정에서 소로스의 영웅담과 검은 수요일이 나온 것이다.

소로스는 1969년 퀀텀펀드를 세웠다.[47] 자본금 400만 달러로 시작된 퀀텀펀드는 불과 16년 만인 1985년 이미 10억 달러로 몸집을 키웠다. 그는 거시경제 분석에 기초해서 전 세계 주식, 채권, 외환, 원자재 등에 투자했다. 주식시장이 그의 주무대였다. 초기에 소로스는 주식 애널리스트로 명성을 날렸지만 점차 주식 세일즈맨으로, 그리고 직접 주식에 투자하는 투자자로 변신했다. 1인 3역이었다. 조지 소로스는 개별 기업이나 상품보다는 철저히 거시경제를 분석해서 투자하는 투자자였다.

그는 시장이 기본적으로 '재귀성'에 따라서 움직인다고 본다. 재귀성은 자연과학과 대비되는 사회과학의 기본원리다. 관찰자도 사람이고 관찰대상도 사람이다. 그래서 관찰자는 관찰대상에 영향을 주고, 반대로 관찰대상은 관찰자에게 영향을 준다고 본다. 한마디로 "우리의 현실에 대한 인식이 현실 자체에 영향을 주고, 그 현실은 다시 우리의 인식에 영향을 준다"로 요약된다. 소로스는 재귀성 때문에 경제가 경제학의 효율적 시장 가설과 다르게 움직인다고 믿었다. 경제학에서는 시장이 자동적으로 균형을 찾아간다고 보지만 소로스는 시장이 극한과 극한을 오간다고 보았다. 시장은 불균형이 일상적이고 폭등과 폭락을 반복한다고 본 것이다.

소로스는 금융시장 참여자들을 시장 평균보다 높은 수익을 올리려는 사람들로 보았다. 이러한 참여자들은 강한 편향성을 형성하고 이러한 편향성이 실물에 영향을 준다. 그리고 가격은 실물을 반영해서 움직인다. 이러한 결과는 편향성을 정당화하고 강화시켜서 추종하는 세력이 동참한다. 시장에서 추세로 굳혀진다. 하지만 결국 이러한 추세에는 오류가 있다고 밝혀지고 추세는 역전되어 반대로 움직인다. 이 과정에서 시장보다 먼저 추세의 역전 시점을 찾아내서 추세와 반대로 투자를 하면 큰 이익을 볼 수 있다. 소로스는 이러한 관점에서 투자 시점과 회수 시점을 잡았다.

투자 성공의 비결은 시장에서 오류를 잡아내는 힘이었다. 파운드 환율의 문제점은 1990년 영국의 ERM 가입에서부터 잉태되었다. 1파운드를 2.95마르크에 고정시켰다. 파운드가 지나치게 고평가된 것이다. 영국은 수출 부진으로 고전을 면치 못했다. 정치적으로 '강한 파운드'를 원하는 정치인들의 과욕이 반영된 결과였다. 이런 와중에 통일 독일은 인플레를 잡기 위해 금리를 인상했다. 이로 인해 독일 마르크화는 더욱 강세를 나타냈다. 반면에 영국은 금리 인상을 할 수 없는 상황이었다. 정치적으로 금리 인상은 집권당인 보수당에게는 자살행위나 마찬가지였다. 금리 인상은 그렇지 않아도 신음하는 영국 기업들의 목을 조를 것이 뻔했다. 모기지로 집을 산 가계들도 이자 부담으로 신음하고 있었다.

영국의 선택은 둘 중 하나였다. 파운드 환율을 인상하거나 아니면 금리를 올리는 것. 하지만 영국은 제3의 길을 선택했다. 독일로 하여금 금리를 인하하도록 요구했다. 9월 14일 월요일, 독일은 금리를 0.25%p 내렸다. 그러나 그 효과는 하루를 넘기지 못했다. 오히려 외환투기자들은 파운드화를 팔고 독일 마르크화를 샀다. 영국 정부는 9월 15일 화요일 긴급회의를 열고 10억 파운드를 매입하는 시장개입을 통해서 파운드 환율을 사수하기로 의결했다. 하지만 그즈음에 독일의 슐레진저 재무상이 영국과 이탈리아의 환율 인상을 암시하는 보도가 나왔다. 10억 파운드로는 파운드 환율 하락을 방어할 수 없었다.

9월 15일 수요일, 개장과 함께 파운드 매도가 쏟아졌다. 그리고 '올드 레이디'(old lady)가 쏟아져 들어오는 매물을 받았다. 올드 레이디는 영란은행의 별명이다. 불과 한 시간 만에 영란은행은 쏟아지는 매물을 받아내느라 10억 파운드를 소진했다. 실탄을 거의 소진한 영란은행은 재무부에 금리 인상을 요청했다. 이에 존 메이저 수상은 금리를 12%로 올리는 결정을 내렸다. 오전 11시였다. 소로스는 이미 40억 달러 규모의 파운드를 팔았다. 그는 금리 인상 소식을 듣고 파운드 환율 인상이 다가왔음을 감지했다. 고지가 바로 눈앞에 다가와 있다는 확신을 얻었다. 100억 달러를 더 매도할 준비가 되어 있었다. 금리 인상 발표 후 더욱 거세게 파운드화 매물이 쏟아졌다. 같은 날 2시 15분, 추가 금리 인상이 발표되었다. 금리를 다시 15%로 인상한 것이다.

시장은 소로스의 매도에 동참했다. 영란은행이 이미 150억 파운드를 샀지만 매물은 계속 쏟아졌고 남은 40억 파운드로는 환율을 방어할 수 없었다. 남아있는 영국의 선택은 ERM 탈퇴밖에 없었다. 영란은행은 환율방어를 포기했다. 영란은행이 매입을 그만두자 시장에서 파운드화를 매입할 주체는 보이지 않았다. 파운드 환율은 자유낙하하면서 파운드당 2.90마르크에서 2.40마르크로 급락했다. 파운드의 환율 하락은 이윤을 실현하려는 파운드화 매도세가 등장하면서 멈추었다.

잔치가 끝났다. 소로스와 추종자들은 사냥감을 즐겼다. 희생자는 영란은행이었다. 단 하루 동안에 외환시장에서 150억 파운드를 샀고, 30억 파운드의 손실을 보았다. 가장 큰 승리자는 소로스였다. 100억 파운드를 매도해서 약 10억 파운드를 벌었다. 10%의 수익률을 올린 셈이다. 이를 얻는 데 단 반나절이 걸렸을 뿐이다.

조지 소로스에게는 '자선사업가' 또는 '금융투기꾼'이라는 상반된 평가가 늘 따라다닌다. 그는 자신의 원대한 꿈을 자주 이야기한다. 자선사업으로 좀 더 나은 세상을 만들고 싶은 꿈이었다. 그는 민주주의 원칙이 지켜지고 인권이 보호받으며 법의 원칙이 준수되는 '열린 사회'를 열망했다. 그의 자선사업은 러시아, 중국, 헝가리, 남아프리카공화국 등 폐쇄적인 권위적 국가를 대상으로 한다. 그가 세운 자선단체의 이름은 '열린사회재단'이다. 그는 지금까지 250억 달러 이상을 벌었고, 그 가운데 80억 달러를 기부했다고 한다.

그는 무자비한 투자자이기도 하다. 약점을 보면 어김없이 끝까지 물고 늘어졌다. 1992년 영란은행의 손실은 고스란히 영국 국민의 세금이 되었다. 그는 국민의 세금을 가로챈 투기꾼으로 비난받았다. 1997년 아시아 외환위기 때는 말레이시아 링깃화, 태국 밧화를 투매해서 통화위기의 주범으로 비난받았다. 본인 스스로 도덕적인 면과 비도덕적인 면을 동시에 지녔다고 자평하는 조지 소로스. 대학 시절 심취한 칼 포퍼의 『열린 사회와 그 적들』에서 절대적인 선도, 절대적인 악도 없다는 인생철학을 배운 것은 아닐까?

존 헨리 : 기술적 투자전략

존 헨리는 세계적인 스포츠클럽의 구단주다. 하지만 한창
때는 외환투자자로 명성과 부를 쌓았다. 외환시장에서는 '냉
철한 투자자'로 정평이 나 있다. 그는 1984년부터 2004년까
지 20년 동안 연평균 30% 넘는 수익률을 올렸다. 1987년에는
252%의 수익률을 달성했다. 2012년 이후에 투자 일선에서
물러나서[48] 취미인 스포츠 사업으로 관심을 돌렸다. 1992년
뉴욕 양키스를 인수했다가 2004년에 비싼 값에 넘긴 경력도
있다.

그는 보스턴 레드삭스 야구팀과 영국 리버풀 축구클럽의
소유주다. 2002년에 인수한 보스턴 레드삭스는 2004년과
2007년에 두 차례 월드시리즈에서 우승했다. 레드삭스의 월
드시리즈 우승은 1918년 우승 이후 86년 만의 쾌거였다. 리버
풀 축구팀 인수도 성공적이다. 2010년에 인수한 리버풀 축구
클럽은 2018~19년 시즌에는 영국 프리미어 리그 우승 일보
직전에서 좌절했지만, 유럽 챔피언스 리그에서 우승을 차지
했다. 마침내 2019~2020년 시즌에서 프리미어리그 우승도
거머쥐었다.

헨리는 대학을 중퇴하고, 아버지가 운영하는 농장에서 일
했다. 가족이 경작하는 콩, 옥수수, 밀 등 농작물의 가격 변동
위험성을 피하기 위해 선물거래를 했다. 그의 인생이 바뀐 건

1980년 여름에 노르웨이로 휴가를 가면서였다. 휴가 중에 상품선물을 규칙적으로 사고파는 '추세 추격 투자모델'을 고안했다. 휴가에서 돌아와 모델이 제대로 작동하는지를 검증하는 데 아홉 달을 보냈다. 과거 가격 자료를 바탕으로 모델의 우수성을 확인했다. 컴퓨터 성능이 좋지 않았던 당시로서 방대한 과거 자료를 통한 검증은 힘든 과정이었다. 그의 성공은 이러한 철저한 검증으로부터 잉태되었다.

자신감을 얻은 그는 1981년 투자회사인 존 W. 헨리 & 컴퍼니를 설립했다. 그는 주관적인 판단을 일절 배제하고 기계적인 투자를 했다. 결정은 모델이 하고 사람은 거래를 실행하는 방식이었다. 추세가 변하지 않는 시장에서 큰 수익을 올렸다. 일반적으로 투자자들은 이익이 나면 금방 이익을 실현하는 성향이 있다. 이러한 성향은 큰 수익을 올리는 데 가장 큰 걸림돌이다. 그의 모델은 계속적으로 추세를 따르기 때문에 높은 수익을 올릴 수 있었다. 추세 추격 투자는 추세가 자주 바뀌는 시장에서는 실적이 좋지 않다는 단점도 있다. 하지만 투자 규모나 위험 관리를 공식에 따라 하기 때문에 큰 손실을 피할 수 있었다.

기술적 투자의 성공 요인은 '흔들리지 않는 신뢰', '일관성 유지' 그리고 '원칙 고수'다. 헨리의 성공은 개발한 투자 시스템에 대한 무한한 신뢰 그리고 원칙을 지키는 자기절제에서 기인했다. 투자자의 주관적인 감정이나 판단이 개입되지 않도록 통제했다. 무엇을 사고 무엇을 팔 건지, 언제 사고팔 건지, 어느 규모로 사고팔 건지, 얼마나 추가 베팅할 건지, 언제 손절매할 건지, 언제 이익을 실현할 건지 하는 결정은 모두 시스템이 한다. 기술적 투자모델은 과거 자료를 활용해 그 성능이 확실히 증명된 것들이다. 문제는 그 적용에 '사람'이 개입한다는 것이다. 존 헨리가 뛰어난 것은 이 '사람'이라는 비합리적인 요소를 철저하게 배제시킨 점이다. '사람'이 완벽한 투자전략을 망치는 요인이라는 점을 알고 이를 실천했다.

기술적 투자는 상당히 위험한 투자전략이다. 언제든지 손실이 날 가능성이 크다. 반면에 수익은 크다. 그래서 마음 약한 투자자들은 기술적 투자를 해서는 안 된다. 인내와 자기절제를 겸비한 투자자들만이 기술적 투자를 할 수 있다. 헨리도 그랬다. 그의 투자회사가 관리하는 프로그램의 하나인 Financial and Metals Program의 자산 규모는 출시한 1984년 당시에 10만 달러에 불과했지만 1987년에는 무려 252%의 수익률을 올리는 등 선방하면서 1997년에는 13억 달러로 늘었다. 하지만 2001년에는 다시 2천5백만 달러로 축소되는 어려움을 겪었다. 최고치 대비 무려 1/50로 줄었다. 아찔한 롤러코스터를 탔다고나 할까. 아마 웬만한 투자자는 심장마비로 사망했을 것이다.

헨리의 투자 시스템도 매번 성공한 것은 아니었다. 하지만 그는 자신이 개발한 시스템에 대한 확신이 있었다. 그리고 원칙을 지켰다. 손실이 날 때 시스템에 심어놓은 손절매 원칙을 따랐다. 우리가 존 헨리에게 배워야 할 점 가운데 하나가 바로 이 '손절매'다. 손실이 일정 규모를 넘어서면 손해를 감수하고 매도하는 것이다. 회복 불가능한 큰 손해를 피하기 위함이다. 기술적 투자로 성공한 존 헨리도 투자의 40%만이 성공하고 60%는 실패했다. 이런 승률을 가지고도 존 헨리가 큰돈을 번 이유는 뭘까? 성공한 투자에서는 큰 수익을 올리고 반대로 실패한 투자는 손절매로 작은 손실로 국한시켰다는 점이다. '수익을 올리는 투자는 계속 유지하고 손실을 보는 투자는 멈추라'라는 투자 원칙은 누구나 다 알고 있지만 실천이 어렵다. 존 헨리는 이 원칙을 가장 철저하게 고수한 투자자라 할 수 있다.

헨리는 여섯 가지 투자 철학을 강조했다. 첫째, 투자의 왕도는 없다. 둘째, 자기절제가 천재성보다 중요하다. 셋째, 끈기가 재능보다 중요하다. 넷째, 성과가 능력보다 중요하다. 다섯째, 가치를 만드는 능력이 창의성보다 중요하다. 여섯째, 가치를 만드는 새로운 방법을 항상 찾아라.

마지막 원칙이 그의 인생 행로를 바꾼 건 아닐까? 금융시장에서 더 이상 새로운 방법을 찾지 못한 헨리는 마침내 투자자로서의 길을 접고 스포츠계로 발길을 돌렸다. 추세를 따르는 그의 투자전략은 추세가 자주 바뀌는 최근의 투자환경에는 맞지 않는 측면이 있다. 헨리다운 과감하고 원칙에 맞는 결정이었다.

제임스 사이먼스 : 재정거래 투자전략

인류사에서 재정거래는 오랜 역사를 가지고 있다. 재정거래는 동일한 물건을 가격이 서로 다른 시장에서 사고팔아 이익을 취하는 거래다. 가격 차이를 활용해서 이익을 취한다. 무역은 그 자체가 재정거래다. 엄밀한 의미에서 동시에 사고파는 건 아니지만, 한 국가에서 상품을 싸게 사서 다른 나라에서 비싸게 파는 거래다. 실크로드는 동양의 향신료, 비단, 금속을 서양으로 이동시키는 재정거래의 통로였다.

은행의 예금수취와 대출도 일종의 재정거래로 볼 수 있다. 은행은 낮은 금리로 예금을 받아서 높은 금리로 대출을 한다. 그 금리 차이가 은행의 수익이 된다. 오늘날 재정거래는 보다 수월해지고 보편화되었다. 전화 한 통화 또는 마우스 클릭으로 거래가 성사된다. 무역이나 금융대출은 시차를 두고 거래되므로 손해를 볼 위험이 있다. 하지만 사고파는 거래가 동시에 이루어지면 손해를 볼 위험성은 없다.

제임스 사이먼스는 전 세계적으로 가장 성공한 퀀트펀드로 인정받는 르네상스 테크놀로지라는 투자회사를 설립한 명실상부한 퀀트 킹이다. '퀀트'란 계량적으로 금융시장을 분석해서 투자상품을 만드는 사람들을 말한다. 수학, 물리학, 컴퓨터공학 등 수학적 논리와 분석을 활용한다.

사이먼스는 수학자이자 암호해독 전문가였다. 미국계 유대인으로서 수학과 논리에 관심이 많았다. MIT 대학에서 수학을 전공했고 버클리 대학에서 수학 박사학위를 취득했다.

하버드 대학과 MIT에서 수학을 가르치기도 했다. 잠시 국가 안보국 산하의 방위분석연구소에서 암호해독 업무를 했다. 1968년에는 스토니브룩 대학에서 수학과 교수로 재직했다. 10년 동안 수학과 학생들을 양성했고 이들 가운데 일부 졸업생은 나중에 그의 투자회사에 합류했다. 1976년에는 기하학 분야에 기여한 공로를 인정받아서 미국 수학자협회로부터 베블런상을 수상했다.

1977년에 레너드 바움과 함께 모네메트릭스를 설립했다. 1982년 설립한 르네상스 테크놀로지의 모체였다. 레너드 바움은 암호해독의 전문가로 사이먼스가 방위분석연구소에서 일할 때의 동료였다. 이 둘은 금융시장의 방대한 자료를 분석해서 숨은 유형을 찾았다. 그리고 이 유형의 재출현 확률을 계산했다. 기하학자와 암호분석가의 협업은 금융시장의 수수께끼를 풀고 시장을 이길 수 있는 무기였다.

재정거래의 생명은 속도다. 르네상스 테크놀로지가 장기적으로 고수익을 지속적으로 내는 이유 가운데 하나는 실행력의 속도를 높인 점이다. 가장 강력하고 성능이 좋은 컴퓨터를 통해서 신속한 거래를 했다. 유동성 공급은 몇 분의 1초 단위로 가능했다. 거래도 채 1초가 안 되는 초단기 거래를 했다. 그만큼 시장에 대한 거래는 더욱 규모가 커지고 빈번해졌다. 외환시장은 재정거래가 일어나는 시장이다. 그 거래 규모도 엄청나다. 소시에테 제너럴은 1999년 1월 4일 유로화가 출범하자 재정거래를 통해 막대한 이득을 보았다. 사이먼스는 유로화와 스위스 프랑 사이의 재정거래에서 막대한 이득을 취했다.

재정거래가 늘 유리하고 큰 수익을 올리는 건 아니다. 한 번의 거래에서 벌어들이는 수익은 작다. 그래서 거래 규모가 커야 한다. 거래 규모가 줄어들면 수입이 비용에 못 미칠 수도 있다. 대규모로 거래하다 보면 때때로 유동성 부족에 직면하기도 한다. 투자자들이 맡긴 투자금을 회수하면 위기에 봉착한다. 유동성이 부족하게 되면 파산할 수도 있다.

재정거래에는 늘 새로운 진입자가 있다. 그래서 경쟁이 치열하다. 또한 재정거래는 감독당국으로부터 규제를 받는다. 재정거래는 백해무익하다는 비난을 받기도 한다. 특히 시장의 변동성을 증폭시킨다고 인식되어 감독당국의 감시와 규제 대상이 된다. 정부는 재정거래를 불공정거래로 보는 경향이 있어서 재정거래를 금지하는 예도 있다.

무엇보다 재정거래의 수익성을 위협하는 요소는 재정거래 그 자체다. 장기적으로 재정거래는 시장의 비효율성을 제거해서 효율적인 시장을 만드는 힘이 있다. 이로 인해서 재정거래를 통한 수익 획득 여지는 줄어들 수밖에 없다. 따라서 장기적으로 고수익을 노릴 수 있는 재정거래는 없다.

이런 한계에도 불구하고 사이먼스는 르네상스 테크놀로지를 최고의 퀀텀펀드로 키웠다. 대표 펀드 가운데 하나인 메달리온 펀드는 1990년 불과 1천 달러로 출범했으나 27년 뒤인 2016년에는 1,300만 달러 규모로 성장했다. 천문학적인 장기적인 수익률이었다. 단 한 해도 손실을 보지 않았고 매년 21~98%의 수익률을 올렸던 것이다. 어느 펀드도 장기적으로 이보다 높은 수익을 올리지 못했다.

수학 실력이 금융공학 시대의 원천이라고 생각하는 사이먼스는 이미 2004년 비영리단체 '미국을 위한 수학'(Math for America)을 세운 바 있다. 투자 일선에서 한발 물러난 그는 미국 학생들의 수학 실력을 높이는 공익사업에 힘을 쏟고 있다.

5 장

외환당국은 왜 외환시장에 개입할까

최적환율을 찾아서

최적환율은 경제에 딱 맞는 옷

외환당국에게 최적환율(적정환율이라고도 한다)은 중요한 의미가 있다. 경제에 딱 맞는 옷이기 때문이다. 최적환율은 한 나라 경제가 대내균형과 대외균형을 동시에 달성했을 때의 환율이다.[49] 대내균형은 완전고용과 물가 안정으로 대표되고, 대외균형은 적정 수준의 경상수지 달성을 의미한다. 너무 낮은 환율은 경제에 너무 큰 옷이고, 너무 높은 환율은 경제에 너무 작은 옷이다. 현재의 환율이 경제에 맞는지를 판단하는 기준이 되는 게 최적환율이다

현실적으로 대내균형과 대외균형을 '동시에 충족시키는 환율'이 존재하지 않는 경우가 많다. 대내균형이 우리 몸의 하체라면 대외균형은 상체다. 어떤 원피스는 하체 길이는 맞는데 상체에는 너무 헐렁할 수도 있다. 반대로 상체는 잘 맞는데 하체 길이가 너무 짧을 수도 있다. 상체와 하체 모두 다 맞는 원피스가 없을 수 있다. 이럴 때는 어떻게 해야 할까? 원피스 대신 투피스를 입으면 된다. 재정정책과 통화정책으로

하체(대내균형)를 맞추고, 환율정책을 통해 상체(대외균형)를 맞추는 방법이다. 그렇다고 재정정책, 통화정책, 환율정책이 각각 따로 논다는 건 절대 아니다. 삼자 사이의 정책 조합이 필요하다. 경제성장, 물가 안정, 경상수지의 균형을 동시에 이루기 위해 세 가지 정책이 서로 부응해야 한다.

대내균형이 대외균형을 자동적으로 보장하지 않는다. 반대로 대외균형이 자동적으로 대내균형을 가져다주지도 않는다. 정부가 대규모 재정지출 확대를 통해서 실업사태와 경기침체를 벗어나고자 하는 경우를 생각해보자. 정부가 대규모로 재정지출을 늘리면 경제를 활성화할 수 있다. 하지만 부작용이 있다. 정부지출 확대는 직간접적으로 수입을 유발한다. 정부가 직접 수입하거나 민간의 지출여력이 확대되어 수입수요가 증가하는 것이다. 특히 수입의존도가 높은 국가일수록 수입이 많이 증가한다. 또한 정부지출은 대내수요를 확대시켜서 비교역재를 중심으로 국내 물가가 상승하게 된다. 물가 상승은 국제수지 적자를 확대한다. 대내균형(이 경우에 실업해소와 경기진작)은 어느 정도 달성할 수 있지만 대외부문의 불균형(이 경우에 경상수지 적자)은 오히려 촉발되거나 확대될 수 있다.

반대로, 대외균형(경상수지 적자 해소)에 초점을 맞추어 경기침체 상황에서 소비 또는 투자 등 내수를 위축시키는 거시정책을 펼 경우에 대내균형으로부터는 더 멀어지게 된다. 경상수지 적자를 해소하기 위해서 긴축적인 통화정책을 시행하기로 했다고 하자. 긴축적인 통화정책의 일환으로 금리를 인상하면 소비, 투자 등의 국내 지출이 줄어들고 이에 따라 수입수요도 줄어들게 된다. 그리고 금리 인상이 해외 자본 유입을 유도해서 자본수지를 개선시킬 수도 있다. 하지만 그렇지 않아도 침체된 국내 경기에 찬물을 끼얹을 위험이 있다.

일반적으로 대외균형은 '국제수지가 균형'된 상태를 말한다. 하지만 최적환율의 관점에서는 대외균형을 '적정 수준의 경상수지'를 유지하는 상태로 정의한다. 왜 국제수지가 아니고 자본수지를 뺀 경상수지를 대외균형의 기준으로 삼을까? 국제수지는 경상수지와 자본수지의 합이다. 자본수지 흑자는 당장은 외환을 공급하지만 장기적으로는 외환 유출로 이어질 가능성이 크다. 예를 들어서 외국인이 우리 주식을 사거나 채권을 사면 당장은 외환이 유입되지만 투자회수 시점이 되면 외화 유출로 이어진다. 해외 직접투자는 주식이나 채권 투자와는 달리 단기간에 급격하게 이동하지는 않지만 언제든지 투자회수로 이어질 수 있다는 점에서는 동일하다.

한편 대외균형은 경상수지 균형(경상수지=0)이 아니고 '적정 수준'의 경상수지로 정의한다. 도대체 '적정 수준'의 경상수지는 어느 수준일까? 흔히 우리는 경상수지 흑자는 좋고, 경상수지 적자는 무조건 나쁘다고 생각한다. 경상수지 흑자는 클수록 좋다는 것도 같은 맥락이다. 정말 그럴까? 경상수지가 흑자라는 것은 우리 경제가 더 많은 상품이나 용역을 수출하고 외국 상품이나 용역은 덜 수입했다는 의미다. 다시 말하면 우리 경제가 생산한 가치보다 덜 소비했다는 의미다. 지속적으로 대규모로 생산한 재화보다 덜 소비하는 건 문제가 있다. 전체 국가 경제로서도 그리고 개별 국민의 입장에서도 손해다.

우리는 무의식적으로 '적정 수준의 경상수지'를 '경상수지 흑자'와 동일시한다. 하지만 국가마다 다르다. 어떤 나라에서는 적정 수준의 경상수지가 경상수지 적자를 의미한다. 경상수지 흑자가 좋은가 아니면 적자가 좋은가는 각 나라의 경제 상황에 따라 다르다. 경상수지 적자도 그 나라 경제가 처한 상황에 비추어서 바람직한 경우도 있다. 경상수지는 한 나라의 총저축과 총투자의 차이와 같다.[50] 저축한 것보다 더 많이 투자하는 나라는 해외로부터 수입할 수밖에 없다. 한창 경제성장 단계에 있는 개도국의 경우, 상대적으로 많은 투자수요를 해외자금으로 충족하는 것이 자연스럽다. 우리나라는 1960~70년대에 만성적인 경상수지 적자를 기록했다. 경제성장에 필요한 투자재원을 해외로부터 수입했기 때문이다. 만일 경상수지 균형을 고집해서 투자에 필요한 수입을 막았다면 장기적으로 경제성장에 바람직하지 않았을 것이다.

선진국은 반대다. 일본과 독일 등 일부 국가는 예외이지만 선진국들은 소비가 저축을 상회하고 이는 경상수지 적자로 나타난다. 미국이 전형적인 케이스다. 미국 정부가 달러화 가치를 내려서 국민의 소비를 수입상품으로부터 국산품으로 전환시키고 경상수지 흑자를 도모하는 게 바람직할까? 경상수지 적자는 어느 정도 줄일 수 있을 것이다. 하지만 이전보다 높은 가격으로 소비해야 하는 미국 소비자들은 불만일 것이다. 달러 가치 하락이 초래할 수입가격 상승으로 인한 물가 상승 압력도 문제다. 달러 가치 하락을 수단으로 경상수지 적자를 완전히 해소하려는 미국 정부의 정책은 더 큰 문제를 야기한다.

그렇다면 최적환율은 어떻게 구할 수 있을까? 모두가 동의하는 최적환율 결정 모델은 정립되어 있지 않다. 대부분 국가에서 정부 또는 중앙은행이 자체 추정모형을 통해 최적환율을 구한다. 여러 방법을 통해 추정된 최적환율 수준을 평균 내거나 구간을 구하기도 한다. 하지만 불문율처럼 대외공표는 하지 않는다. 외환투기자들의 투기가 우려되기 때문이다.

최적환율을 찾는 방법은 여러 가지다. 대외경쟁력에 초점을 맞추어 최적환율을 찾는 방법은 '실질실효환율 접근법'이다. 물가 상승률을 감안했을 때 자국 수출품의 대외경쟁력이 높아지지도 낮아지지도 않은 환율이 바람직하다는 논리다. 실질실효환율(엄밀한 의미에서는 실질실효환율지수다)이 100보다 낮으면 그 나라 화폐 가치가 교역국들에 비해 낮아졌다는 것을 의미한다. 저평가된 셈이다. 반대로 100보다 높으면 화폐 가치가 높아졌다는 것을 의미한다. 고평가된 셈이다. 따라서 최적환율은 실질실효환율을 100으로 하는 환율(명목환율)이라고 할 수 있다.

이 방법은 환율이 각국의 물가 차이를 반영해서 결정된다는 구매력평가이론에 기초한다. 앞에서 설명했듯이 구매력평가이론은 "환율은 물가 변동에 따른 상대적 구매력에 따라서 결정된다"는 이론이다. 따라서 구매력평가이론이 성립하지 않으면 이 방법에 의한 최적환율 추정치는 설득력이 빈약하다. 앞에서 거론했듯이 환율은 장기적으로는 어느 정도는 물가 변동을 반영하지만 물가 변동과 달리 움직인다. 환율이 구매력 평가를 보장하는 수준에서 이탈하는 이유는 많다. 환율과 관련이 없는 서비스 등 비교역재 부문이 물가에는 결정적 영향을 준다는 것도 그 이유 가운데 하나다. 환율이 금융 분야에서의 자본 이동 등과 관련이 많다는 것도 또 다른 이유다.

다른 방법은 대내적으로 잠재성장률을 달성하고 동시에 대외적으로 바람직한 경상수지를 가능하게 하는 환율을 중요한 변수들(소비, 투자, 물가, 환율) 사이의 관계 추정식을 통해서 찾아내는 방법이다. 이를 '거시경제 균형법'이라고 한다. 이러한 접근법은 이론적 기반이 탄탄하지만 경제 변수 사이의 관계식 추정이 어렵다는 약점이 있다. 대표적으로 피터슨 연구소가 이 방법에 의거해서 2011년 발표한 최적환율을 보면 우리나라를 비롯한 중국, 일본, 인도 등의 환율이 저평가되고 있는 것으로 나타났다. 이 방법은 개념상으로는 우수하지만 실제로 중요한 변수 사이의 관계를 추정하는 것이 주관적이어서 추정된 최적환율이 연구자마다 크게 다르다.

이를 보완한 방법이 '행태적 균형환율 접근법'이다. 환율에 영향을 미치는 다양한 변수와의 관계를 알려주는 행태방정식을 추정해서 최적환율을 도출한다. 고려되는 변수는 경상수지, 대외개방도, 대외채무, 순대외자산, 생산성, 교역조건, 내외 금리차 등이다.[51] 이 방법은 '거시경제 균형법'에 비해서 이론적 근거는 약하지만 최근의 변수 사이의 통계적 관계를 추정해서 최적환율을 발견한다.

외환당국, 비쌀 때 사고 쌀 때 판다

모든 투자의 기본은 저점에서 사서 고점에서 파는 것이다. 이 기본만 잘 지키면 투자는 100% 성공한다. 하지만 사람인지라 더 오를 거라는 욕심 때문에 고점에서 사고, 더 내릴 거라는 두려움 때문에 저점에서 파는 경우가 종종 생긴다. 이와는 달리 의도적으로 고점에서 사고 저점에서 파는 경제주체가 있다. 바로 외환당국이다. 외환당국은 환율이 높을 때 외환을 사고 환율이 낮을 때 외환을 판다. 이윤을 노리는 게 아니고 외환시장의 안정을 목적으로 하기 때문이다.

모든 나라의 외환당국은 환율 결정에 알게 모르게 개입한다. 완전히 손을 놓고 있는 나라는 없다. 다만 어느 정도 환율의 변동을 용인하느냐, 어떤 방식으로 개입하느냐 등의 차이가 있을 뿐이다. 다른 국가들의 환율조작을 강하게 비난하는 미국조차도 '약한 달러 선호'를 의도적으로 드러낸다. 한 예로 2019년 2월 트럼프 전 대통령은 "나는 강한 달러를 원하지만 달러가 너무 강해서 다른 나라와 거래할 때 어렵게 하지 않았으면 좋겠다"라고 속내를 드러내기도 했다.

외환당국의 시장개입은 어떤 환율제도를 채택하고 있느냐에 따라서 그 의미가 다르다. 고정환율제도를 채택하고 있는 나라의 경우 외환시장 개입은 외환당국에게는 선택의 문제가 아니고 의무다. 외환시장 개입은 자본 이동의 규모와 방향에 따라 결정되는 종속변수다. 환율 변동을 초래하는 자본 이동을 전면 금지할 수도 있다. 자본 통제는 외국인 투자를 위축시킬 수 있어서 가급적 피한다. 따라서 자본 이동이 환율에 영향을 미치는 경우에 시장개입을 통해 대응할 수밖에 없다. 자본 유입에 따른 환율 절상 압력이 있으면 외환을 매입한다. 반대로 자본 유출이 있으면 외환을 매도해서 목표 환율을 유지한다.

완전한 변동환율제도를 채택하고 있는 나라들도 종종 외환시장에 개입한다. 외환시장 개입에 있어 통화정책과의 일관성을 유지하고 정책금리 조정을 통해 환율 안정을 추구한다. 변동환율제도 국가의 경우 환율을 정책의 중간목표로 내세우지는 않는다. 대신에 기대 인플레이션이나 통화량을 중간목표로 삼는다. 환율은 시장에서 결정되도록 함으로써 대외충격에 대한 완충장치 역할을 한다. 예를 들어, 교역조건의 개선으로 소비 및 투자가 가파르게 증가하고 경기 과열 우려가 있을 때, 환율 절상은 수출품 가격을 높여 순수출을 줄임으로써 총수요를 줄여준다. 환율정책은 환율수준을 타깃으로 하지 않고 다른 경제정책과의 조화를 통해 경제 안정을 유지하는 데 활용된다.

변동환율제도를 채택하면서도 외환당국이 종종 노골적으로 시장개입을 하는 경우도 있다. 환율의 급격한 변동에 따른 무질서한 시장상황이 예상될 경우에 개입한다. 특히 투기세력에 따른 쏠림현상 등으로 환율의 변동성이 심각하게 커지는 경우는 방관할 수 없다. 통화에 대한 시장의 신뢰를 잃어 자본의 급격한 이탈, 통화 가치 급락, 물가 상승 등 거시경제 위기로까지 확대될 위험이 있다. 이러한 목적의 시장개입을 '환율 안정화를 위한 개입(smoothing operation)'이라고 한다.

외환시장 개입의 가장 확실하고 전통적인 방법은 외환당국이 외환시장(우리나라의 경우에 은행간 현물환시장)에 참여해서 외환을 사고파는 것이다. 하지만 외환당국의 시장개입 방법은 다양하다. 구두개입(oral intervention)도 그중 한 가지다. 외환당국자가 환율 변화에 대한 입장을 밝혀서 환율의 방향성을 암시한다. 이를 통해서 시장참여자들이 외환당국이 바라는 방향으로 움직여주길 기대하는 것이다. 2020년 11월, 원/달러 환율이 1,100 아래로 내려앉자 홍남기 부총리는 "원화환율의 한 방향 쏠림이 계속되는 모습이다. 정부는 비상한 경계심을 가지고 현 시장상황을 예의주시하고 있으며 시장안정을 위해서 언제든 적극 대응해나갈 것이다"라고 구두개입성 발언을 했다. 더욱 공격적으로는 외환당국이 생각하는 적정 환율 수준을 언급해서 환율 변동을 유도하는 경우도 있다.

정부의 외환시장 개입[52]은 은연중에 앞서 논의한 최적환율을 타겟팅할 수도 있다. 하지만 외환당국은 결코 속내를 드러내 보이지 않는다. 외환당국은 최적환율의 존재조차 인정하지 않는다. 최적환율을 실현하려는 외환당국은 국제적으로 환율조작이라는 비난을 피할 수 없기 때문이다.

외환시장 개입이 항상 외환당국의 의도대로 성공하는 것은 아니다. 특히 장기적으로 환율을 원하는 수준이나 방향으로 변화시키기는 어렵다. 추세적인 환율의 움직임은 거시경제의 실상을 반영하기 때문에 외환시장 개입을 통해 바꾸기 어렵다. 자칫 막대한 비용만 치를 가능성이 크다. 외환시장 참여자들은 외환당국의 움직임을 주시하면서 외환당국의 제스처에 따르는 것이 일반적인 행태다. 하지만 종종 외환당국과 맞서서 이익을 취하기도 한다. 이 경우에 외환당국은 시장을 이길 수 없다. "시장은 외환당국보다 크다"는 말은 외환정책 담당자들에게는 오래된 교훈이다.

오늘날 외환당국은 내심이야 어떻든 대외적으로는 시장개입의 이유를 '최적환율 유지'가 아닌 '환율변동성 축소'라고 말한다. 정상적인 상황에서 환율은 대외충격을 흡수하는 완충장치 역할을 한다. 하지만 과도한 환율의 움직임은 금융 및 거시경제 충격을 확대시킬 우려가 있다. 특히, 국내 금융시장이 미성숙하고, 외환위험에 헤지 없이 그대로 노출되어 있는 경우에 급격한 환율 변동은 금융위기로까지 확대되기도 한다. 따라서 외환당국은 외환시장 개입을 통해 자국 화폐의 가치 변동 속도를 조절한다는 입장을 견지한다.

벌거벗은 외환당국

2019년 3월 29일, 한국은행의 발표가 외환전문가들의 큰 주목을 끌었다. "외환당국이 지난 6개월간(2018년 7월~12월) 외환 현물환시장에서 1억 8,700만 달러를 순매도했다"는 내용이었다. 그동안 미국과 IMF가 우리 외환당국에 지속적으로 요구한 외환시장 개입 내역 공개를 최초로 받아들인 것이다. 그 전까지 우리 외환당국은 외환시장 개입 정보의 공개가 시장의 변동성을 키울 것으로 우려해서 공개하지 않았었다. 하지만 마치 환율조작을 숨기려는 의도로 오인받는 상황을 고려해서 발표하기로 입장을 선회한 것이다.

외환시장 개입 내역 공개는 오랜 논쟁거리다. 공개하는 것이 바람직하느냐 아니면 비공개가 더 바람직하느냐 하는 논쟁이다. 공개 여부와 공개 방법에 대한 입장은 국가별로 상이하다. 외환시장 개입 공개를 찬성하는 쪽은 대체로 네 가지 순기능을 강조한다.[53] 첫째, 외환시장 개입의 목적과 수단에 대한 정보를 시장에 제공해서, 외환당국의 의중을 시장에 빠르게 전달함으로써 '신호 경로'를 통한 개입효과가 증대된다. 둘째, 외환당국의 책임소재를 분명히 해서 보다 신중한 외환시장 개입을 유도할 수 있다. 셋째, 외환당국의 시장개입에 대한 추정과 루머를 방지해서 불필요한 시장 변동을 막을 수 있다. 넷째, 외환시장 참여자들에게 공평한 경쟁 여건을 부여한다. 일부 은행들이 개입 정보를 미리 알고 시장을 주도함으로써 이득을 취하는 것을 막을 수 있다는 논리다. 미국은

1990년대 초부터 일 단위로 발표하고 있으며 유로존과 일본도 일정 기간이 지나면 개입 자료를 공개한다.[54]

하지만 시장개입 공개를 반대하는 진영의 논리도 만만하지 않다. 시장개입 공개에 따르는 세 가지 리스크를 강조한다. 첫째, 외환당국에 대한 시장의 신뢰 저하 가능성이다. 외환개입이 의도한 효과를 거두지 못할 경우에 외환당국에 대한 시장의 신뢰에 흠이 갈 수 있다. 둘째, 외환시장 개입 정보 공개로 당국의 시장개입 전략이 노출됨에 따라 투기세력의 공격 대상이 될 가능성이 있다. 셋째, 외환당국이 절박한 상황에서 시장개입을 했다는 인상을 줄 수 있고 이 경우에 외환시장은 더욱 출렁거릴 것이다. 이러한 이유로 우리나라를 비롯해서 대다수 아시아 국가들이 외환시장 개입 내역의 공개를 꺼려오고 있다.

중요한 것은 시장개입 공개 방법이다. 시장개입 정보를 매일매일 제공하지 않고 순매입 규모를 일정한 기간이 지난 뒤에 공개한다면 위에서 제시한 부작용은 상당 부분 해결될 것이다. 우리 외환당국도 순매입 규모를 3개월 시차를 두고 공개하기로 했다. 그 내역 공개 주기도 처음에는 반기별로 시작해서 추후에 분기별로 발표한다는 계획이다. 과연 사후적인 시장개입 공개가 향후 어떤 결과를 보여줄지 주목된다. 외환시장 개입 내역의 공개는 외환정책의 투명성을 높인다는 차원에서 원칙적으로 바람직하다. 하지만 이를 계기로 환율정책이 정치적 정쟁으로 비화된다면 득보다 실이 훨씬 클 것이다.

개입과 조작은 한 끝 차이

환율조작은 자국에 유리하게 인위적으로 환율을 높이거나 낮추는 행위다. 무역에서 인위적으로 비교우위를 얻기 위해서다.[55] 환율조작은 대부분 외환시장 개입을 통해서 이루어진다. 하지만 통화정책 또는 금융정책도 환율조작을 목적으로 활용되기도 한다. 예를 들어, 어느 국가가 불공정한 비교우위를 도모하고자 막대한 규모의 통화를 발행하거나, 경상거래나 자본 이동을 제한하는 조치를 취한다면 이는 외환시장 개입은 아니지만 환율조작이다. 아베 정부의 양적완화 정책이 환율조작으로 비난받는 이유다.

반면에 모든 외환시장 개입이 환율조작으로 취급받는 건 아니다. 외환시장 개입은 환율조작 이외의 목적으로 행해지기도 한다. 외환보유액 확충, 환율변동성 축소, 환투기 방어 등 개입의 목적은 다양하다. 어떤 정책을 환율조작으로 분류하기 위해서는 '개입 의도'의 입증이 핵심이다. 하지만 외환당국의 내심을 알기란 불가능하다. 모든 외환당국은 환율조작을 부인한다. 그러다 보니 "조작(manipulation)과 개입(intervention)은 한 끝 차이다"라는 말도 나온다.

환율조작을 판단하는 정립된 이론은 없다. 환율조작이냐 아니냐는 수단과 결과 그리고 의도를 종합적으로 검토하여 판단을 내릴 수밖에 없다. 거시경제 상황, 경상수지 변화, 외환보유액 증감 등을 살펴보아야 한다. 어떤 나라가 고도의 경제성장과 경상수지 흑자를 지속하는 동시에 외환보유액이 적정수준을 상회하면서 가파르게 늘어나거나, 실질실효환율이 하락하는 상황이라면 환율조작을 의심할 수 있을 것이다.

하지만 이 경우에도 환율조작이라고 단정 짓기 어렵다. 해당 국가의 외환당국은 이렇게 주장할 것이다. "끊임없는 구조개혁을 통해 노동생산성을 지속적으로 높여서 경쟁력을 강화한 결과가 경상수지 흑자로 나타났다"라고. 혹은 "예기치 않은 위기에 대비해서 외환보유액을 쌓고 있다"라고. 또는 "경상수지 흑자 이상으로 자본수지 적자가 발생해서 통화가 평가절하되었다"라고. 이런 환율조작은 확인되지 않은 의심에 그칠 가능성이 높다.

외환당국의 환율조작이 항상 성공하는 것도 아니다. 의도된 결과를 보장하지 않는다. 환율조작은 자국 생산품의 가격경쟁력을 높여서 수출을 증가시키는 것을 목적으로 한다. 한 국가 상품의 가격경쟁력은 '명목환율'과 '생산가격'에 의해 결정된다. 외환시장 개입을 통해 명목환율을 올리는 데 성공했다고 치자. 생산가격이 오르지 않는다면 해당 국가 상품의 가격경쟁력은 높아진다. 하지만 명목환율 상승은 수입품의 가격을 상승시키고 나아가 전반적인 물가를 올릴 수 있다.[56] 이에 따라 수출산업에 종사하는 근로자들이 임금 인상을 요청하면서 생산가격이 상승한다. 결국 해당 수출품의 가격경쟁력은 개선되지 않을 것이다.

환율조작으로 수입을 감소시키려는 의도도 성취하기 어렵다. 수입품이 주로 생필품이라고 한다면 수입 감소를 통한 순수출(수출-수입) 증가효과는 제한적이다. 이렇듯 환율 변화가 물가에 미치는 효과가 클수록 외환시장 개입의 순수출 증대효과는 제한된다. 최근에는 상품의 생산단계가 여러 나라로 분산되어 있는 이른바 글로벌 밸류체인의 심화로 환율과 순수출의 관계가 예전보다 약화되고 있다. 점점 가격경쟁력보다는 '비가격경쟁력'이 중요해지고 있다.

환율조작에는 대가가 따른다. 무역분쟁과 상대국의 보복조치다. 상대국의 환율조작으로 자국의 수출산업이 쇠퇴하고 무역수지 적자가 커지며 경기둔화를 겪는 국가는 가만히 있지 않을 것이다. 환율조작으로 맞불을 놓거나 관세 부과, 수입 금지 등 직접적인 무역 제한 조치를 취할 수 있다. 더불어 IMF 등 국제사회로부터 비난과 불이익을 받을 것이다. IMF 협정문은 환율조작을 명시적으로 금지한다. 위반 시에는 자금공여 중단 등 다양한 제재조치가 가능하다. 환율조작의 이익보다 불이익이 더 클 수 있다. 그래서 어느 나라도 환율조작을 드러내놓고 하지는 않는다.

공인 심판 IMF와 비공인 심판 미국

IMF는 환율조작 판단에 있어서 자타가 인정하는 공인 심판이다. IMF 협정문에 환율조작 금지 의무조항이 명시되어 있으며,[57] IMF가 준수 여부를 감시한다.[58] IMF는 회원국 환율정책을 감시할 때 지켜야 할 원칙과 지침을 1977년 채택[59]했고 2007년에 기존의 결정을 수정·보완[60](이하 2007년 결정)했다. 3천 명의 이코노미스트들이 회원국의 환율정책을 포함해서 협정문 준수 여부를 주기적으로 평가한다.

 IMF는 회원국의 외환시장 개입을 전면적으로 금지하지 않는다. 다만 시장개입시 회원국이 따라야 할 네 가지를 권고한다.[61] 첫째, 회원국은 국제수지의 효과적인 조정을 막거나, 다른 회원국에 대해 불공정한 비교우위를 취하는 것을 목적으로 하는 환율조작을 피해야 한다. 다음 두 가지 경우에 해당한다면 '다른 회원국에 대해 불공정한 비교우위를 취하기 위한 목적'으로 간주된다. (i) 회원국이 환율의 현저한 저평가를 확보하기 위한 정책적 노력을 기울이고, (ii) 그 목적이 순수출을 증가시키는 경우다. 둘째, 회원국은 단기적인 환율의 파괴적인 변동 등 무질서한 시장상황에 대응하는 경우에 한해서 외환시장에 개입해야 한다. 셋째, 회원국은 외환시장 개입에 있어서 시장개입의 대상이 되는 통화를 사용하는 나라를 포함해서 다른 회원국의 이해를 고려해야 한다. 넷째, 회원국은 대외부문 불안정을 일으키는 환율정책을 피하여야 한다.

 IMF는 환율조작 판단 기준을 일곱 가지로 제시한다.[62] 첫째, '장기간에 걸친 대규모의 한 방향 외환시장 개입'이다. 둘째, '과도하고 지속적인 외환보유액의 축적'이다. 셋째, '경상거래나 자본 이동에 대한 규제 신설 및 강화'다. 넷째, '자본 이동을 막거나 비정상적인 자본 이동의 움직임을 유도하는 통화 또는 금융정책을 수행'하는 것이다. 다섯째, '환율의 현저한 불균형 상태'다. 여섯째, '대규모 경상수지 적자 또는 흑자의 지속'이다. 일곱째, '갑작스러운 민간자금의 이탈 등을 포함한 유동성 위험 등 대외부문의 취약성이 심각한 경우'다. IMF는 이러한 기준으로 회원국의 환율조작 여부를 회원국과의 연례협의 등을 통해 평가한다.

아직까지 IMF가 특정 회원국을 환율조작국으로 지명한 사례는 없다. 외환시장 개입의 목적이 불공정한 비교우위 확보임을 증명하기가 어렵기 때문이다. 그리고 특정 회원국을 환율조작국으로 지목할 경우 동 회원국에게 부과될 각종 페널티(IMF 자금공여 제한, 회원국 자격 박탈 등)의 심각성 등을 고려한 것이기도 하다. 지금까지 IMF는 정기적으로 이루어지는 연례협의까지 기다리지 않고, 회원국의 환율조작 여부에 대해 보충적 감시체제를 동원한 적이 단 2차례 있었다. 1982년 스웨덴 그리고 1987년 한국이 이에 해당한다. 이 두 사례가 IMF의 환율조작 지정에 가장 근접한 사례였다.

사정이 이렇다 보니 미국은 자체적으로 무역상대국의 환율조작 여부를 평가한다. 선수가 동시에 심판 역할까지 하는 셈이다. 미국은 공인 심판인 IMF 역할이 충분치 않다고 생각한다. 앞서 서술한 바와 같이, IMF는 아직까지 단 한번도 환율조작 판정을 내리지 않았다. 미국은 정황 증거들이 넘치는데도 IMF가 눈감아주고 있다고 생각한다.

미국은 만성적인 경상수지 적자를 왜 이리도 심각하게 다

룰까? 미국이 경상수지 적자를 수용해야 한다는 사람들도 있다. 잘 알려진 바와 같이 미국은 소비 수요가 경제성장의 주축이다. 성장이 소비에 의존하니까 경상수지 적자가 어쩌면 당연할 수 있다. 그리고 미국의 경상수지 적자와 자본수지 흑자는 동전의 양면으로, 미국 국민의 수입 소비를 미국 국채로 지불하는 셈이니 결코 손해가 아니다. 또한 미국은 달러의 기축통화 지위로 인해서 개도국과 달리 외환위기의 위험으로부터도 자유롭다. '약한 달러'는 미국 내 물가 안정에도 바람직하지 않다. 오히려 '강한 달러'가 미국 국민과 기업들의 이해에 부합할 수 있다고 주장하기도 한다.

미국 재무부는 1989년 4월부터 매년 2차례(4월과 10월, 다만 정치적 일정에 따라 발표가 종종 지연된다) '환율보고서'[63]를 발표해오고 있다. 20개 주요 무역상대국의 환율조작 여부를 평가한다. 재무부는 두 가지 법률에 근거해서 평가하는데 평가방법이 서로 다르다. 그 가운데 하나는 1988년 제정된 '무역 및 경쟁 종합법'이다. 상당한 무역 및 경상수지 흑자, 장기간 대규모 한 방향 시장개입, 급격한 외환보유액의 축적, 자본 및 경상거래 통제, 환율의 저평가 수준, 경제성장에 있어 수출에 대한 지나친 의존도 등을 종합적으로 검토해서 판단한다.[64]

지금까지 3개국을 13차례에 걸쳐 환율조작국으로 지정했다(중국 6차례, 대만 4차례, 한국 3차례). 이러한 지정은 주로 1989년부터 1994년 사이에 이루어졌다. 1994년 이후에는 환율조작국 지정이 없다가 2019년 8월, 중국을 환율조작국으로 지정했다(2020년 1월 환율보고서에서 중국을 환율조작국에서 관찰대상국으로 분류했다. 중국의 평가절하 자제 약속을 긍정적으로 인정한 결과였다). 중국과의 관세협상이 지지부진하면서 양국이 보복관세를 부과하는 상황으로 악화되면서 미국은 환율조작국 지정이라는 강공책을 선택했다. '1달러=7위안'이라는 마지노선이 11년 만에 깨지면서 트럼프 대통령이 최강수를 선택한 것이다.

다른 하나는 2015년 제정된 '무역 촉진 및 이행법'이다. 미국과의 양자무역에 있어 현저한 흑자를 기록하고(200억 달러 이상의 상품수지 흑자), 상당한 경상수지 흑자를 보이며(무역상대국의 경상수지 흑자가 GDP의 2% 이상) 지속적인 한 방향 시장개입(과거 1년간 시장개입 규모가 GDP의 2% 이상[65]이며 12개월 중 8개월을 한 방향으로 개입)을 하는 국가를 우선 심층분석 대상국으로 지정한다. 심층분석 대상국으로 지정되면 환율 및 거시 정책에 대해 심층 양자교섭이 개시된다. 양자교섭을 통해서 환율 저평가의 원인을 제거하는 조치를 시행한다. 만약, 심층분석 대상국이 심층 교섭 이후 1년이 지난 시점까지도 시정조치가 없다고 판단되면 미국 재무장관이 규제조치를 취한다.[66]

아직까지 '심층분석 대상국'으로 지정한 사례는 없다. 다만, 세 가지 기준 중 두 개를 충족하는 국가 또는 과다한 대미 무역흑자국을 '관찰대상국'으로 선정한다. 관찰대상국으로 지정하고 이들 국가에 대해서 거시 및 외환정책을 면밀히 들여다보겠다고 으름장을 놓는다. 관찰대상국으로 지정된 국가들은 조심할 수밖에 없다. 환율 상승을 억제하고 대미 무역 흑자를 스스로 줄여나가는 노력을 한다. 환율조작을 둘러싼 논란을 피하면서 압박을 가하겠다는 미국의 속셈이 효력을 발휘한다.

미국은 2020년 1월에 발표한 환율보고서에서 우리나라를 비롯해 10개국을 관찰대상국으로 지정했다(중국, 독일, 일본, 한국, 말레이시아, 베트남, 싱가포르, 이탈리아, 스위스, 아일랜드). 우리나라의 대미 무역수지 흑자가 203억 달러이고 경상수지 흑자가 GDP 대비 4%에 달해서 환율조작국 지정 기준 세 가지 가운데 두 가지 기준을 충족했기 때문이다. 우리나라는 2016년 4월부터 최근 2020년 1월까지 계속해서 관찰대상국에 포함되었다. 2020년 하반기 환율이 급격하게 하락(원/달러 환율이 1,200에서 1,100으로 하락했다)하는 가운데에서도 외환당국은 시장개입을 망설일 수밖에 없었다. 미국이 계속 지켜보고 있는 상황에서 속도 조절에 나서는 게 쉬운 일이 아니기 때문이었다.

앞으로도 미국은 비공인 심판 역할을 더 강화해나갈 것이다. 중국 등 신흥국의 위상이 높아져서 IMF가 미국의 입맛에 맞게 환율조작국을 지정하기 어려운 상황이기 때문이다. 미국 내에서는 환율조작을 보조금으로 간주해서 상계관세로 대응해야 한다는 주장이 제기되어왔다. 실제로 관세법 등 관련 법령에 이를 반영하려는 시도가 몇 차례 있었다. 다만 현행 WTO 체제하에서 상계관세 대상 보조금은 세 가지 조건 (정부로부터의 금전적 보조, 수출 증가, 특정산업에 국한한 혜택)을 충족해야 한다. 그런데 환율조작은 세 가지 조건을 충족하기 어렵다는 게 전문가들의 견해다. 하지만 과거 트럼프 행정부처럼 다자간 WTO 체제를 부정하고 양자적으로 무역 이슈를 해결한다는 미국 입장에서는 환율조작을 상계관세로 맞받아치려는 카드를 꺼낼지도 모른다. 바이든 행정부는 다자간 체계를 존중하지만 환율조작에 강한 우려를 갖고 있어서 앞으로 미국이 어떤 방식으로 환율 압박을 가할지 관심이 높다.

대외 외환안전망 쌓기

외환안전망은 일종의 보험

사회안전망(social safety net)은 경제적으로 어려움에 처한 개인에게 사회가 도움을 주는 시스템이다. 그럼 외환안전망(financial safety net; 금융안전망이라고도 함)은 무엇인가? 외환안전망은 한 나라가 외화 부족에 직면할 때 긴급하게 외화를 조달해서 지원하는 시스템을 말한다. 예기치 못한 대외충격으로 경상수지 적자를 메워야 하거나, 외채 상환 등 국제수지 관리에 어려움을 겪는 경우에 필요한 외화자금을 제공하는 시스템이다. 외환안전망은 실제 이용보다 예방적 성격이 더욱 중요하다. 일종의 보험으로써 기능한다. 건강보험이 있는 사람이 병에 걸릴 위험에 크게 위축됨이 없이 일상생활을 해나가는 것처럼, 믿을 만한 외환안전망을 갖춘 국가는 불확실한 미래가 두려워서 필요한 수입이나 투자를 미루거나 포기하지 않아도 된다.

한 나라의 외환안전망은 네 개의 층으로 구성된다. 첫 번째 안전망은 외환보유액이다. 각국 외환당국은 외화 부족을 해결하고 필요시 외환시장 개입을 위해서 즉시 활용 가능한 외환보유액을 보유한다. 두 번째 안전망은 중앙은행 간 통화스와프이다. 상대국 중앙은행에 자국 화폐를 담보로 맡겨놓고 상대국 화폐나 국제통화를 빌린다. 세 번째 안전망은 지역 금융안전망이다. 지역 금융안전망은 지역 내에서 국가들이 어려울 때 서로 외환을 지원하는 일종의 품앗이다. 네 번째는 글로벌 금융안전망인 국제통화기금(IMF)이다. 누구도 도움을 줄 수 없는 상황에서 IMF는 최종적으로 외환을 공급하는 최종 대부자다.

네 개의 외환안전망을 하나씩 살펴보자. 외환보유액은 외화 부족에 대비한 비상금이다. 외국 통화, 해외예치금, 외화증권, 금, SDR(특별인출권), IMF리저브포지션으로 구성된다. 대부분 외환보유액은 외환당국이 보유한다. 하지만 IMF리저브포지션은 IMF로부터 차입이 허용된 외환보유액으로 IMF가 보유한다. 오늘날 모든 나라는 외환보유액을 기축통화인 미국 달러화와 다른 국제통화(유로화, 엔화, 위안화, 스위스 프랑 등등)로 분산해서 보유한다.

두 번째 외환안전망인 통화스와프는 자국 통화를 담보로 차입하는 거래다. 한국은행과 미 연준이 체결했던 통화스와프를 예로 들어보자. 한국은행은 미 연준에 현재 환율로 원화를 맡기고 미 달러를 빌릴 수 있다. 동시에 스와프 기간 만료 시점에서 미 달러를 반환하고 원화를 받는다. 다만 그 기간 중에 한국은행은 미 연준에 합의한 이자를 지불해야 한다.

현재 전 세계의 외환당국 간 통화스와프는 크게 두 부류가 있다. 기축통화국 미국을 중심으로 한 선진국 간 통화스와프가 한 부류다. 미국은 글로벌 금융위기시 외화유동성을 제공하기 위해서 미국 달러화를 공급하는 통화스와프를 선진국들(유럽연합, 영국, 일본, 스위스)과 체결했다. 2008년 글로벌 금융위기 당시에는 우리나라를 비롯한 4개 신흥국(한국, 싱가포르, 브라질, 멕시코)과도 통화스와프를 맺었다. 당시 이 통화스와프는 신흥국 내 외화유동성 불안을 잠재우는 데 큰 기여를 했다.[67] 2020년 코로나바이러스가 창궐하면서 미국은 다시 한번 통화스와프로 대응했다. 우리나라를 비롯해서 덴마크, 노르웨이, 스웨덴, 호주, 뉴질랜드, 브라질, 멕시코, 싱가포르 등 9개국과 통화스와프를 체결했다.

다른 한 부류는 위안화 국제화를 앞세운 중국이 주도하는 개도국과의 통화스와프이다. 중국의 위안화 통화스와프는 위기 상황에서 외화 부족을 해소하는 목적보다는 무역 촉진과 위안화 국제화 촉진을 목적으로 한다. 중국은 통화스와프 체결 대상 국가 선정에 있어 미국처럼 까다롭지 않다. 자국의 영향력을 넓힐 수 있도록 다양한 나라들과 통화스와프를 체결한다. 현재 우리나라를 비롯해서 약 30개가 넘는 국가와 3조 위안이 넘는 규모의 통화스와프를 체결하고 있다.

세 번째 외환안전망인 지역 금융안전망은 외환위기를 겪은 국가들이 주축이 되어서 만들었다. 1997년 아시아 금융위기, 2008년 글로벌 금융위기, 2011년 유럽 재정위기를 겪으면서 차례로 생겨났다. 치앙마이 이니셔티브 다자화(CMIM; Chiang Mai Initiative Multilateralization, 한중일 3국＋ASEAN), 유로 안정화기구(ESM; European Stability Mechanism, EU), 통화스와프 네트워크(NAFA; North American Framework Agreement, 북미), 남미 준비기금(FLAR; Fondo Latino Americano de Reservas), 아랍통화기금(AMF; Arab Monetary Fund, 중동지역), 브릭스 긴급 외환보유액 협정(CRA; Contingent Reserve Arrangement, 브라질, 러시아, 인도, 중국, 남아공) 등이 그것이다. 유로 국가들의 ESM을 제외하고는 그 규모가 충분한지, 신속하게 작동할 것인지 아직까지 검증되지 않았다.

마지막으로 IMF는 189개 회원국이 외환유동성 부족에 직면할 때 외환을 융자해준다. 2018년 현재 IMF의 융자재원은 약 1조 달러 수준이다. 회원국은 본인이 IMF에 출자한 자본금을 기초로 계산된 한도 내에서 융자를 받을 수 있다. 종전에는 IMF는 유동성 위기가 발생한 이후에 유동성을 제공했다. 하지만 지금은 신축적 대출제도와 예방적 대출제도를 통해서 위기 이전에도 유동성을 제공할 수 있게 되었다.

외환안전망, 과연 얼마나 유효한가

4개의 외환안전망은 기능이 다르고 서로 보완적이다. 외환안전망의 유효성은 다섯 가지 기준으로 평가된다. 첫째, 예측가능성(확실성)이다. 외환안전망은 위기 때 그 지원이 확실해야 한다. 외환보유액은 외환당국이 언제든 사용가능하므로 예측가능성이 가장 크다. 글로벌 금융안전망인 IMF 대출도 대출한도, 조건 등이 명시적으로 적시되어 있어 예측가능성이 높다. 반면에 양자스와프와 지역안전망은 상대국이나 회원국이 지원요청에 응하지 않을 가능성도 있어서 예측가능성이 크지 않다.

둘째, 인출 속도다. 위기 때는 1초가 중요하다. 외환유동성 지원이 지체되면 위기는 증폭된다. 외환보유액이 인출 속도가 가장 빠르고, 양자스와프도 상대국가가 응하기만 하면 인출이 수월하다. 반면에 글로벌 금융안전망과 지역 금융안전망은 규모, 조건 등에 대한 협의 및 승인 과정을 거쳐야 한다. 따라서 즉각적인 자금 인출이 어렵다. 특히 IMF가 문제다. IMF는 대출조건으로 여러 가지 정책적 권고를 하고 해당 국가가 이를 수용할 것을 요구한다. 말이 정책적 권고지 실제로는 강요에 가깝다. 이 과정에서 해당 국가와의 이견을 조정하는 데 1주 내지 길게는 몇 달이 걸린다.

셋째, 필요한 자금의 충분성이다. 어느 외환안전망도 단독으로 필요한 자금을 충분히 제공하기 어렵다. 위기가 길어지면 자금소요액은 눈덩이처럼 불어난다. 외환보유액을 제외한 나머지 금융안전망은 단기 긴급 유동성 제공을 목적으로 하므로 지원 기간과 규모가 정해져 있다. 외환보유액도 사용에 제약을 받기는 마찬가지다. 외환보유액 규모가 줄어들수록 외국 투자자들의 불안감이 커져 위기상황이 더 악화될 수 있기 때문이다. 그래서 외환위기 때 사용도 못 하는 외환보유액을 뭐 하러 쌓느냐는 비판도 있다.

넷째, 비용이다. 비용은 재무적 비용과 정치적 비용으로 나눌 수 있다. 재무적 비용은 해당 외환안전망을 활용할 때 발생하는 직접적 혹은 간접적인 비용이다. 외환보유액의 경우에는 평상시에도 순이자비용(운용금리-조달금리⟨0)을 지불해야 한다. 반면에 다른 외환안전망은 위기 때 실제 활용하는 범위 내에서만 비용을 지불하면 된다. 재무적 비용 측면에서는 외환보유액이 가장 비싼 안전망이다. 하지만 정치적 비용 측면에서는 반대다. 정치적 비용은 외환안전망 활용시 국민들로부터의 반발 등 정치적 부담을 말한다. 이런 측면에서 외환보유액은 정치적 비용이 거의 없다. 반면에 IMF 자금은 정치적 비용이 막대하다.

우리는 IMF 대출에 대한 트라우마를 갖고 있다. IMF 대출을 받아본 국가들은 가급적 IMF 대출을 피하려고 한다. IMF 대출을 받고 외환위기를 극복하는 과정에서의 고통과 아픔이 크기 때문이다. 그 아픔과 고통이 IMF 때문인지 아니면 스스로의 잘못된 경제운영 때문이었는지는 짚어볼 필요가 있다.

다섯째, 정책적인 처방이다. 바람직한 외환안전망은 해당 국가가 경제체질 강화를 통해서 위기 재발 방지를 하도록 유도해야 한다. 이 기준에서 보면 IMF 대출이 가장 유효하다. IMF로부터 자금지원을 받으면 정책적 권고가 뒤따른다. 그 권고는 재정, 금융, 공기업, 산업정책 등 광범위한 분야에서의 개혁을 포함한다. 그 개혁이 너무 엄해서 불만도 많다. 해당 국가는 "아파서 의사를 부르니까 의사가 오히려 환자를 죽인다. 일단 환자를 살리고 그다음에 병을 고쳐야 할 것 아닌가"라고 불만을 터뜨린다.

이러한 기준에 비추어볼 때 과연 우리나라 외환안전망은 안전할까? 첫째, 외환보유액은 2020년 9월 말 현재 4,256억 달러다. 둘째, 우리나라는 2020년 3월 현재 미국(600억 달러), 중국(560억 달러 상당), 아랍에미리트(54억 달러 상당), 말레이시아(47억 달러 상당), 호주(81억 달러 상당), 인도네시아(100억 달러 상당), 스위스(106억 달러 상당), 캐나다(무제한)와 자국 통화 표시로 된 양자 통화스와프를 체결 중이다. 인출 규모에 제한이 없는 캐나다를 제외한 6개국과의 통화스와프를 미국 달러화로 환산하면 약 1,547억 달러에 달한다.[68] 셋째, 우리나라는 역내 지역 금융안전망인 384억 달러(CMIM 총 재원 2,400억 달러의 16%에 해당)를 인출할 수 있다. 다만, CMIM는 한·중·일이 전체의 80%를 약정하고 있고, 우리나라가 위기상황에 봉착하기 전에 아세안 등 경제 펀더멘털이 우리보다 취약한 국가가 먼저 자금을 인출해 갈 가능성이 높아 384억 달러가 모두 인출 가능한지는 의문이다. 네 번째, IMF의 대기성 차관의 형식으로 521억 달러(우리나라 쿼터의 4.35배에 해당)까지 인출이 가능하다.

외환안전망으로부터 인출 가능한 금액을 합하면 상당하다. 그렇다고 안심할 정도로 충분하다고 보기는 어렵다. 외환보유액을 제외하고는 확실한 보험이 아니기 때문이다. 양자

간 스와프, 지역 금융망, 글로벌 금융망 모두 우리 의지대로 마음대로 활용 가능한 수단이 아니다. 개도국과의 양자간 스와프는 우리가 도움받기보다는 도움을 주는 스와프이다. 외환보유액을 제외한 외환안전망은 상대방이 우리 요구에 응해야 활용할 수 있다. 그리고 정치적 부담도 무시할 수 없다.

외환시장의 실탄, 외환보유액

외환보유액은 가장 확실한 외환안전망이다. 유사시에 즉시 사용가능한 실탄이다. 외환보유액은 위기가 아닌 평소에도 외환시장 개입 수단으로 수시로 활용된다. 이에 비해 다른 수단들은 외환위기가 아닌 평소에는 사용할 수 없다. 사용했다가는 오히려 오해를 불러일으켜서 없던 위기를 조장할 위험이 있다.

자본 유출로 인한 환율 하락 압력을 받고 IMF 구제금융 프로그램을 신청하면 어떤 일이 벌어질까? 문제가 심각한 나라로 인식된다. 일종의 낙인효과다. 외국인 투자자들이 무슨 위중한 문제가 있다고 생각해서 앞다투어 자본을 빼서 나갈 것이고 이로 인해 그 나라는 정말로 외환위기에 처할 수 있다. 호미로 막을 일을 가래로 막다가 일을 더욱 크게 만든 꼴이다.

그렇다면 외환당국은 실탄인 외환보유액을 어떻게 쌓고 관리하는 걸까? 외환당국이 보유한 '대외지급자산'인 외환보유액은 교환성과 유동성이 높은 자산이어야 한다. 금과 국제

통화로 구성된다. 금은 위기에서 더욱 값어치가 오른다. 언제든지 원하면 달러나 다른 국제통화로 교환해서 사용할 수 있다. 유동성이 가장 높은 자산이라고 해도 과언이 아니다.

금을 제외한 외환보유액은 어떻게 구성될까? 어떤 자산을 얼마나 가질지는 각국 외환당국이 결정한다. 금을 제외하면 다른 자산은 선진국 통화로 분산 투자된다. 일반적으로 달러화의 비중이 높고 유로화, 파운드화, 엔화, 위안화로 분산 투자된다. 경제적으로나 교역 측면에서 자국과 가장 밀접하게 연계된 국가의 통화로 외환보유액을 유지하는 경향이 있다. 따라서 아시아나 중남미 국가들은 미국 달러 위주로 외환보유액을 보유한다. 반면에 유로존이 아닌 유럽 국가들은 유로화로 외환보유액을 유지한다. 만일 단일통화로만 외환보유액을 가질 경우에는 그 통화 가치의 변동에 따라 외환보유액이 크게 변동할 위험이 있다. 때문에 다양한 통화로 분산 보유함으로써 예기치 않은 환율 변동에 따른 손실을 피할 수 있다.

달러로 외환보유액을 보유한다는 게 달러 현금을 보유한다는 의미는 아니다. 대부분 유가증권에 투자한다. 현금이나 금으로 보유하면 안전하고 유동성도 높지만 이자수익이 없다. 유가증권에 투자하면 이자수익을 올릴 수 있다. 국채, 정부기관채, 회사채, 자산유동화채, 주식에 투자한다. 그리고 예치금이나 금은 일부로만 보유한다. 미 국채가 외환보유액에 포함되는 가장 대표적인 자산이다. 미국 국채시장은 전 세계에서 가장 유동성 높은 시장 중 하나다. 대규모의 거래도

가격에 영향을 미치지 않으면서 현금화가 가능하다.

전통적으로 외환보유액 운용에 있어서는 안정성과 유동성이 최우선이었고 수익성은 그다음이었다. 하지만 외환보유액 규모가 커지고 그에 따른 비용이 눈덩이처럼 커지면서 수익성에 신경 쓰지 않을 수 없게 되었다. 수익성을 올리는 차원에서 외환보유액의 일부를 외부 투자 전문기관에 위탁해서 수익성 높은 자산에 투자한다. 더 나아가 정부가 투자 전문기관을 설립해서 외환보유액의 일부를 위탁한다. 싱가포르, 중국, 홍콩, 호주가 국부펀드(sovereign wealth fund)를 만들어서 외환보유액을 수익성 높은 자산에 투자해오고 있다. 우리나라도 2005년에 한국투자공사(Korea Investment Corporation; KIC)를 설립했다. 최초 위탁액은 200억 달러였지만 2020년 말 기준으로 운용자산은 1,831억 달러로 증가했다. KIC는 한국은행의 투자지침에 따라 외환보유액으로 인정받는 자산에 투자한다. 따라서 KIC 위탁액도 대부분 외환보유액에 포함된다.

외환보유액을 비축하려면 비용이 든다. 미국 달러화나 금을 사기 위해서는 원화 자금이 필요하다. 필요한 재원을 어디서 마련할까? 원화 자금은 두 가지다. 하나는 정부 자금이고 하나는 한국은행 자금이다. 정부는 이 자금을 일반 예산과 별도로 특별기금으로 관리한다. 이 특별기금이 '외국환평형기금'(Foreign Exchange Stabilization Fund)이다. 이 기금이 설립된 것은 1967년이었으나, 그 규모가 확대된 것은 1987년 이후부터

였다. 1980년대 후반부터 경상수지 흑자로 인한 화폐발행액 (경상수지 흑자로 들어온 외화가 국내 통화로 환전되면서 자동적으로 국내 통화가 증가한다)을 외평채(정부가 외평채를 발행하면 그만큼 화폐는 흡수된다)로 흡수할 필요가 있었다.

외국환평형기금의 재원은 주로 외국환평형채권을 발행해서 확보한다. 주로 원화 표시 외화평형채권(원화 표시 외평채라고 한다)을 발행해서 원화를 확보하고 이 원화 자금으로 외환을 산다. 하지만 외화로 표시된 외국환평형채권(외화 표시 외평채라고 한다)을 발행하기도 한다. 이 경우에는 발행 자체로 직접 외화를 갖게 된다. 원화 표시 외평채는 1987년부터 발행했고, 외화 표시 외평채는 1997년 12월에 처음 발행했다.

한국은행의 자금은 화폐발행액이다. 하지만 한국은행이 외화를 사고 지급한 본원통화는 통화안정증권을 발행해서 회수하므로 사실상은 통화안정증권 발행액이 외환을 사는 자금이다. 한국은행이 시장에서 외화를 사는 과정에서 풀린 본원통화를 통화안정증권 발행으로 흡수하는 것을 '불태화 (不胎化) 외환시장 개입'이라고 한다. 풀린 본원통화가 총통화, 금리 등을 변화시켜 거시 변수에 영향을 주는 일이 없도록 하기 위해서다. 특히 총통화가 증가해서 금리가 내리고 물가가 오르는 걸 막기 위해서다. 대다수 국가가 국채(우리나라는 통화안정증권)를 발행해서 늘어난 본원통화를 회수한다.

적정 외환보유액은 얼마?

외환보유액이 가장 확실한 외환안전망이기에[69] 대다수 국가가 가급적 충분한 외환보유액을 쌓고자 한다. 특히 과거 외환위기를 겪은 신흥국들은 외환보유액 쌓기에 혈안이다. 하지만 마냥 늘리는 게 능사는 아니다. 외환보유액을 쌓으려면 비용이 따르기 때문이다.

외환보유액의 유지에 드는 사회적 비용은 어마어마하다. 외환보유액이 세계에서 제일 많은 중국은 GDP의 1.9~5.9%를 지불한다. 우리나라도 1.16~3.7%를 지불하는 것으로 추산된다.[70] 보험료치고는 상당히 비싸다. 하지만 외환위기의 피해를 감안하면 보험을 안 들 수도 없다. 우리는 1997년 외환위기 때 그 피해를 직접 겪었다. 외환보유액은 90억 불까지 내려가 고갈 직전까지 갔고 그로 인한 피해를 겪었다. 반면에 2008년 글로벌 위기 때는 2,000억 불이 넘는 외환보유액 덕분에 외환위기를 넘겼다.

핵심은 외환보유액이 충분한지에 대한 판단이다. 해당 국가는 현재의 외환보유액도 부족하다고 주장하는 반면 교역상대국은 외환보유액이 충분하다고 반박하기 일쑤다. 미국이 무역상대국들의 외환시장 개입을 추정하는 통계도 주로 외환보유액의 변동이다. 외환보유액이 증가하면 일부 자연 변동분[71]을 제외한 나머지를 외환시장 개입 규모로 추정한다.

외환당국의 현실적인 고민은 외환보유액을 얼마나 보유할 것인지에 관한 판단이다. 누구나 동의하는 잣대는 아직 없다.

다양한 기준들을 종합적으로 고려해서 결정하는 것이 관행이다. 통상 '3개월 수입액'이 적정규모를 판단하는 벤치마크로 사용된다. 위기상황에서도 적어도 3개월 동안 외환보유액으로 수입을 유지해야 국가 경제가 돌아갈 수 있다는 논리다. 이 기준은 국제 자본시장과 연결고리가 낮은 개발도상국에 적용된다. 1980년대 이전에는 유용한 기준이었지만 자본 이동이 빈번한 오늘날 적용하기에는 한계가 있다. 실제로 태국은 이 기준을 충족했음에도 1997년 외환위기를 겪었다.

다른 기준은 '단기외채(유동외채 포함) 대비 외환보유액 규모'다. 적어도 1년 내 만기가 도래하는 단기외채를 갚을 수 있을 정도의 외환보유액은 있어야 적정하다고 본다. 이 기준에 따르면 외환보유액은 단기외채와 유동외채(장기외채 가운데 상환이 1년 이내에 도래하는 외채)의 합보다 많아야 한다. 상품거래보다는 자본거래의 규모가 크고 변동성이 높은 최근의 상황에 적합한 기준이다. 사실 외환위기시 가장 큰 문제는 만기도래한 기존 채무가 연장되지 않는 것이다. 이러한 의미에서 1년 동안 만기가 도래하는 외채 규모에 상응하는 외환보유액을 보유해야 한다는 주장은 설득력이 있다.

또 다른 기준은 '통화량 대비 외환보유액 규모'다. 외환위기시 자국민의 자본 이탈에 대비하기 위한 외환보유액의 역할을 강조한 기준이다. 외환보유액이 자국민의 해외 자본 도피를 진정시킬 수 있는 바람막이가 되어야 한다는 주장에 근거한다. 아르헨티나 등 남미의 경우에 외환위기는 자국민의 해외 자본 도피로 증폭되었다. 금융부문이 차지하는 비중이 크고 자본자유화가 된 나라에 적용되는 기준이다. 통상 광의의 통화(M2) 대비 5%를 적정성 판단의 임계치로 본다.

IMF는 외환보유액의 적정성을 평가할 때 '혼합지표'를 사용한다. IMF는 과거 외환위기 등으로 외환 부족을 겪은 나라들의 사례를 분석했다. 분석 결과를 바탕으로 외부충격 시 발생 가능한 외환 부족 규모를 환율제도, 자본 통제 여부 등을 감안해서 추정한다. 이 추정값을 기준으로 외환보유액 적정성을 평가한다. 예를 들어, "변동환율제도를 채택한 나라의 경우 외환보유액이 연간 수출액의 5%, 광의의 통화의 5%, 단기외채의 30%, 포트폴리오 투자자금 등 기타 외채의 15%를 합한 것의 100~150% 사이에 있는 경우 적정하다"고 평가한다.

위에서 설명한 어느 기준도 절대적인 것은 아니다. 나라마다 처한 사정이 다르기 때문이다. 적정 외환보유액을 판단하는 데는 여러 요인들을 고려해야 한다. 거시경제가 안정적으로 관리되며 금융시장이 잘 발달된 나라일수록 급격한 자본 이탈 등으로 인한 외환위기의 발발 가능성이 낮다. 그만큼 외환보유액을 대규모로 축적할 필요성이 적다. 일시적으로 무질서한 시장상황을 잠재울 수 있을 만큼의 외환보유액 정도만 필요하다. 미국과 같은 기축통화국, 그리고 기축통화국과 통화스와프를 체결한 나라들이 그러하다.

'자본자유화' 정도도 고려사항이다. 자본 통제 때문에 해외 자본의 유입과 국내 자본의 유출이 작다면 필요한 외환보유액 규모도 작다. 반면에 자본자유화로 자본의 유출입이 빈번하고 그 규모가 큰 나라의 경우 외환보유액을 대규모로 축적할 필요가 있다. 하지만 자본자유화가 되었더라도 국제 자본시장에의 높은 접근성을 가진 나라는 굳이 많이 보유할 필요는 없다. 은행을 비롯해서 금융산업이 성숙하고 기초 경제여건이 튼실한 나라는 국제 자본시장에 대한 높은 접근성을 가진다.

'환율제도'도 외환보유액의 적정성에 대한 중요한 평가기준이다. 어떤 나라가 고정환율제도를 채택하고 있다면 더 많은 외환보유액이 필요하다. 고정환율을 사수하기 위해서는 많은 실탄이 필요하다. 반대로 변동환율제도를 채택해서 환율 변동을 폭넓게 수용하는 나라의 경우에는 외환보유액을 쌓아둘 필요성이 상대적으로 적다. 외환보유액 상위 국가 가운데 중국(세계 1위, 2020년 9월 말 기준), 홍콩(세계 7위), 싱가포르(세계 11위)가 고정환율제도를 유지하고 있다.

환율이 시장에서 결정되도록 하는 변동환율제도에서는 외환을 보유할 필요가 전혀 없을까? 그렇지 않다. 변동환율제도를 채택하는 국가들도 외환보유액을 축적할 필요가 있다. 환율의 결정권을 시장에 맡겨두지만 수시로 시장개입을 통해서 환율변동성을 줄여나가야 하기 때문이다. 우리나라(세계 9위, 2020년 10월 말 기준)를 비롯해서 일본(세계 2위), 러시아(세계 4위), 대만(세계 6위), 스위스(세계 3위), 브라질(세계 10위),

인도(세계 5위)가 변동환율제도를 유지하면서도 많은 외환보유액을 축적하는 이유다.

마지막으로 우리나라의 외환보유액은 안심할 정도로 충분한지 살펴보자. 여러 가지 기준으로 볼 때 한국의 현재 외환보유액 규모는 적정 수준으로 평가된다. IMF의 혼합지표 대비 100%(100~150%이면 적정으로 판단), 단기외채 대비 약 2.2배(1배 이상이면 적정으로 판단), 약 7개월분 수입액(3개월 이상이면 적정으로 판단), 광의의 통화의 약 11%(5%이면 적정으로 판단) 수준이다. 어느 기준으로 보나 충분한 상황이다. 다만, 명심해야 할 것은 어떤 기준도 완벽하지 않다는 것이다.

대외의존도가 높고 자본자유화 정도가 높은 우리나라의 경우 외환보유액을 적정수준 이상으로 축적할 필요가 있다. 특히 통일이라는 대형 경제·사회적 충격 요인을 고려해야 한다. 적어도 대내외 균형 잡힌 성장이 기틀을 잡을 때까지는 환율조작 오해를 피하는 범위 내에서 적극적으로 외환보유액을 증대하는 것이 필요하다. 또한 우리의 외환보유액 증대를 미국이나 IMF 등에서 환율조작이라는 의심의 눈초리로 볼 우려가 있으므로 적극적으로 설득하는 노력도 함께 경주해야 한다.

되풀이되는 외환위기

코로나바이러스와 외환위기

2019년 12월 31일, 중국 우한에서 처음으로 코로나바이러스 발병이 보고되었다. 사람들은 일반적인 계절성 독감 정도로 생각했다. 하지만 바이러스는 빠르게 전 세계로 번져갔다. 미적거리던 세계보건기구는 한참 후인 2020년 3월 11일에야 팬데믹을 선언했다. 그리고 바이러스는 전 세계로 번졌고 세계 경제를 멈춰 세웠다.

특히 글로벌 금융의 중심지인 미국 뉴욕이 코로나바이러스의 초기 최대 발병지가 되었다는 건 의미심장하다. 세계 금융의 40%가 뉴욕에서 이루어진다. 뉴욕 주식거래소가 위치한 월스트리트는 세계 경제와 금융의 심장이다. 그런 뉴욕이 코로나바이러스로 쑥대밭이 되었다는 건 미국뿐만이 아니라 전 세계가 피해와 충격을 피해갈 수 없다는 뜻이다. 2008년 글로벌 금융위기보다 더 큰 충격이 글로벌 경제와 금융을 덮칠 것이라는 예상이 쏟아졌다.

크리스탈리나 게오르기에바 IMF 총재는 "IMF 역사상 이처럼 세계 경제가 멈춰 서 있는 걸 본 적이 없다"라며 심각성을 일깨웠다. 영국의 〈파이낸셜 타임스〉는 "세계 경제가 1930년 대공황 이후 최악의 국면으로 빠져들고 있다"고 평가했다.

곧바로 세계 각국은 할 수 있는 모든 정책을 앞다투어서 내놓았다. 미국이 맨 먼저 나섰다. 트럼프 정부는 1단계(83억 달러, 3월 6일 발표), 2단계(1,040억 달러, 3월 18일 발표), 3단계(2조 달러, 3월 27일 발표)에 걸쳐 총 2.2조 달러 규모의 재정지원에 나섰다. FRB도 2020년 3월 3일과 15일 두 차례 긴급 연방공개시장위원회를 개최해서 기준금리를 150bp(basis point; 100bp=1%) 내리는 빅 컷(big cut)을 단행했다. 이로써 미국의 기준금리는 0~0.25%로 사실상 제로 금리로 환원되었다. 3월 23일에는 무제한 양적완화를 시행했다.

유럽도 발 빠르게 대응했다. 독일(400억 유로), 영국, 프랑스, 이탈리아, 덴마크(58억 유로) 등 유럽 국가들도 재정확대를 통해서 경제 충격을 최소화하려고 안간힘을 쏟아냈다. 라가르드 유럽중앙은행 총재는 7,500억 유로 규모의 양적완화를 시행하면서 필요하면 규모를 늘리겠다고 발표했다. 영란은행은 정책금리를 2020년 3월 11일 0.75%에서 0.25%로 그리고 3월 20일에는 이를 다시 0.1%로 인하했다. 늦었지만 일본도 2020년 4월 7일, 1조 달러 규모의 재정확대를 발표했다. 코로나바이러스는 본질적으로는 보건의 문제이지 경제 문제는 아니다. 하지만 코로나바이러스는 사람들의 활동을 정지시킨다. 사람들은 물리적 접촉을 피해서 집에 머물든지 사회적 거리를 유지해야 한다. 노동자들도 직장에 나가지 못한다. 소비는 멈추고 생산은 중단된다. 이러한 경제적 활동 중단은 국내적으로뿐만 아니라 국제적으로도 심각한 차질을 빚는다. 처음 중국 우한에서 바이러스가 퍼졌을 때 우리나라나 다른 국가들은 영향권 밖에 있었다. 하지만 곧 국내 현대자동차 공장이 멈추어 섰다. 중국 우한으로부터 수입하던 와이어링 하네스가 공급되지 않았기 때문이다. 심화된 글로벌 가치사슬이 만든 새로운 현실이다. IMF 총재와 WHO 사무총장은 공동으로 작성한 칼럼에서 "세계 보건위기와 세계 경제 운명은 불가분 관계다"라고 언급했다.

글로벌 외환시장도 예민하게 반응했다. 극단적인 달러화 선호현상이 나타났다. 달러를 제외한 모든 국가의 통화가 약세로 돌아섰다. 이례적으로 안전자산인 금 가격도 일시적으로 하락했다. 어려울 때 가장 믿을 수 있는 건 '현찰'이라는 인식 때문이었다. 원/달러 환율도 치솟아 1,300에 근접했다. 원/달러 환율 상승은 외국인 투자자금 이탈로 나타나는 조정 과정이라지만 여기에 '달러 사재기 심리'도 한몫했다는 건 부정할 수 없다. 결국 미국과의 통화스와프 체결(600억 달러)로 불안심리는 가라앉고 환율은 안정되었다.

2020년 3월 19일, 미국은 우리나라를 비롯해서 덴마크, 노르웨이, 스웨덴, 호주, 뉴질랜드, 브라질, 멕시코, 싱가포르 등 9개국과 통화스와프(국가별 각 600억 달러, 6개월로 연장 가능)를 체결했다. 기존에 유럽연합, 일본, 캐나다, 영국, 스위스 등 선진 5개국과 맺고 있던 통화스와프(선진국 클럽의 통화스와프는 규모와 기간이 무제한이다)를 확대한 것이다. 이는 리버스 스필 오버(reverse spill-over)를 우려하기 때문이다. 상대국의 경제 불안과 침체가 역으로 미국 경제를 위협할 수 있다는 의미다. 당장 위기상황까지 가지 않더라도 미국 달러화의 강세는 미국 제조업에는 어려움을 가중시키는데 통화스와프는 미국 달러의 강세를 완화시키는 효과도 있다. 그리고 각국 중앙은행들이 달러를 확보하기 위해 현재 보유하고 있는 미국 국채를 팔게 되면 미국 국채 가격은 하락하고 금리가 오르게 된다. 이는 미국의 제로 기준금리 정책을 심각하게 손상시킨다. 미국으로서는 통화스와프가 일거양득의 '신의 한 수'였다.

코로나바이러스는 우리 국민들에게 아픈 기억을 소환했다. 1997년 'IMF사태'라는 고통과 희생으로 얼룩진 외환위기에 대한 기억이다. 경제가 어려워지면 더 힘든 건 경제적 약자들이다. 이는 국제사회에서도 마찬가지다. 세계 경제가 위기에 직면하면 어려워지는 건 가난한 나라와 그 국민들이다. 2020년 4월 3일, 게오르기에바 IMF 총재는 85개 개도국이 긴급자금을 요청하고 있고 필요한 자금 규모는 1조 달러 수준이라고 밝혔다. 개도국은 코로나바이러스와 맞서 싸울 의료진과 시설이 부족하고 경제 충격으로부터 경기를 부양할 재정도 넉넉하지 않다. 개도국으로서는 이번 위기가 종전의 금융위기보다 더 어렵고 힘든 싸움이 될 수밖에 없는 이유다.

선진국들은 코로나바이러스 사태의 경제적 충격에 대응하

고 있다. 실직한 노동자들에게는 실업수당을 주고, 가게 문을 닫은 자영업자들에게는 소득 보전을 해주거나 저리 대출을 제공한다. 그리고 유동성 압박을 받는 항공, 호텔, 유통업계 기업들에는 세금 감면과 유동성 공급으로 대응한다. 코로나바이러스를 일단 진정시키면 경제를 복원시킬 수 있는 가능성이 있다. 금융완화나 재정지출 확대를 통해서 수요를 진작시키는 노력을 할 수도 있다. 백신도 선구매해서 집단면역을 달성하고 경제를 정상화할 수 있다.

하지만 개도국들은 사정이 다르다. 코로나바이러스로 경제가 멈춰 서면 경제주체들은 스스로 의료와 생계를 동시에 해결해야 한다. 사회적 안전망이 미흡하기 때문이다. 코로나바이러스를 진정시키는 데 장기간이 걸린다. 백신이 개발되어도 이를 확보해서 국민들에게 접종하는데 재정적·기술적 어려움이 있다. 따라서 코로나바이러스를 진정시키는 것도, 경제를 회복시키는 것도 어렵다. 경제가 회복하기 어렵고 외환위기로 번질 수도 있다. 글로벌 자본 이탈은 기존 채무 부담을 가중시키고 채무 상환을 요구받게 되어 디폴트의 위험이 있다.

1997년과 2008년 외환위기를 복기해보면

우리는 두 차례의 외환위기를 경험했다. 이러한 과거의 경험과 기억 때문일까? 글로벌 금융시장이 흔들리고 경제성적표가 안 좋으면 '0월 외환위기설'이 어김없이 등장한다. 이로 인해 경제주체들은 흔들리고 국내 금융시장은 출렁거리기 일쑤다. 과거 외환위기의 트라우마가 아직까지 아물지 않았다는 증거다. 1997년 외환위기는 한국 경제로서는 상상하지 못했던 사건이었다. 그리고 그 대가도 상상을 초월했다. 그 원인은 무엇이었을까?

우리 외환위기는 여러 가지 원인이 복합적으로 작용한 결과라서 한 가지를 콕 집어서 얘기하기 어렵다. 많은 이들이 공통적으로 지목하는 게 '자본시장 개방'이다. 경제성장 과정에서 한국은 오랫동안 엄격한 외환 관리로 대규모 자본이 들락날락할 여지가 없었다. 외환은 중앙은행과 외국환은행에 집중되고 개인이나 기업은 특별한 절차를 거쳐야만 외환을 보유할 수 있었다. 외화 조달은 국가가 허용하는 범위 내에서만 가능했다. 은행과 기업은 국제 금융시장에서 자금을 자유롭게 빌릴 수 없었다. 자본시장을 개방하지 않았다면 외환위기는 없었을지 모른다.

하지만 자본시장 개방은 경제발전에 불가피한 요소다. 마치 교통사고의 원인으로 자동차를 지목하는 것과 다를 바 없다. 자동차로 인해 교통사고가 나고 사망자가 생긴다고 자동차 운행을 전면 금지할 수는 없지 않은가? 자본시장 개방을 탓할 건 아니다. 자본시장을 개방하면서 이를 적절하게 규제하고 관리하지 못한 걸 지적해야 한다.

그러면 외환 관리 측면에서는 무엇이 부족했을까? 누적되는 외채의 위험성을 감지하지 못한 것이 가장 뼈아프다. 1990

년대 들어서 경상수지 악화와 자본자유화로 외채가 쌓여갔다. 하지만 경상수지 악화는 성장에 필요한 투자를 위해 불가피하고 자본유입은 경제에 유익하다고 생각했다. 외채 관리도 부실했다. 공식 외채는 1,161억 달러였지만 현지금융 등 전체 대외 지불부담은 1,868억 달러였다. 나아가 총외채에서 단기외채가 차지하는 비중이 높았다. 금융기관은 상대적으로 금리가 낮은 단기외채를 조달해서 기업에 빌려주고 기업은 이 자금으로 장기 설비와 시설에 투자했다. 자금 조달과 운용상의 만기 불일치는 금융경색 국면에서 유동성 위기를 촉발시켰다.

기업들의 중복 과잉투자와 금융기관의 무분별한 대출 관행도 지적하지 않을 수 없다. 금융기관이 해외로부터 자금을 조달해서 이를 대기업 위주로 무분별하게 대출해줌으로써 기업의 연쇄도산이 금융기관 부실화로 이어지게 되었다. 폴 크루그먼은 아시아 외환위기가 종전과 다른 점을 '모럴 해저드'에서 찾기도 했다. 개도국 정부의 대기업에 대한 암묵적 지급보증이 방만한 대출을 가져왔다는 지적이다. 한국의 1997년 IMF 위기도 이 경우에 해당한다. 당시 우리 대기업들의 부채/자본비율은 400%를 초과했다. 은행과 대기업에 대한 정부의 지급보증으로 오해한 해외 투자자들이 개도국 은행들에 방만하게 외화를 대출했다. 1997년 1월 23일 한보철강의 부도는 이러한 신뢰가 깨지는 시발점이 되었다. 기업의 파산은 은행의 부실로 이어졌다. 종전의 신뢰가 깨지고 해외 투자자들은 패닉에 빠지면서 외화자금을 회수했다.

외환위기를 막는 마지막 보루는 정부의 환율정책이다. 1994년부터 경상수지는 적자였지만 오히려 환율은 급격하게 내려가면서 원화는 강세를 보였다. 왜 그랬을까? 경상수지는 적자였지만 자본수지가 대규모의 흑자를 보였기 때문이다. 자본수지는 1994년 103억 달러, 1995년 168억 달러, 1996년 233억 달러의 대규모 흑자를 기록했다. 외화가 밀려들어 오면서 원화는 초강세를 이어갔다. 원/달러 환율은 800 수준으로 하락해 우리 기업의 수출경쟁력을 심각하게 잠식했다. 경제의 펀더멘털에서 크게 이탈한 환율로 외환위기는 잉태되었다.

2008년 글로벌 금융위기 때에도 한국은 외화유동성 경색이 발생하고 위기 직전까지 갔다. 하지만 다행히 외환위기로 비화하지는 않았다. 1997년 IMF 위기 당시와 비교해서 경상수지는 흑자를 유지하는 등 기초 경제여건은 훨씬 좋았기 때문이다. 대기업의 과잉투자와 이로 인한 부실 위험도 없었다. 기업과 은행의 재무구조는 과거와 달리 건실했다. 변동환율제도 운용으로 기초 경제여건과 환율수준 사이의 괴리 또한 없었다. 그리고 외환보유액도 상당한 수준으로 비축되어 있었다.

당시 한 가지 문제는 외채였다. 특히 단기외채가 다시 한번 불안감을 키웠다. 은행들이 조선업체로부터 매입한 선물환을 헤징하는 과정에서 해외에서 단기차입을 많이 했다. 은행의 단기 자금조달(주로 3~6개월 단기외채)과 장기 자금운용(조선사의 3~5년 장기선물환 매입)으로 인한 만기 불일치가 국제 금융시장의 급격한 자금경색 과정에서 아킬레스건으로 작용했다. 외환위기로까지 확대될 만큼은 아니었지만, 외환 및 금융시장 불안이 상당 기간 지속되었다. 은행들은 만기가 도래하는 외채 상환에 있어 상당한 어려움을 겪었다.

외환위기는 왜 되풀이되는가? 외환위기는 두 가지 조건이 맞아떨어져야 발생한다. 하나의 조건은 해당 국가의 기초 경제여건이 부실하다는 것이다. 다른 하나의 조건은 해당 경제에 대한 신뢰 상실이다. 외환위기를 연구한 초기의 경제학자들은 기초적인 경제여건과 환율수준의 괴리가 있는 경우에 외환위기가 발생한다고 보았다(제1세대 투기적 공격모형). 허약한 경제여건이 환율수준(당시는 고정환율제도를 채택하고 있었다)을 유지할 수 없을 때 외환위기가 불가피하다고 주장했다. 하지만 1990년대 유럽의 외환위기와 멕시코 페소화 위기를 겪으면서 견실한 거시경제여건과 정책을 운영하고 있어도 투기적 공격과 이에 따른 외환위기를 피하지 못한다는 걸 깨달았다.

이후로 경제학자들은 외환위기의 발생 여부는 앞으로의 환율에 대한 시장참여자들의 예상에 달려 있다고 보기 시작했다(제2세대 투기적 공격모형). 시장참여자들이 환율 급상승을 예상하고 행동하면 실제로 환율이 급등하고 반대로 환율 안정을 예상하면 외환위기가 발생하지 않는다는 것이다. 외환위기의 발생을 가늠하는 건 '신뢰 상실'이라는 것이다. 외환위기는 시장참여자들의 예상에 따라 좌우되는 자기실현의 특징이 있다. 외환시장의 쏠림 행동과 외환위기의 전염효과는 자기실현성을 강화시킨다.

외환위기의 원인은 시기마다, 나라마다 다르다. 그 전개과정과 모습도 다양하다. 마치 코로나바이러스가 변이하는 것처럼 상황에 따라 위기의 실체가 다르기 때문에 예방과 대비가 어렵다. 하지만 '통화 가치가 단기간에 급격히 떨어지고 이를 방어하는 과정에서 외환당국이 보유한 외환보유액이 급속하게 고갈되는 상황'이라는 정의만큼은 변함이 없다. 또 해당 통화에 대한 신뢰 상실도 공통점이다. 내국인 자금의 해외 유출과 외국인 투자자금의 회수가 전형적으로 따라오는 현상이다. 따라서 외환위기를 이겨내는 힘은 '경제와 통화에 대한 신뢰'를 유지하는 것이다. 그리고 그 신뢰를 지탱시켜주는 것은 경제의 강한 기초체력이다.

외환위기에서 살아남기

한국 경제는 1997년 외환위기를 겪으면서 경제체질을 개선하고 한 단계 업그레이드했다. 위기를 그냥 헛되이 보내지는 않은 것이다. 덕분에 우리 경제는 2008년 글로벌 금융위기를 다른 개도국들에 비해서 상대적으로 덜 심각하게 넘겼다. 그렇다고 앞으로 외환위기는 없다고 단언할 만큼 안심할 상황은 절대 아니다. 한국 경제의 대외의존도가 높아서 급변하는 대외 경제환경의 영향으로부터 자유로울 수 없기 때문이다. 특히 북한의 위협과 통일은 우리가 숙명처럼 안고 헤쳐 나가야 할 짐이다. 내부적 문제와 외부적 경제불안이 겹쳐서 발생하는 퍼펙트 스톰 상황과 맞닥뜨릴 가능성에 대비해야 한다.

외환위기를 방어하는 핵심은 경제의 기초체력을 다지는 것이다. 뻔한 처방이라 치부할지 모르겠지만, 아무리 강조해도 지나치지 않는 것이 기본에 충실한 정책이다. 코로나바이러스를 이겨내는 마지막 힘은 기초체력을 바탕으로 한 면역력이다. 외환위기에 넘어지지 않기 위해서는 완전고용, 물가안정, 적정 경상수지 흑자 유지 등으로 대변되는 안정적인 거시경제가 기본이다. 재정정책, 통화정책, 환율정책 등의 거시경제정책을 건전하게 운용해야 한다. 한편 미시적인 산업정책도 경제체질 개선을 위해서 활용되어야 한다. 경제구조를 다변화하고 고도화하며 수출 품목을 제조상품에서 의료 등 서비스업 등으로 다양화하는 노력을 해야 한다.

외환위기에 대비해서는 네 가지가 중요하다. 첫째, 튼튼한 곳간이다. 재정은 어려울 때 든든한 버팀목이다. 한국이 1997년 IMF 사태를 넘긴 건 건전한 재정 덕분이었다. 우리는 기축통화국인 미국이나 자국 통화가 국제통화인 유로존, 일본 등과는 사정이 다르다. 해외 투자자들과 국제 신용평가사들은 항상 눈을 부릅뜨고 개도국 경제의 허약한 부분을 잡아내려고 한다. 음모론이 아니다. 투자 손실 위험으로부터 자신의 자본을 지키고 수익을 극대화하려는 합리적인 행동인 것이다.

둘째, 금융 건전성이다. 한 국가가 감당할 수 없는 위기는 금융부문이 무너질 때다. 금융은 신뢰가 가장 중요하다. 금융은 레버리징이 핵심이고 이는 '빚'을 기본적으로 깔고 하는 비즈니스다. 신뢰가 흔들리면 금융은 버틸 수 없다. 금융기관은 자산과 부채에 있어서 만기, 통화, 유동성 면에서 불일치가 없도록 철저히 관리해야 한다. 금융의 건전성은 궁극적으로는 고객인 가계와 기업의 건전성에 달려 있다. 따라서 가계와 기업의 재무구조가 튼튼해야 한다. 위기에서는 항상 빚이 문제가 된다. 평소에는 그럭저럭 꾸려나갈 수 있는 빚도 위기가 닥치면 감당하지 못하는 경우가 생긴다. 2008년 글로벌 금융위기는 우리 기업과 금융기관의 외화부채가 많지 않아서 무사히 넘길 수 있었다.

셋째, 국경 간 자본 이동에 대한 관리다. 금과옥조로 여겨졌던 자본자유화에 대한 인식을 바꿔야 한다. 외국인 직접투자처럼 기술이전 등을 통해 경제성장에 도움을 주는 자본도 있다. 하지만 핫머니로 분류되는 투기자본은 금융시장 불안을 조장한다. 핫머니의 과다한 유출입은 적극적으로 규제할 필요가 있다. 앞으로 더 중요한 것은 우리 국민이 해외에 투자하는 자본에 대한 관리다. 경상수지 흑자로 국내에 쌓이는 외화의 대부분은 해외로 발길을 돌릴 수밖에 없다. 얼마나 현명하게 투자가 이루어지고 수익을 올리느냐가 중요해진다.

앞으로 외환보유액보다 더 중요해지는 게 순해외자산이다.

넷째, 촘촘한 외환안전망이다. 아무리 규모가 크더라도 외환보유액만으로 위기를 넘길 수는 없다. 양자간, 지역 내 통화스와프를 평소에 깔아두어야 한다. 2008년 글로벌 금융위기와 2020년 코로나바이러스 사태에서 미국과의 통화스와프가 큰 힘을 발휘했다.

외환위기는 국가 차원의 문제이면서 동시에 개인적인 문제이기도 하다. 외환위기 때 개인과 기업이 겪는 어려움과 고통은 이루 말할 수 없다. 본인 잘못도 아닌 일로 큰 희생과 대가를 지불해야 한다. 그래서 개인 차원에서도 환율 폭등, 나아가 외환위기에 대비할 필요가 있다. 개인 차원에서는 외화부채를 지는 걸 가급적 피해야 한다. 반대로 평소에 외화자산을 꾸준히 축적해둘 필요가 있다. 국가 차원의 외환보유액처럼 개인의 외화 비축도 비용이 든다. 외화예금(거주자 외화예금)의 금리는 원화예금 금리보다 낮기 때문이다. 하지만 이는 급하게 외화가 필요할 때 환율 폭등으로 입게 될 손실에 대비한 보험이라고 생각해야 한다. 그럴만한 충분한 가치가 있다. 외화 보통예금 금리는 아예 없거나 0.1% 미만이다. 반면에 외화 정기예금은 1.0% 내외의 금리를 준다. 물론 미국 기준금리의 영향을 받는 것이어서 제로 기준금리 하에서는 외화예금 금리도 0%에 근접한다. 외화예금은 금리보다는 환변동 리스크 축소에 초점을 둬야 한다.

2020년 12월 말, 외화예금은 942억 달러로 사상 최대를 기록했다. 환율이 지속적으로 하락해서 1,100원 아래까지 하락하자 "쌀 때 사두자"라는 심리 때문이었다. 아울러 달러화뿐만 아니라 유로화, 엔화 등 다른 통화의 외화예금도 늘어났다. 바이든 시대의 약달러에 대비해서 분산투자하려는 외환투자자들이 늘어났기 때문이었다. 하지만 외화예금을 하는 주체는 여전히 외환거래 규모가 큰 기업들이 압도적이다. 942억 달러 가운데 기업 예금이 744억 달러인 반면에 개인 예금은 198억 달러에 불과하다. 개인들이 환위험을 인식하고 대비하기 위해서는 앞으로도 가야 할 길이 멀다.

6 장

국제통화체제와
환율의 미래

나의 통화, 하지만 너의 문제 : 전쟁이냐 공조냐

총성 없는 경제전쟁

혹자는 화폐전쟁(currency wars)이라고 하고 다른 혹자는 환율전쟁(exchange rate war)이라고 한다. 국제통화체제와 환율은 그 자체가 국제정치다.[72] 국제통화체제가 진화해온 길에는 국제적 힘의 대결 흔적이 선명하게 새겨져 있다. 헤게모니를 쥔 국가는 자신의 이해에 따라 국제통화체제를 변형시키고 때로는 환율전쟁도 불사했다. 현재 기축통화국인 미국만 봐도 자국 입맛에 맞게 금태환 정지선언, 플라자합의, 양적완화, 환율조작국 지명 등을 수시로 감행해왔다. 닉슨 대통령이 금태환 정지를 선언했던 1971년 당시 미국 재무부 장관이었던 존 코널리는 환율 역사에 길이 남을 유명한 말을 남겼다. "달러는 우리의 통화지만, 너의 문제다."

환율전쟁이란 각국이 수출경쟁력을 강화하기 위해서 경쟁적으로 자국 통화의 가치를 낮추는 것을 말한다.[73] 환율을 둘러싼 국가 간의 경쟁이 실제 전쟁을 방불케 할 정도로 치열해 '총성 없는 경제전쟁'이라고도 불린다. 근대사 최초의 본격적인 환율전쟁은 1930년대 세계대공황에서 찾을 수 있다. 당시 세계 각국은 생산·소비·투자의 급감과 대규모 실업으로 고통받았다. 이를 타개하고자 각국은 수입관세를 경쟁적으로 높여서 자국의 산업을 보호했다. 더불어 자국 통화 가치를 떨어뜨리기 시작했다. 경쟁적인 보호무역주의와 통화 가치 절하가 대공황을 심화시키면서 불황을 전 세계적으로 확산시켰다. 이러한 자국이기주의는 결국 제2차 세계대전이라는 인류 역사의 비극으로 이어졌다.

1976년 1월 자메이카의 수도 킹스턴에서 새로운 국제통화 체제를 마련해 각국이 자국 여건에 맞는 환율제도를 선택할 수 있게 하면서 이른바 '변동환율제도'의 시대가 열렸지만 환율전쟁의 위험성이 사라진 것은 아니었다. 1970년대 두 차례 석유파동이 발생하면서 세계 경제는 인플레이션과 경기침체라는 스태그플레이션을 겪었다. 당시 폴 볼커 미국 연방준비제도 이사회 의장은 스태그플레이션을 해결하기 위해 기준금리를 급격히 인상하는 고금리 정책을 시행했다. 그 결과 달러화 가치도 급등했다. 여기에 1980년대 초 미국 레이건 정부가 대규모 감세를 단행하면서 재정적자 및 경상수지 적자가 급격히 증가했다.

미국이 재정적자와 무역적자라는 쌍둥이 적자로 고통받는 가운데, 일본은 승승장구했다. 대미 무역흑자가 지속되었다. 일각에서는 일본 경제가 곧 미국을 앞지르리라 전망했다. 이에 미국은 대규모 반격을 준비했다. 1985년 9월 미국 뉴욕의

플라자호텔에 독일, 일본, 영국, 프랑스 재무장관을 초대했다. 말이 '초대'지 사실은 '소환'이었다. 이 자리에서 5개국은 대미 무역흑자국 1위인 일본의 엔화, 2위인 독일의 마르크화를 달러화 대비 절상하기로 합의했다. 달러화의 약세(독일 마르크화 및 일본 엔화의 평가절상)를 인위적으로 만들기로 합의한 것이다. 이것이 유명한 '플라자합의'다. 플라자합의 다음날인 9월 23일부터 10월 말까지 미국 32억 달러, 일본 30억 달러, 독일·프랑스·영국 20억 달러 등 총 100억 달러를 시장에 팔았다. 개입 기간 중 엔화는 달러화 대비 14.4%, 마르크화는 달러화 대비 7.7% 절상되었고, 미국 달러화는 이후 2년간 30% 이상 급락했다.[74]

그 결과 미국 제조업체들은 달러화 약세의 혜택을 누렸다. 반면에 일본은 엔화 강세로 수출이 꺾이면서 경기둔화를 맞았다. 이에 일본 정부는 금리 인하, 부동산 대출 규제 완화 등 경기부양책을 단행했다. 그러나 오히려 이것이 1990년대 일본 경제의 버블 붕괴로 이어지며 '잃어버린 20년'이 시작되었다. 당시 달러화 강세, 미국 재정적자, 무역수지 적자는 미국의 잘못된 재정정책과 통화정책이 원인이었다. 하지만 미국은 일본, 독일 등과의 합의 하에 그 부담을 일본과 독일에 전가할 수 있었다. 힘의 논리가 관철된 것이다.

공조냐 각자도생이냐

2008년 글로벌 금융위기는 리먼 브라더스, 메릴린치 등 미국의 대형 투자은행들의 파산으로 이어졌다. 직접적인 계기는 미국 서브프라임 모기지 부실이었다. 하지만 위기의 근본적인 원인은 장기간의 구조적인 문제가 복합적으로 작용한 결과였다. 완화적 저금리 정책이 지속되면서 신용(빚)이 방만하게 팽창되었다. 특히 파생금융상품 시장의 과도한 팽창으로 금융시스템 전체가 위기에 직면했다. 하지만 금융 감독의 손길은 미치지 못했다. 이 여파로 세계 경제는 1970년대 이후 가장 극심한 경기침체를 겪게 되었다. 각국 정부는 재정지출을 확대하고 세금을 감면했다. 또 각국 중앙은행도 정책금리를 인하하고 시중에 유동성을 공급하는 완화적 통화정책을 시행했다.

특히, 미국 연방준비제도 이사회는 기준금리 인하에 그치지 않았다. 제로 수준까지 정책금리를 내려도 경기는 호전되지 않았다. 금리 수단을 소진한 미국 FRB는 과거에는 사용하지 않았던 수단까지 동원할 수밖에 없었다. 누구도 중앙은행의 원래 역할이라고 생각지 않았던 수단이었다. 국채를 비롯해 단기금융시장에서 기업어음을 매입해 유동성을 공급했다. 국채와 민간의 특정 자산을 매입하는 방식으로 시중에 유동성을 공급하는 것을 양적완화(Quantitative Easing)라고 부른다.

미국 연방준비제도 이사회는 6년간 양적완화를 3차례에 걸쳐 실시했다. 총 규모가 4조 달러에 육박했다. 당시 연준 의장이었던 벤 버냉키가 주도했다. 그는 2002년 연준 이사로 있을 때 "경제가 디플레이션에 빠지면 헬리콥터로 공중에서 돈을 뿌려서라도 경기를 부양하겠다"라고 한 바 있다. 그래서 그는 '헬리콥터 벤'이라는 별명까지 얻었다. 이어 유럽중앙은행, 일본 중앙은행 등 주요 선진국들도 경기부양을 위해 앞다투어 양적완화정책을 단행했다.

개도국들은 선진국들의 양적완화정책을 '신환율전쟁'이라고 비난했다. 양적완화 같은 국내 통화정책이 왜 환율전쟁인가? 단순화시켜 말하면, 완화적 통화정책은 돈을 풀어 자국 통화 가치를 하락시키기 때문이다. 자국의 통화 가치 하락은 수출가격경쟁력을 높인다. 선진국의 양적완화로 대규모로 풀린 돈은 상대적으로 금리가 높은 신흥국으로 흘러들어간다. 이 과정에서 신흥국 통화 가치는 상승하게 된다. 실제 의도와 관계없이 주요 선진국의 양적완화는 자국 통화의 평가절하와 여타 통화의 평가절상을 유도했다.

기도 만테가 브라질 재무장관은 "미국의 양적완화는 보호주의이며 통화전쟁을 촉발할 것이다"라고 했다. 양적완화 조치는 과거 플라자합의와 달랐다. 플라자합의는 주요 선진국들이 합의해서 외환시장에 직접 개입해 목표 환율을 만들었다. 그 결과 우리나라를 비롯한 신흥국들은 일본 엔화와 독일 마르크화의 평가절상으로 부수적인 혜택을 보기도 했다. 이에 비해 2008년의 양적완화는 선진국들의 각자도생이었고 그 피해는 고스란히 신흥국 전반의 몫이었다. 신흥국의 통화는 상대적으로 절상되었다.

G20은 미국 등 선·후진국 19개국과 유럽연합의 국제협의

체다. 이전에는 선진국들의 G7(미국, 영국, 프랑스, 독일, 일본, 이탈리아, 캐나다)이 세계 경제의 최상위 회의체였다. 그러나 신흥국들의 위상이 높아지면서 새로이 출범한 것이 G20이다.[75] 그런데 환율 문제가 2010년 서울 G20 정상회의의 최대 이슈로 떠올랐다. G20 정상회의를 일주일 앞두고 당시 버냉키 연준 의장이 2차 양적완화를 단행했다. 이에 신흥국들은 미국의 양적완화는 신흥국 통화 가치를 절상시켜 수출경쟁력을 떨어뜨리는 조치라며 비난했다. 반면 미국은 오히려 중국 등 신흥국들이 환율을 조작하고 있다고 반박했다.

당시 G20에서의 협상은 순탄치 않았다. 환율을 둘러싼 각국의 이해관계가 첨예하게 대립하면서 합의점을 찾기가 쉽지 않았다. 합의문에는 "시장 주도의 환율제도를 시행하고 경쟁적인 통화 가치 절하를 자제한다"라고 두루뭉술하게 서술되었다. 환율전쟁은 피했지만 구체적인 해결책은 찾지 못했다. 그러나 과거 일부 선진국들이 호텔에 모여 주요국의 환율을 결정하고 국제 금융시장을 좌지우지했던 플라자합의와 비교해보면, G20은 보다 진일보한 협의체임은 분명하다.

해결책은 구하지 못했지만 환율전쟁은 피했다는 측면에서 그나마 다행이었다. 제로섬 게임인 환율 문제에 모두가 만족할 만한 답을 찾기는 어렵다. 특히 한 국가가 절대적으로 결정권을 행사하지 못하는 현실 때문이었다. 과거 미국과 주요국들이 호텔에 모여서 환율을 결정하고 국제 금융시장을 좌지우지했던 시대는 이미 지났다. 높아진 신흥국들의 위상 때문에 일부 선진국들의 일방적인 의사결정이 불가능해진 것이다.

미중 무역 갈등과 환율전쟁

한동안 잠잠하던 환율전쟁은 트럼프 미국 대통령의 등장으로 다시금 수면 위로 떠올랐다. 2017년 제45대 미국 대통령으로 취임한 트럼프는 후보자 시절부터 '아메리카 퍼스트(미국 우선주의)'를 내세웠다. 무역, 외교, 국방 등 모든 분야에서 미국의 이익을 최우선으로 삼았다. 트럼프의 첫 표적은 중국이었다. 중국이 공정한 무역을 방해하고 지적재산권을 침해해서 미국의 국가안보와 산업을 위협한다고 주장했다. 중국의 불법 보조금, 환율조작 등 불공정한 무역관행이 미국의 무역적자를 악화시켰고 미국 국민의 일자리를 감소시켰으므로 이를 바로잡겠다고 공언했다.

본격적인 미중 무역전쟁은 관세 부과로 포문이 열렸다. 2018년 3월 트럼프 대통령은 연간 500억 달러 규모의 중국산 수입품에 25%의 고율관세를 부과하는 행정명령에 서명했다. 이에 중국은 즉각 반발했고 500억 달러 규모의 미국산 수입품에 25%의 고율관세 부과로 반격했다. 이후 양국은 보복관세 난타전과 휴전을 반복하며 치열하게 대립했다. 극한으로 치닫던 양국의 보복관세 전쟁은 2019년 6월 일본 오사카에서 열린 G20 정상회담에서 양국 정상이 무역협상을 재개하기로 합의하면서 다시 휴전 국면에 들어갔다.

그러나 위안화 가치가 하락하면서 미중 무역전쟁은 환율

분쟁으로 비화했다. 중국 위안화가 약세를 보이면서 11년 만에 '1달러=7위안'이 깨졌다. 이에 미국은 즉각적으로(2019년 8월 5일) 중국을 환율조작국으로 지정했다. 중국이 의도적으로 위안화의 포치(破七; 7이 무너진다는 의미로 위안/달러=7선이 깨진 것을 말함)를 용인했다고 의심했다. 중국은 위안화 약세는 시장에서 결정된 것이지 조작된 것이 아니라며 반발했다. 미중 사이에서 환율전쟁이 발발할 거라는 우려가 팽배했다. 이른바 신플라자합의가 나올 것이라는 전망도 있었다.

그러나 2019년 9월 이후 위안화가 절상되면서 1달러당 7위안 아래로 내려갔다. 2020년 1월에는 양국이 무역협상 1단계에 합의하면서 중국이 환율조작국에서 제외되었다. 중국 정부는 위안화의 평가절하에 적극 대응하기로 약속했다. 그리고 추가로 500억 불 규모의 미국산 농산물을 구매하고 지적재산권 보호와 금융시장 개방을 강화하기로 약속했다. 이에 대한 대가로 미국은 중국산 수입품에 대한 관세 부과를 축소했다. 이로써 2018년 3월 트럼프 대통령의 행정명령 서명 이후 장장 21개월간 이어진 미중 간 무역전쟁 및 환율전쟁은 휴전에 들어가게 되었다.

환율전쟁이 앞으로도 계속될까? 최근의 환율전쟁은 미국의 경상수지 적자로부터 시작되었다. 미국은 경상수지 적자의 원인을 교역상대국들의 환율조작이라고 주장해왔다. 따라서 미국의 경상수지 적자가 심화될 경우 환율전쟁은 재발할 수 있다. 환율전쟁 가능성은 언제나 잠재되어 있는 것이다. 당장 미중 간 무역협상도 아직 끝나지 않았다. 말 그대로 1단계 합의인 것이다. 2단계 협상도 순탄치만은 않을 것으로 보인다. 2단계 협상에서 중국의 대규모 산업 보조금 문제가 핵심의제로 다뤄질 것으로 예상되기 때문이다.

"고래 싸움에 새우 등 터진다"는 우리 속담이 있다. 미중 양국과의 무역 비중이 높은 우리나라는 양국 간 분쟁의 최대 희생양이 될 게 분명하다. IMF는 2018년 10월 발표한 '아시아 경제전망 보고서'에서 미중 무역분쟁으로 우리나라의 경제성장률이 1%p 하락할 것으로 전망해 아시아 국가들 중 가장 큰 피해를 볼 것으로 예상했다.[76] 2019년 한국무역협회는 미중 간의 무역분쟁으로 인한 반사이익도 보지만 무역분쟁이 장기화될 경우 수출에 부정적 영향을 미칠 것이라고 전망했다.[77]

2020년 초에는 코로나바이러스로 안전자산 선호현상이 만연하면서 달러당 7위안을 돌파하는 '포치'가 다시 발생했지만 양국 모두 당장 발등의 불인 코로나바이러스와의 전쟁을 치르느라 환율전쟁이 촉발되지는 않았다. 하지만 코로나바이러스 수습 뒤에는 양국의 보복관세와 환율전쟁이 재개될 가능성이 높다. 글로벌 경기침체 국면에서의 무역전쟁은 더욱 치열하고 양보 없이 극단으로 치닫기 마련이다. 1930년대 세계대공황과 1970년대 오일쇼크에서의 환율전쟁은 생존을 건 진흙탕 싸움이었다. 환율전쟁의 어두운 역사가 되풀이되지 않도록 국제적인 공조 노력이 절실한 이유다.

달러화, 유로화, 위안화 그리고 엔화의 미래

달러 패권은 언제까지 지속될 것인가

인류 역사상 수많은 화폐가 생겼다가 사라졌다. 그리고 현재에도 전 세계적으로 수많은 화폐가 유통되고 있다. 그 가운데에서도 미국 달러화는 '화폐 중의 화폐'다. 소위 '기축통화'다. 달러화는 1945년 브레튼우즈 체제 출범 이후 오늘날까지 75년 동안 기축통화의 지위를 누려왔다. 그 과정에서 여러 차례 위기를 맞기도 했었지만 여전히 달러화는 중심 통화다. 오늘날 모든 국가의 화폐가치는 달러화를 기준으로 평가된다. 전체 국제결제의 약 40%가 달러화로 결제된다. 그리고 2018년 3분기 말 각국 중앙은행들이 보유 중인 외화자산의 58%가 달러화 자산이다.

달러화가 기축통화이기 때문에 미국이 누리는 이점은 여러 가지다. 미국 기업이나 국민들은 해외 거래나 여행을 할 때 미리 환전할 필요가 없다. 달러만 가지고 있으면 현지에서 필요에 따라 환전할 수 있다. 심지어는 달러화를 받는 가게도 있다. 어디서나 달러는 환영받는다. 자국 화폐로 국제거래를 할 수 있기 때문에 환율 변동에 따른 환리스크로부터 자유롭다. 또한 외환보유액을 쌓아둘 필요도 없다. 우리나라를 비롯한 대부분의 국가들은 위기 발생에 대비해서 외환보유액을 확보해야 한다. 외환보유액이 많으면 많을수록 좋을 것 같지만 그렇지 않다. 외환보유액을 유지하는 데 비용이 발생하기 때문이다. 그런데 미국은 그럴 필요가 없다. 게다가 미국은 저금리로 자금을 빌릴 수 있다. 전 세계적으로 기축통화인 달러화에 대한 수요가 많기 때문에 미국 채권에 대한 수요도 많다. 따라서 미국 정부는 채권을 수시로 발행하면서 빚을 많이 지지만 금리를 낮게 유지할 수 있다.

달러화가 기축통화의 지위를 유지할 수 있는 비결은 무엇일까? 폴 크루그먼은 한마디로 '관성' 때문이라고 보았다. 달러화 이전에 영국의 파운드화가 그랬다. 1870년대 영국의 경제력이 미국에 추월당하고도 이후로도 1930년까지 약 50여 년간 영국의 파운드화는 기축통화의 지위를 유지했다. 기축통화의 변경은 국제통화체제의 극심한 혼란을 초래한다. 그래서 각국 정부와 시장은 기존 질서를 유지하려는 성향이 있다. 때문에 일시적으로 기축통화의 지위가 흔들리는 상황이 오더라도 쉽게 기축통화가 바뀌는 것이 아니다. 게다가 미국은 현재 세계 최대의 경제력과 군사력을 가지고 있다. 또한 금융이 가장 앞선 나라다. 한 나라의 국력이 그 통화에 대한 신뢰를 뒷받침한다. 현재로서는 미국의 달러화를 대체할 만한 통화가 없다.

그러나 달러 패권도 영원할 수는 없을 것이다. 불과 100년 전만 해도 영국은 '해가 지지 않는 나라'로 세계 경제의 중심이었다. 영국은 금본위제도를 채택했고 금의 중량과 연계한 파운드화를 발행했다. 대다수 국가들이 영국 방식대로 금본위제를 따랐다. 국제거래에서 영국의 파운드화가 결제통화로 기능했다. 그러나 두 차례의 세계대전을 거치면서 유럽의 국부는 파괴된 반면에 미국은 별다른 전쟁 피해를 입지 않고 단기간에 산업화를 이룰 수 있었다. 세계 경제의 패권은 영국으로부터 미국으로 넘어갔고, 이어서 기축통화의 지위도 영국 파운드화로부터 미국 달러화로 넘어갔다. 세상에 영원한 건 없다. 달러 패권도 언제 어떤 갑작스러운 사건을 계기로 역사 속으로 사라질지 모른다. 유로화와 위안화가 현재로서는 향후 달러 패권을 위협할 만한 통화다. 아직은 달러화에 크게 미치지 못하지만.

화폐는 발행국의 힘을 반영한다. 그런데 국가의 힘은 어떻게 가늠할 수 있을까? 조지프 나이 교수는 국가의 힘을 '군사력과 경제력' 그리고 '이념과 사상'이라고 했다. 군사력과 경제력이 '하드 파워'라면 이념과 사상은 '소프트 파워'다. 하드 파워와 소프트 파워가 합쳐져서 한 나라의 힘을 좌우한다. 조지프 나이 교수의 말대로라면 미국은 현재 세계에서 가장 힘이 강한 국가다. 그리고 미국 달러도 마찬가지다.

미국은 민주주의, 자유, 인권, 삼권 분립 등 오늘날 보편적 가치를 상징한다. 물론 미국이 최선의 실현 국가는 아니지만 적어도 이러한 가치를 지향하는 국가다. '소프트 파워' 면에서 세계를 리드한다고 해도 과언이 아니다. '하드 파워'도 그렇다. 미국의 연간 국방예산은 6천억 달러다. 미국을 제외한 모든 국가의 국방예산을 합한 금액의 50%보다 많다.[78] 우리가 많다고 자랑하는 외환보유액(약 4천억 달러)의 1.5배를 매년 국방예산으로 쓰고 있는 셈이다. 이러한 막대한 국방비는 미국의 기업들과 국민들이 내는 세금에서 나온다. 경제력이 뒷받침하는 것이다. 결국 하드 파워와 소프트 파워 모두 여전히 막강한 미국의 힘이 아직까지 미국 달러화의 패권을 담보하고 있는 것이다.

유로화와 브렉시트

유로화는 유럽경제통화동맹(Economic and Monetary Union; 이하 유로존)에 가입한 19개국의 공동 통화다. 유로존은 당초 1999년 독일, 프랑스, 이탈리아, 스페인, 포르투갈, 아일랜드, 네덜란드, 벨기에, 룩셈부르크, 오스트리아, 핀란드 11개국으로 출범했다. 이후 그리스(2001년), 슬로베니아(2007년), 몰타(2008년), 키프로스(2008년), 슬로바키아(2009년), 에스토니아(2011년), 라트비아(2014년), 리투아니아(2015년)가 가입해서 2019년 현재 총 19개국이 유로화를 사용하고 있다. 유로화 사용 인구는 3억 4천만 명이고 경제규모로는 실질GDP로 15조 3,904억 달러에 달한다. 인구는 미국을 능가하고 실질GDP 측면에서는 미국에 뒤지는 통화공동체다.

2019년은 유로화 탄생 20주년이 되는 해였다. 1960년대 후반 브레튼우즈 체제가 불안해지자 유럽 국가들 사이에서는 경제와 통화를 하나로 통합하자는 논의를 시작했다. 특히 1980년대 유럽의 경기침체는 이러한 논의를 가속화시켰다. 경제침체가 장기화되면서 미국과 일본의 경제력에 대항하기 위해서 유럽을 하나의 시장으로 통합하자는 주장이 힘을 얻었다. 마침내 1991년 당시 유럽공동체 12개국 정상들은 단일 통화 출범을 핵심으로 하는 '마스트리흐트 조약'에 합의했다. 그로부터 8년 후인 1999년 1월 유로화와 함께 유럽중앙은행(European Central Bank)도 출범했다.

유로화의 탄생은 경제통합 이상의 의미가 있다. 유럽합중국을 이룬다는 원대한 정치적 구상에서 중대한 이정표이기 때문이다. 제1·2차 세계대전을 겪은 유럽 국가들은 전쟁 없는 유럽을 갈망했다. 유럽 통합의 구상은 유럽석탄·철광공동체(1951년)로 시작해서 유럽공동시장(1957년), 유럽통화제도(1979년)로 점차적으로 발전했다. 1991년 마스트리흐트 조약은 유럽경제통화동맹을 목표로 추진되었다. 유로화의 출범은 유럽 통합 구상이 마침내 실질적 성과를 거둔 역사적인 사건이었다.

현재 유로화가 국제결제에서 차지하는 비중은 약 34%로 미국 달러화에 이어 두 번째다. 유로화의 등장은 유로 지역에 여러 가지 긍정적인 결과를 가져왔다. 유로 지역 기업들의 투자와 무역 활동에 큰 도움이 된다. 개인들도 불필요한 환전비용을 부담하지 않는다. 유로 지역 내 다른 나라에 여행을 가더라도 환전할 필요가 없다. 통화 통합을 넘어 금융시장의 통합도 가속화되었다. 유로 단기금융시장을 비롯해 주식시장과 채권시장 역시 빠르게 통합되며 중요 국제 금융시장으로 자리매김하고 있다.

그러나 유로화 정착이 순조롭지만은 않다. 미국 달러화에 맞서자는 목표에서 출범했지만 아직 동등하게 겨룰 수준은 아니다. 세계 외환보유액에서 차지하는 비중은 20.3%(2018년 6월 기준)로 미국 달러화의 62.5%에 비해 절반에도 미치지 못한다. 유로/달러 실효환율은 출범 당시에 비해서 7.3% 평가절하되었다. 출범 당시 실효환율이 100이었으나 2018년 11월에는 92.7이 되었다.

마리오 드라기 유럽중앙은행 총재는 유로화 출범 20주년 기념 축사에서 "유로화가 제대로 자리 잡기 위해서는 앞으로 20년이 더 걸린다"라고 말했다. 여러 나라가 단일통화를 사용하는 게 쉽지 않기 때문이다. 각국 정부는 독자적인 통화정책을 펼칠 수 없다. 통화정책의 주권을 유럽중앙은행에 이양했기 때문이다. 하나의 통화정책으로 경제상황과 이해관계가 상이한 회원국을 모두 만족시킬 수는 없다. 특히 상대적으로 잘사는 북유럽과 낙후된 남유럽 사이의 이해 대립이 갈등을 심화시키고 반유로화 정서를 키우고 있다. 유로화가 사용된 이후 20년 동안 독일, 네덜란드, 아일랜드, 핀란드 등 북유럽 국가들은 경제적 발전을 거두었다. 하지만 이탈리아, 그리스,

스페인, 포르투갈의 경제 사정은 악화되었다.

2010년 그리스발 유럽 재정위기는 통합 유럽 그리고 단일 통화인 유로화의 한계를 보여줬다. 통화정책과 달리 재정정책은 각국 정부가 독자적으로 시행한다. 그리스 등의 방만한 재정지출이 제대로 통제될 수 없었다. 여기에 유로 내 통화 및 금융시스템이 밀접히 연계되어 있어서 일국의 재정위기는 다른 유로 국가로 빠르게 확산됐다. 회원국 간 공조 속에 위기를 탈출하긴 했지만 그리스 등의 재정 불안은 여전하다.

무엇보다 중요한 문제는 유로체제의 존속 가능성이다. 2016년 영국의 브렉시트 결정은 유로체제의 존속 가능성에 심각한 의문을 제기했다. 브렉시트 이후로 유로체제 그리고 유로화가 계속 존속할 것인가 하는 의구심이다. 사실 영국은 애초부터 EMU 가입국이 아니었고, 유로화를 채택하지 않고 파운드화를 사용하고 있기 때문에 브렉시트가 유로화에 직접적으로 미치는 영향은 없다. 하지만 브렉시트로 다시 야기된 유로체제의 불확실성은 유로화의 신뢰성을 훼손시킬 것이다.

2016년 6월 23일 영국 국민들은 국민투표로 EU 탈퇴를 결정했고, 몇 차례 순연된 끝에 2020년 1월 9일 영국의 EU 탈퇴가 확정되었다. 그리고 마침내 2021년 1월 1일부터 영국은 EU에서 탈퇴했다. 영국 국민이 브렉시트를 선택한 것은 정치적 이유가 컸다. 2015년 시리아 내전으로 시리아 난민들이 유럽으로 몰려옴에 따라 영국도 난민 문제로 골치를 앓았다. 뿐만 아니라 아프리카, 중동지역에서 불법 이민자들도 들어왔다. 난민 문제는 이탈리아, 그리스, 독일 등에서 더욱 심각했지만 영국도 그 영향을 받지 않을 수 없었다. 유럽 국가들로 들어온 이민자들은 자연스럽게 영국으로 흘러갔고 영국은 EU의 이동 자유 규약에 따라 이를 막을 수 없었다. 그 이전부터 영국 국민들은 자신들이 낸 세금으로 다른 EU 국가를 도와주는 데에 반감을 가지고 있던 참이었다. 난민 문제로 반EU 감정이 불타올라 결국 국민투표로 브렉시트가 결정되었다.

영국은 브렉시트 결정 이후 큰 비용을 치르는 중이다. 결정 이후 이틀 동안 영국 주가는 6%, 파운드 가치는 10% 추락했다. 영국 국가신용등급도 1~2단계 낮아졌다. 경제성장 전망치도 내려갔다. 영국은 파운드화를 사용 중이어서 당장 유로화에 미치는 영향은 없다. 하지만 화폐는 경제를 비추는 거울이다. 문제는 브렉시트 이후다. EU 경제가 영국의 탈퇴로 인해서 약화되거나 향후에 다른 EU 국가들이 영국처럼 탈퇴한다면 유로화의 미래도 알 수 없다.

유로화는 아시아 지역에도 큰 시사점을 준다. 우리나라를 비롯해서 일본과 중국은 유로화의 성패를 예의 주시하는 중이다. 아시아 지역 단일통화 논의는 아직까지는 본격화되지 않고 있다. 다만 통화·금융 협력 차원의 논의는 다각적으로 이루어지고 있다. 괄목할 만한 성과도 있다. 한중일 3국과 ASEAN 10개국 사이의 다자간 치앙마이합의(CMIM)로 다자간 통화스와프가 설정되었다. 아직 미흡한 수준이라서 앞으로 지역 내 외환위기에 효과적으로 대처할 수 있게 보완되어야 한다.

아시아 지역 경제통합에서 또 하나의 난제는 한중일 관계이다. 지역 경제통합의 중추라 할 한중일 3국은 여전히 역사문제를 비롯한 많은 갈등관계를 해소하지 못하고 있어 경제통합 전망을 어둡게 하고 있다.

위안화의 부상과 한계

중국이 세계 2위의 경제대국으로 부상해 미국과 함께 명실공히 G2가 되었다. 위안화 거래도 빠르게 증가하고 있다. 특히 2008년 글로벌 금융위기 이후 중국 정부가 앞장서서 위안화의 국제화를 밀어붙였다. 중국이 위안화 국제화에 팔을 걷고 나선 이유는 불분명하다. 한 가지 가설은 이렇다. 중국은 세계 최대 외환보유국인데 대부분이 달러화 자산이다. 2019년 7월, 중국 국가외환관리국은 달러 비중이 58%라고 발표했다. 때문에 달러화 가치가 하락할 경우 외환보유액에 손실이 발생한다. 따라서 달러화 의존도를 줄이고, 진정한 경제대국으로 발돋움하기 위해 위안화의 국제화를 추진했다는 것이다.

2015년 11월, 위안화의 높은 위상을 보여주는 상징적인 사건이 일어났다. IMF 특별인출권(SDR)의 통화바스켓에 위안화가 포함된 것이다. 특별인출권은 IMF가 기축통화인 달러화의 유동성을 보완할 목적으로 만든 통화다. SDR의 가치는 달러화(41.9%), 유로화(37.4%), 파운드화(11.3%), 엔화(9.4%) 등 4개 통화를 가중평균해서 계산한다. 이를 통화바스켓이라 한다.

그런데 중국의 위안화가 다섯 번째 구성통화로 새롭게 추가된 것이다. 이후 구성통화 비중은 달러화(41.7%), 유로화(30.9%), 위안화(10.9%), 엔화(8.3%), 파운드화(8.1%)로 변경되었다. 특히 위안화가 달러화, 유로화에 이어 세 번째로 높은 비중을 차지했다. 향후 위안화가 세계 기축통화의 반열에 올라설 것이라는 전망도 나왔다. 실제로 이후 각국 중앙은행은 위안화를 외환보유액 자산으로 확보하고 있다. IMF에 따르면 각국 중앙은행의 위안화 자산 비중은 2016년 말 0.8% 수준에 불과했지만, 2017년 말 1.1%, 2018년 말 2.6%로 점차 확대되고 있다.

그러나 위안화의 국제화는 아직 갈 길이 멀어 보인다. 스위프트에 따르면 위안화의 국제결제 비중은 2015년 2.8%에서 2018년 2.1%로 오히려 감소했다. 국제결제 시장에서 위안화의 매력이 아직은 높지 않음을 보여준다. 중국 정부의 금융·외환시장에 대한 규제와 개입이 근본적인 걸림돌이다. 위안화가 국제적으로 널리 통용되기 위해서는 중국으로의 자본 유출입이 자유로워야 하는데, 중국 당국이 이를 제한하고 있다. 중국 금융시장과 위안화의 매력은 감소할 수밖에 없다. 2013년 중국 인민은행의 통화정책위원이었던 천위루는 "향후 30년 안에 위안화가 기축통화인 달러화를 대신할 것이다"

라고 전망한 바 있다. 과연 중국의 희망이 현실화될 것인지 지켜볼 필요가 있다.

위안화가 특히 우리에게 중요한 것은 원/위안화 직거래시장 때문이다. 이 시장은 2014년 12월 1일 우리나라와 중국에 개설되었다. 그 이전에는 원/달러만 직거래되었다. 따라서 현재 원화는 달러화, 위안화와의 직거래만이 이루어진다. 나머지 통화와는 직거래되지 않고 달러화를 매개로 간접거래된다. 하지만 원/위안화 시장은 아직 홀로서기를 하지 못하고 있다. 청산결제은행들이 위안화의 유동성을 공급하면서 결제를 해주는 역할을 한다. 그리고 시장조성자 역할을 하는 은행들이 사고파는 거래를 통해서 인위적으로 시장형성을 떠받치는 실정이다. 실제 수요는 미미한 수준이다. 위안화 직거래시장은 달러 의존도를 낮추고 중국과의 무역 및 금융협력을 지원하는 차원에서 필요하다. 꾸준한 정책적 뒷받침이 요구된다.

엔화, 안전통화의 저주

엔화를 설명할 때 빠지지 않는 표현이 있다. 바로 '안전통화'라는 수식어다. 안전통화는 경제위기 때 오히려 수요가 늘어나서 가치가 상승하는 통화를 말한다. 달러화와 엔화가 대표적인 안전통화로 인식된다. 2008년 글로벌 금융위기 당시 원화를 비롯해 주요 통화들의 가치가 크게 하락한 반면 엔화는 강세를 보였다. 당시 일본 경제상황이 좋아서였을까? 아니다. 주지하다시피 일본은 1990년대부터 '잃어버린 20년'이라는 저성장의 늪에 빠져 있었다.

엔화가 안전통화라는 것이 일본에는 환영할 만한 일일까? 어감상 막연히 좋은 것 같지만 실상은 그렇지 않다. 경제상황이 좋지 않은데도 안전통화라는 이유로 엔화가 강세를 보인다면 큰 문제다. 경제사정이 안 좋을 때는 엔화가 평가절하되어 일본 수출품의 가격경쟁력이 높아지는 편이 일본 경제에는 이롭다. 부진한 경제상황과 반대로 안전통화로서 강세를 유지하는 현상을 '안전통화의 저주'라고 부른다. 미국 버클리대학의 배리 아이켄그린 교수가 처음 사용한 용어다.

실제로 다른 나라 통화들은 약세인데 엔화만 나 홀로 강세를 보일 때가 많았다. 일본 경제가 좋지도 않은데 말이다. 일본 중앙은행은 완화적 통화정책을 통해서 엔화의 가치 하락을 유도하지 않을 수 없다. 2012년 집권한 아베 정부는 4년 동안 200조 엔을 풀었다. 양적완화정책은 개인 소비와 기업 투자를 촉진해서 '성장률 2%'를 달성하려는 아베 총리의 3개 화살 가운데 첫 번째 화살이다. 하지만 속내는 엔화 가치를 떨어뜨려서 일본 기업들의 수출경쟁력을 높이겠다는 환율정책이었다. 하지만 브렉시트 결정 소식에 국제 금융시장은 흔들리고 자금이 안전통화인 엔화로 몰렸다. 엔/달러 환율은 110에서 100으로 하락했다. 일본 기업의 가격경쟁력을 상승시키겠다는 일본 정부의 노력이 수포로 돌아가고 말았다. '안전자산'이라는 타이틀은 일본 엔화의 축복이 아니라 저주였다.

엔화가 안전통화인 이유는 무엇일까? 바로 일본이 세계 1위의 해외 순채권국이기 때문이다. 외국에 갚아야 할 돈보다 받을 돈이 더 많다는 뜻이다. 일본 정부는 빚이 무려 1,100조 엔(2018년 말 기준, 약 1경 2,000조 원)으로 일본 GDP 대비 238%에 달한다. 하지만 기업, 개인을 포함하면 일본은 순채권국이다. 일본의 대외순자산은 328조 엔이다(2017년 말 기준). 27년 연속 세계 최대 순채권국 자리를 지키고 있다. 이러한 이유로 세계 경제가 위기에 빠질 때마다 일본 엔화는 오히려 강세를 보인다.

일본의 저금리는 일본 국민들이 해외 자산을 선호하게 만드는 요인이다. 일본 국내 은행에 예금을 하거나 국채를 사면 금리를 포기해야 한다. 대신 대출은 아주 낮은 금리로 받을 수 있다. 따라서 저금리로 엔화를 대출받아 이를 달러화 등 해외 통화로 환전해서 해외 자산에 투자하면 금리차익을 얻을 수 있다. 하지만 글로벌 경제가 불안해지면 해외로 나갔던 자금이 반대로 국내로 되돌아온다. 해외 자산 가격의 하락이 예상되기 때문에 늦기 전에 해외 자산을 매도해야 한다. 해외 자산을 매도하고 받은 해외 통화는 엔화로 환전되므로 엔화 수요가 늘어나게 된다. 이 때문에 엔화의 가치는 상승한다. 이에 더해서 일본 정부의 막대한 외환보유액(1조 3,846억 달러, 2020년 11월 말 현재)과 상대적으로 안정적인 경제여건 등도 엔화를 안전통화로 만드는 요인이다.

원화 국제화는 언제쯤

원화가 국제통화가 되려면

원화가 전 세계적으로 자유롭게 통용되면 얼마나 좋을까? 해외여행 전에 환전해야 하는 번거로움을 덜 수 있다. 무역업체나 해외에 투자하는 사람들도 환전 없이 원화로 거래할 수 있다. 원화로 전 세계 어디에서든지 부동산을 살 수도 있다.[79] 원화가 국제통화가 되면 모든 국제거래가 지금보다는 훨씬 수월해진다는 주장에 이의를 달 사람은 없다. 앞에서 살펴보았던 환리스크도 대폭 줄어들 것이다. 환율이 폭락하거나 폭등해서 금전적인 어려움을 겪는 상황도 피할 수 있다. 무엇보다도 사람들은 원화가 국제통화가 되면 1997년 우리에게 큰 고통을 안겨주었던 IMF 사태는 다시 겪지 않을 거라고 생각한다. 그래서 원화 국제화는 우리 국민 모두의 바람이다.

국제통화와 비슷한 개념으로 기축통화가 있다. 기축통화는 국제거래에서 핵심 축으로 사용되는 통화를 말한다. 국제거래에서 최종적인 결제수단이 되는 통화다. 여러 국제통화 가운데에서도 가장 영향력 있는 통화라고 보면 된다. 이러한 기준에서 보면 현재는 명실공히 미국 달러화가 기축통화다. 제2차 세계대전 이후에 국제통화 질서가 재편되면서 미국 달러화는 영국 파운드화 대신에 기축통화로 부상했다. 그 이후로도 미국의 만성적인 무역 및 재정 적자, 유로화 출범, 2008년 글로벌 금융위기, 위안화 부상 등 온갖 악재에도 불구하고 기축통화로서의 지위를 유지하는 중이다.

미국 달러화의 위상이 앞으로도 지속될지에 대해 의구심을 갖는 사람들도 있다. 각국의 외환보유액에서 미국 달러화가 차지하는 비중이 2000년 72%에서 2019년 62%로 낮아지고 있다. 중국 위안화의 부상도 자주 언급된다. 2020년 12월, 영국 싱크탱크인 경제경영연구소는 코로나바이러스 여파로 중국이 미국을 추월하는 시점이 당초 2033년에서 2028년으로 5년 단축될 거라고 전망했다.

국제통화는 기축통화에는 미치지 못하지만 국제적으로 어느 정도 통용되는 통화를 말한다. 유로화, 파운드화, 엔화, 스위스 프랑화, 위안화 정도를 꼽는다. 이들보다는 못하지만 브라질 헤알화, 호주 달러화, 홍콩 달러화, 러시아 루블화 등도 국제통화에 근접한 통화다. 국제통화를 판단하는 명확한 기준은 없다. 자격의 문제가 아니라 수준의 문제다. "일본 엔화는 국제통화이고 우리 원화는 국제통화가 아니다"라고 말할 수 있는 게 아니다. "엔화는 원화보다 더 국제화가 되어서 더 널리 통용된다"라고 말하는 게 맞다.

대체로 국제통화가 되기 위해서는 두 가지 조건을 갖추어야 한다. 국제거래에서 폭넓게 사용할 수 있는 교환성을 가져야 한다. 그리고 환율이 안정되어서 자산으로서 안정적인 가치를 보유해야 한다. 이 두 가지 조건을 다 갖추면 국제화에 더 유리하지만 하나만 갖추더라도 국제적으로 사용된다. 어느 나라 통화가 폭넓게 사용되기 위해서는 일단 통화발행국의 경제규모가 크면 유리하다. 경제규모가 크다는 것은 국제거래도 많다는 얘기니까 그 통화가 국제거래에서 상당한 규모로 사용될 수 있다. 현재 대부분의 국제통화는 그 통화 발행국의 경제규모가 크다. 하지만 경제규모가 작지만 국제화가 높은 통화도 있다. 대표적인 경우가 홍콩과 싱가포르다. 싱가포르와 홍콩의 경우 경제규모는 작더라도 금융 중심지로서 자본거래가 빈번하게 일어난다. 특히 통화 가치가 안정되고 거래가 용이해서 국제통화로 활용된다.

위안화 국제화에서 배운다

간과해서는 안 되는 점이 있다. 자국 통화가 국제통화가 되면 장점만 있는 게 아니다. 통화 국제화로 인해서 지불할 비용이 편익을 넘어서고 경제의 부담으로 작용할 수도 있다. 자국 통화가 국제화되면 무엇보다도 통화당국의 통화 관리가 어려워진다. 이에 따라 환율도 외환당국의 환율 안정화 정책의 범위를 넘어서게 된다. 통화가 국제적으로 대규모로 유통되면 통화정책과 환율정책에 대한 통제력이 약해지는 건 불가피하다.

원화 국제화를 주장하는 사람들은 정책당국의 통제력 축소를 중요하게 보지 않거나 아니면 오히려 환영하기도 한다. 외환당국의 개입이 외환시장에서 혼란을 부추긴다고 보고 정부의 외환시장 개입에 대해 부정적인 반응을 보인다. 과연 우리 경제가 환율을 시장에 자유롭게 맡겨도 되는지에 관한 판단이 중요하다. 원/달러 환율이 900, 더 내려가 800에 이르더라도 문제가 없을까? 물론 우리 경제의 경쟁력이 향상되어서 환율 하락으로 이어진다면 문제가 되지 않는다. 하지만 경쟁력은 제자리인데 단지 국제자본의 이동으로 환율이 하락한다면 우리 기업에는 큰 부담이 될 것이다. 외환당국이 손을 놓거나 아니면 손을 쓰지 못하는 상황을 국민들이 그리고 정치권이 용납할 수 있을까?

최근 중국 위안화의 국제화를 반면교사로 삼을 수 있다. 위안화의 국제화는 어떻게 이루어졌을까? 중국 경제는 비약적으로 성장했지만 2000년에 들어서도 위안화의 존재감은 미미했다. 2008년 글로벌 금융위기는 미국 달러화를 대신할 화폐로서 중국 위안화를 주목하는 계기가 되었다. 이즈음 중국은 독일을 제치고 세계 최대 수출국으로 등극했다. 2010년에는 일본을 제치고 미국 다음의 경제대국으로 부상했다. 이런 배경 아래 2009년 3월 열린 중국 양회에서 위안화 국제화 추진이 공식화되었다. 이후 중국 정부는 위안화 중심의 세계 금융질서 재편을 구상하고 강력하게 추진 드라이브를 걸고 있다.

하지만 때때로 중국 정부는 위안화의 국제화와 환율 관리 사이에서 골머리를 앓고 있다.[80] 2017년 트럼프 취임 이후에 미국과의 무역마찰이 심화되고 내외국인의 해외 자본 이탈이 발생했다. 이에 따라서 외환보유액은 감소하고 환율은 상승했다. 중국 외환당국은 환율 안정을 위해서 적극적으로 외환시장에 개입하는 등 과거로 회귀했다. 자본거래에 대한 규제를 강화하는 등 자본자유화에 브레이크를 밟고 역주행했다. 이러한 정책 선회로 전체 중국 무역거래에서 위안화 결제 비중도 줄어들고 자본거래 규모도 줄어들기도 했다.

위안화 국제화가 한 단계 업그레이드되려면 넘어야 할 산이 많다.[81] 전 세계 외환시장 거래에서 위안화의 비중은 작다. 위안화 거래 비중이 높아지기 위해서는 대내적인 금융시장의 자유화와 대외적인 자본자유화가 필요하다. 위안화 국제화, 금융시장 자유화, 자본자유화는 2인 3각처럼 동시에 진행될 수밖에 없다. 하지만 중국 국내 금융시장의 자유화는 아직 요원하다. 국가 소유 금융기관들이 주축을 이루고 있고 잠재적인 부실도 만만하지 않다. 자본자유화도 아직까지 초기 단계에 머무르고 있다. 중국 경제의 성장에 따라서 위안화의 국제적 유통도 확대될 것이다. 하지만 이러한 근본적인 금융 시스템의 취약성으로 인해서 위안화의 기축통화로의 비상은 갈 길이 멀다.

인민은행은 매년 '위안화 국제화 보고서'를 발표한다. 2020년 8월에 발표한 보고서에 따르면 중국 인민은행의 자체평가는 긍정적이다. 위안화가 글로벌 통화시스템에서 안정적인 입지를 유지하고 있다고 평가했다. 위안화는 국제 지불통화로서는 1.76%, 전 세계 외환보유액에서는 1.95%, 전 세계 외환거래 중 4.3%를 차지했다고 분석했다. 최근에는 인민은행의 법정 디지털화폐 발행이 위안화 국제화 추진에 중요한 모멘텀이 될 거라는 전망이 나왔다. 2020년에 광동성 선전시에서 5만 명에게 공모와 추첨을 통해서 1인당 200위안의 디지털화폐를 배포했다. 그리고 인민은행은 4대 국영은행(공상은행, 농업은행, 중국은행, 건설은행)과 함께 디지털 위안화 결제기능 테스트도 시행하고 있다. 미국의 헨리 폴슨 전 재무장관은 "중국 정부 주도의 디지털금융 움직임이 위안화 국제화를 촉진시킬 것이다"라고 내다보기도 했다.

중국의 위안화 국제화 전략에 대해서는 우려하는 시각도 있다. 중국이 위안화 국제화를 추진하면서 다른 국가들의 통화 및 외환정책을 무력화시킬 위험이 있다고 비판한다. 특히 일대일로 정책으로 중국 자본의 영향권에 든 국가들에서 심각하다고 본다. 미국, 유럽연합, 일본 등도 중국의 위안화 국제화를 대국의 민족주의라며 견제하기 시작했다. 이를 의식한 듯 2020년 12월 저우샤오촨 전 중국인민은행장은 "위안화 국제화를 경계하는 나라들이 있으니 위안화 국제화 전략을 부드럽게 펴나가야 한다"라고 말했다.

원화의 국제화, 서서히 한 걸음씩

우리 원화는 어느 정도 국제화되었을까? 무역거래의 경우 원화 결제 비중은 미미한 수준에 머물고 있다. 2019년의 경우에 수출은 2.6%, 수입은 5.9%가 원화로 결제되었다. 전 세계 외환시장에서의 원화거래는 더욱 미미하다. 원화거래의 비중은 2.0%(2019년 기준, 세계 12위)에 불과하다. 그것도 대부분 국내 시장에서 거래되고 해외에서는 거의 거래되지 않는다. 해외에서 원화로 표시된 채권 발행은 이루어지지 않는다.

원화가 국제적으로 널리 쓰이지 못하는 것은 소규모 경제의 한계 때문이기도 하다. 국제적 수요가 적은 것이다. 우리 경제규모가 커지긴 했지만 미국, 유로존, 중국, 일본 등에 비하면 상대적으로 작다. 세계 GDP에서 차지하는 비중은 2%에 불과하다. 또한 원화는 신흥국 통화로 위험자산으로 간주된다. 시장 불확실성이 커질 경우 가치의 변동성이 커지므로 국제적으로 사용 또는 보유할 유인이 낮다. 특히 북한의 위협은 원화 보유의 리스크를 확대하는 요인이다.

하지만 원화 국제화가 미진한 게 소규모 경제 때문이라는 건 핑계일 수도 있다. 원화 국제화는 우리 경제의 국제적 위상에 비해서도 턱없이 낮다. 왜 그럴까? 무엇보다 우리 법과 제도가 해외에서의 원화 사용을 제한한다. 1988년 원화 표시 수출입 계약을 허용한 것을 시작으로 원화의 국제화를 위한 규제는 꾸준히 완화됐다. 환전은 자유롭다. 누구나 원화 실물을 해외로 반출하거나 해외에서 반입할 수 있게 자유화되어 있다(미화 1만 달러 초과하는 상당의 원화 반출입은 신고사항이다).
원화로 수출 또는 수입대금을 결제하는 데에도 제약은 없다.
그러나 국제적인 원화 표시 자본거래는 제한적으로만 허용
된다. 따라서 원화 대신 외화로 자본거래를 해야 한다.

일례로 우리 국민이 미국 부동산을 사는 경우를 보자. 매입
자는 국내 은행에 가서 매입대금을 원화로 지급한다. 그러면
국내 은행은 원화에 상당하는 달러를 미국에 있는 국내 은행
의 달러계좌에서 미국 거래은행의 달러계좌로 이체한다. 이
체받은 미국 거래은행이 이를 부동산 매도자의 달러계좌로
이체하면 거래가 완성된다. 매입자는 원화로 지불했지만 실
질적으로는 달러로 거래된 셈이다. 그렇다면 이 거래를 원화
로는 할 수 없을까? 부동산 매입자가 원화로 부동산 매입금
을 국내 은행에 지불하면 국내 은행은 거래하는 외국 은행의
국내 원화계좌로 보내준다. 여기까지는 가능하다. 하지만 원
화를 받은 외국 은행은 이를 한국 내 외화계좌로 이체할 수가
없다. 그러므로 해외로 보내서 매입자에게 지불할 수 없다.
따라서 외국 금융기관은 원화로 부동산 대금을 지급하는 거
래(일종의 자본거래에 따르는 지급이다)를 취급하지 않는다.

우리 외국환 관리규정은 해외에서의 원화 조달과 보유를
자유롭게 허용하지 않는다. 원화에 대한 투기적 공격을 우려
하기 때문이다. 어떻게 우리 정부가 해외에서의 원화 조달과
보유를 막을 수 있을까? 오늘날 대부분의 거래는 금융기관을
통해서 이루어진다. 개인과 기업의 거래를 최종적으로 완결

시키는 것은 외국 금융기관이다. 외국 금융기관들이 해외에서 자유롭게 원화를 확보하고 사용할 수 있어야 한다. 그래야만 외국 금융기관들이 원화로 결제, 대출, 예금 등 금융서비스를 제공할 수 있다. 하지만 외국 금융기관들은 자유롭게 원화를 확보하거나 처분할 수 없다.

예를 들어보자. 미국계 은행인 A은행과 B은행이 미국에서 서로 원화로 거래했더라도 최종적인 자금의 결제는 한국 국내 은행에 개설된 A은행의 원화계좌와 B은행의 원화계좌 사이에서 원화를 주고받아야 완료된다. 그러나 현재 우리 외국환거래법은 이러한 목적으로 국내에서 외국 은행들이 원화를 주고받는 것을 금지하고 있다. 이로 인해서 해외에서의 외국은행 간 원화 거래는 할 수 없다.

자국 통화가 국제적으로 자유롭게 유통되면, 개인과 기업의 입장에서는 분명히 국제적인 거래가 수월해진다. 하지만 여러 가지 걱정스러운 상황도 발생한다. 무엇보다도 환율이 불안정하게 움직일 수 있다. 해외에서 자국 화폐가 대규모로 자유롭게 거래되면 이에 대한 외환당국의 모니터링이 미치지 못한다. 그런데 반대로 통화가 국제화되면 오히려 환율이 안정된다는 주장도 있다. 왜냐하면 원화에 대한 수요와 공급의 저변이 확대되어 일부 투기세력이 좌지우지할 수 없게 된다고 보기 때문이다. 현실적으로 어느 주장이 맞는지는 시장상황에 달려 있다.

해외에서의 원화 사용을 전면적으로 허용하는 건 신중해야 한다. 전 세계에서 24시간 원화가 자유롭게 거래되고 외국 금융기관들이 원화를 제약 없이 자유롭게 조달하게 되면 부작용도 크다. 전면 자유화는 원화에 대한 수요를 감안해서 시행해야 한다. 원화 수요가 충분히 뒷받침되지 않는 상황에서 규제만 완화하면 원화의 투기거래만 키우는 꼴이다. 구체적인 수요와 필요성이 확인되면 점진적으로 규제를 완화하는 방식이 안전하다. 최초의 역외 원화 시장인 원/위안화 직거래시장은 좋은 실험장이 될 것이다. 여기에서의 경험을 바탕으로 전면적인 원화 국제화에 필요한 사전 준비를 해나갈 수 있다.

원화의 국제화는 단계적·점진적으로 모색해나가야 한다. 경제여건이나 원화의 국제적 매력도 등을 감안할 때 미국 달러화나 유로화 수준의 국제통화가 되는 것을 목표로 하는 것은 비현실적이다. 우리 기업들의 경상거래시 원화의 활용도를 높이는 데에서부터 시작해야 한다. 원화 결제에 대한 기업과 은행들의 인식 변화 없이는 원화의 활용도 제고에 한계가 있다. 따라서 국내 기업·은행들을 대상으로 원화 결제에 대해 홍보를 하는 것도 작지만 꼭 필요한 조치다.

'원화의 국제화'는 목표라기보다는 결과로 삼아야 한다. 원화가 국제화된다고 해서 우리 경제가 선진화되는 건 아니다. 오히려 반대다. 우리 경제가 선진화되면 원화는 국제화된다. 우리 경제의 내성이 강해지면 우리 원화도 안정되고 강해진다. 우리 경제가 더욱 개방되고 국제화되면 우리 원화의 국제적 유통도 늘어날 것이다.

남북통일과 화폐통합

북한의 외환·환율제도

북한의 화폐는 우리와 마찬가지로 '원화'다. 국제적으로는 우리 원화를 KRW로 표시하고 북한 원화는 KPW로 표시한다.[82] 북한은 '원' 외에 보조단위로 '전'을 사용한다. 100전이 1원이다.

북한은 고정환율제도를 채택하고 있어서 북한 원화의 공식환율은 외환의 수요, 공급과 관계없이 일정하다. 환율을 북한에서는 '환자시세'라고 한다. 외환은 국가의 수중으로 집중해서 관리하고, 국가가 외화 수입과 외화 금융거래를 지도하고 통제한다. 재정성이 대외결제가 가능한 외화를 정하고 공식환율을 발표한다. 조선무역은행은 외환을 관리하고 각종 환율을 발표한다. 재정성이 발표한 공식환율을 기초로 현찰 매매율, 전신환매매율 등 외화교환시세표를 고시한다.[83] 조선무역은행과 함께 노동당, 군사위원회, 인민무력부 등 권력기관에는 별도의 부문별 전문 대외결제은행이 있다. 노동당의 외화자금은 '대성은행'으로 알려진 전문 대외결제은행이 관리한다.

2002년에 북한은 '7·1 경제관리 개선조치'를 통해 종전의 복수의 환율을 공식환율로 단일화시켰다. 단일화하면서 동시에 환율을 대폭 올렸다. 2001년까지 미국 달러화 대비 2.21이던 환율[84]을 2002년에는 153으로 올렸다. 최근 북한의 원/달러 공식환율은 100 수준에서 고정되어 있지만 암시장의 비공식환율은 8,000 수준이다. 공식환율과의 괴리가 커서 외화가 암시장에서 은밀하게 거래되는 현상이 확대되고 있다.

북한의 외화 관리는 세 가지 원칙에 입각한다. 먼저 외환의 중앙 집중을 통한 '통일적 관리'다. 외화는 국가가 지정한 은행에 집중시켜 국가가 소유한다. 이를 통해서 외화의 수입과 지출을 관리하는 것이다. 둘째는 외화를 국가계획에 의해 관리하는 '계획적 관리'다. 전체 인민경제계획과 연계시켜 외환 수급계획을 작성해서 시행한다. 셋째, 자체적 외화 수입 확보를 통한 '수지 균형'이다. 현실적으로 중앙무역은행이 전반적인 국가 외화를 관리하지만 각 기관, 기업소, 단체가 자체적으로 외화를 확보, 보유, 사용한다. 그리고 일부는 '외화 의무 납부제'에 따라서 국가에 납부해야 한다.

북한 내부에서는 미국 달러화와 중국 위안화가 비공식적으로만 유통된다. 특히 2000년대 들어서 중국과의 교역이 확대되면서 위안화의 유통이 확산되고 있다. 비공식 경제부문에서의 외화의 유통은 북한 화폐인 원화의 신뢰도가 낮기 때문이다. 인플레이션이 심해서 북한 원화의 가치와 구매력이 자동적으로 낮아진다. 특히 2009년 11월의 5차 화폐개혁 때 구권과 신권이 100:1 비율로 교환되었다. 그리고 교환액도 개인당 50만 원에 한정되었다. 현금 과다 보유자들로부터 현금을 몰수하고 화폐의 가치를 전반적으로 내리는 일종의 몰수형 화폐개혁이었다. 이에 대한 불만으로 외화에 대한 선호도가 증가했다. 북한에서 외화는 교환의 매개수단일 뿐만 아니라 가치축적의 수단으로 인식된다. 데일리NK에 따르면 "중국 북경 지역에서 북한 돈으로 거래하려는 상인이 없다. 짐꾼까지 북한 돈으로 임금을 주면 받지 않는다"고 할 정도다.[85]

북한에서 외화가 북한 원화를 대체하는 현상이 확산되고 있다. 북한 주민들은 높은 인플레 때문에 화폐가치가 낮아지는 북한 원화 대신에 외화를 선호한다. 북한에서 유통되는 외화는 위안화, 달러화, 유로화다. 이렇게 외화가 널리 유통되는 현상을 달러라이제이션(dollarization)이라고 한다. 달러라이제이션은 긍정적인 측면과 부정적인 측면이 있다. 신뢰를 잃은 북한 원화를 대신해서 외화가 화폐의 기능을 담당함으로써 시장에서 경제활동을 촉진시킨다는 점은 긍정적인 측면이다. 하지만 달러가 선호됨에 따라서 북한 원화의 상대적 가치는 하락한다. 이는 환율 상승(암시장 비공식환율)과 인플레이션으로 귀결된다. 이로 인해서 일반 주민들은 생활고를 겪고 이는 사회적 문제로 비화될 수밖에 없다.

외화가 통용되는 현상에 대한 북한 정부의 대응은 이중적이다. 겉으로는 외화를 정부에 집중시키고 민간의 외화 사용을 규제하는 입장을 견지하고 있다. 하지만 사실상 민간의 외화 통용을 용인하고 있다. 외화 사용을 금지하면 민간의 자발적인 대외무역을 통한 외화 획득이 막히기 때문이다. 국제적인 경제제재 조치로 북한 정부의 외화 획득이 어려운 상황에서 이마저 막히면 외화 부족은 더욱 심각해진다. 그래서 시장에서의 불법적인 외화 통용을 정부의 외화 획득 수단으로 활용하고자 용인하는 것이다. 북한 정부가 원화를 발행해서 시장에서 달러를 매입하는 경우도 있다. 한 탈북자의 말에 따르면 평양 10만호 주택건설 사업에서 무역성, 광업성 등 정부기관들이 시멘트, 철근 등 건설자재를 수입하기 위해서 달러를 고가로 매입했다고 한다.[86] 그리고 더 적극적으로 외화로 거래되는 시장을 스스로 만들어서 외화를 흡수하려는 시도도 보인다. 휴대폰 시장이 대표적 사례다.[87]

북한의 외환 수급에 대한 정보는 많지 않다. 그리고 정보의 신빙성에 대한 검증도 어렵다. 최근 UN 및 미국의 대북 제재 조치로 북한의 외환 확보가 어렵다고 알려져 있다. 1990년대 후반 이후 북한의 무역수지를 보면 적자가 확대되고 있다. 코트라의 통계에 따르면 매년 약 20억 달러 규모의 무역수지 적자가 발생하고 있다. 하지만 외환 부족에도 불구하고 극심한 경제적 혼란은 보이지 않고 있다. 그래서 북한이 어떻게 무역 적자를 보전하고 있는지에 대한 궁금증이 많다. 사람들은 최근까지도 매년 10억 달러 이상의 외화가 비공식적인 채널로 북한에 유입되고 있다고 본다. 북한은 무역거래 외에도 다양한 경로를 통해서 외화를 확보하고 있다. 해외 북한 노동자 및 투자기업의 송금소득, 중국의 무상 공여, 관광수지 등이 비공식적인 외화 획득 통로로 알려져 있다.

그동안 북한의 주요한 외화 획득 통로는 대중국 광산물(주로 석탄과 철광석) 및 의류 수출, 노동자 해외 송출, 관광 등이었다. 북한의 대중국 광산물 수출액은 약 15억 달러 수준이다. 의류는 중국으로 7억 달러를 수출했는데 원부자재 수입을 뺀 순외화 획득액은 약 2억 달러로 추정된다. 해외로 송출된 북한 노동자 수는 약 10~15만 명 정도이고 이들이 북한으로 송금한 금액은 약 5~10억 달러다. 2012년 북한을 다녀간 중국 관광객 수는 5만 명 내외이고 이를 통한 북한의 외화 수입은 약 3천만 달러로 추정된다.[88] 2015년 개성공단 폐쇄 전에는 개성공단을 통해서 12억 달러의 위탁가공을 통해서 1억 달러 수준의 노임을 외화로 획득했었다. 하지만 경제제재 이후로 모든 통로가 막히거나 좁아져서 어려움을 겪고 있다.

핵실험과 장거리 미사일 발사 이후에 국제적 제재가 강화되면서 북한의 외화 사정은 점차적으로 악화되고 있다. 2016년 3월 2일, UN 안전보장이사회는 북한의 4차 핵실험과 로켓 발사에 대응해서 전면적 무기 금수와 금융제재를 담은 '대북 제재 결의안 2270'을 발표했다. 북한이 미국과의 핵 폐기 협상에서 경제제재 완화를 최우선으로 요구한 것은 이처럼 어려운 외환 사정 때문이다.

남북 화폐통합 시나리오

남북 통일이 되면 가장 신속하게 결정해야 할 문제가 화폐통합이다. 세 가지 가능한 옵션이 있다. 한 가지 방안은 새로운 화폐를 발행해서 기존 남과 북의 화폐 대신 사용하는 것이다. 다른 하나는 북한의 화폐를 단기간 내에 우리 화폐로 모두 바꾸도록 하는 것이다. 또 다른 하나는 남북이 기존의 화폐를 그대로 사용하면서 두 화폐 사이에 일정한 교환율(일종의 환율이다)을 적용하는 방법이다. 어느 옵션을 선택하든 핵심은 '우리 화폐와 북한 화폐의 교환비율'(이하 전환율이라고 한다)을 정하는 것이다.

독일의 통일은 우리가 참고할 만한 가장 좋은 사례다. 독일의 화폐통합은 서독 정부의 가이드라인에 따라서 신속하고 체계적으로 이루어졌다. 1990년 통일 독일은 과거 서독과 동독의 화폐를 1:1로 통합했다. 다시 말해서 동독 화폐 1단위가 서독 화폐 1단위로 교환되었다. 하지만 좀 더 자세히 보면 서독과 동독의 화폐 교환비율은 다양했다. 동독 주민이 보유한 동독 화폐 현금과 예금은 2:1로 서독 화폐로 교환되었다. 다만 연령에 따라서 일정 금액은 1:1로 교환해주었다. 0~14세는 2,000마르크, 15~59세는 4,000마르크, 60세 이상은 6,000마르크 한도 내에서 1:1로 교환되었다. 동독 내 주소가 없는 동독 주민에게는 1989년 12월 31일 이전 예금에 대해서는 2:1, 그 이후 예금에 대해서는 3:1로 교환해주었다.[89]

동독 주민이 보유한 예금과 현금의 서독 화폐로의 교환 외에도 많은 복잡한 화폐 전환이 시행되었다. 그중 하나는 지금까지 동독 화폐로 기록한 동독 금융기관의 대차대조표를 서독 화폐로 전환하는 것이었다. 이는 저량(貯量; stock)의 전환율인데 2:1로 정해졌다. 전환에 따른 서독 화폐의 통화량 급증을 우려해서 1:1이 아닌 2:1로 정했다.

화폐 전환에 있어서 중요한 부분은 동독인의 임금, 연금 등을 서독 화폐로 전환하는 것이었다. 이는 유량(流量; flow)의 전환율로 1:1로 정했다. 이론적으로는 동독 노동자들의 임금이 생산성과 부합하도록 전환율을 정하는 게 바람직했다. 그런데 1:1의 전환율을 적용한 결과 동독 노동자의 임금이 생산성에 비해 지나치게 높게 정해지고 말았다. 동독 노동시장에서의 임금과 생산성 괴리는 장기간 고용 위축과 산업 붕괴로 이어졌다.[90] 당시 서독 야당인 사민당은 통화 전환비율을 5:1로 제시했다. 노동생산성을 고려한 통합비율이었다. 5:1 비율은 경제적으로는 합리적으로 보이지만 동독 주민들에게 불리한 전환비율이어서 정치적으로 수용되지 못했다.

통독 과정에서는 화폐뿐만 아니라 경제통합이 일시에 급속하게 이루어졌다. 이를 두고 비판적인 시각이 있다. 비판자들은 이러한 급격한 통합으로 통일 후 독일 경제가 혼란을 겪었다고 지적한다. 독일 일간지 〈디 벨트〉의 우베 밀러 기자는 동독 재건에서 가장 큰 실패로 화폐통합을 꼽았다. "1:1 통합으로 인한 동독 마르크화의 평가절상으로 동독 기업의 낡은 제품들은 더 이상 팔릴 수 없게 됐다. 임금이 노동생산성보다 훨씬 높아졌고 동독 산업의 4분의 3이 사라졌다." 통일 후 독일 경제는 1995년에는 마이너스 성장을 기록했고, 2005년에는 실업률이 10%를 넘어섰다. 이를 급격한 경제통합의 부작용으로 해석하는 견해도 있다. 하지만 당시 대부분의 선진국들이 저성장 기조였고 실업률이 훨씬 더 높은 나라도 많았다는 점에서 저조한 경제 실적이 급격한 통일 탓이라는 주장은 근거가 약하다는 비판도 만만치 않다.

독일의 급속한 통합과는 달리 점진적인 경제통합을 추구한 사례는 중국의 홍콩 통합이다. 1997년 7월 1일 홍콩은 영국으로부터 중국으로 반환되었다. 반환 이후로도 홍콩은 중국 화폐가 아닌 기존의 홍콩 달러를 계속 사용하고 있다. 중국은 반환 이후로 50년 동안 홍콩은 별도의 통화를 사용할 거라고 이미 발표한 바 있다. 홍콩은 지금도 독자적인 화폐를 사용하고 자율적으로 환율을 정하고 있다.

이러한 점진적인 화폐통합은 단계적인 홍콩 통합 계획의 일환이었다. 현재까지도 노동력 이동을 제한하고 자본 이동도 제한적으로만 허용하고 있다. 관세를 비롯한 세금 제도도 별도로 운용하고 있다. 중국 정부는 기존에 홍콩이 갖춘 금융 중심지, 국제 무역항, 글로벌 기업의 아시아 허브로서의 기능을 인정하면서 이를 중국 기업들이 활용하게 유도하고 있다. 급격한 화폐통합으로 인해 겪게 될 혼란을 피하고 홍콩이 글로벌 금융 중심지로서의 위상을 지켜나가게 하겠다는 의중이다.

남북 화폐통합 방식은 남북 경제통합이 이루어지는 양상에 달려 있다. 만일 경제통합이 일거에 신속히 이루어진다면 화폐통합도 신속히 이루어질 수밖에 없다. 반대로 경제통합이 서서히 점진적으로 이루어진다면 화폐통합도 이런 점진적·단계적 과정을 거칠 것이다. 바람직하고 안전한 쪽은 점진적인 경제통합이다. 시간을 갖고 북한 경제가 자체적으로 시장경제로 전환하고 추후에 우리 경제와 통합을 하는 방식이다. 자연스럽게 이 과정에서 북한의 환율도 시장의 수급과 생산성을 반영해서 움직일 것이다.[91] 그리고 종국적인 화폐통합도 이를 반영한 전환율에 따르는 것이 순리다. 인위적으로 전환율을 계산해서 통합함으로써 초래되는 경제 왜곡 비용과 혼란을 회피할 수 있다.

하지만 남북의 경제통합이 경제적 합리성에 따라서만 진행될지는 알 수 없다. 경제통합의 양상과 속도는 경제적 선택이라기보다는 정치적 시나리오에 따라서 이루어질 가능성이 크다. 독일의 화폐통합 사례에서 보았듯이 왜곡된 전환율은 통일 이후의 혼란을 가중시킨다. 북한 주민들에게 도움을 주려는 선의가 오히려 북한 경제를 흔들고 북한 주민의 삶을 어렵게 할 수 있다. "지옥으로 가는 길은 이상적인 사회를 추구하는 선의로 깔려 있다."[92]라는 말처럼. 화폐통합은 이상을 추구하기보다는 현실에 맞게 추진하는 게 바람직하다.

통일이 아니고 북한이 스스로 경제체제를 전환하는 경우에는 북한 스스로 환율을 결정할 것이다. 가장 현실적인 체제 전환 형태는 중국이나 베트남 식이 될 것이다. 정치체제는 그대로 유지하면서 경제는 시장자본주의 체제를 도입하는 방식이다.[93] 북한은 투자재원을 유치하려면 환율제도를 글로벌 스탠더드에 맞도록 개선해야 한다. 환율도 적정수준에서 안정시켜야 한다. 이 경우에 한꺼번에 환율을 현실화하기란 불가능할 것이다. 당분간 고정환율제도가 유지될 것이다. 따라서 공식환율과 시장환율 간의 괴리는 불가피할 것으로 예상된다. 장기간 이런 이중 환율제도를 유지하면서 점차적으로 공식환율을 시장환율에 수렴시킬 것이다. 이를 위해서는 국경 간 자본 이동을 통제하고 인플레이션을 관리해야 한다.

통일과 환율의 변화

북한 이슈는 원화의 환율을 좌지우지하는 중요한 변수 가운데 하나다. 지정학적 위기가 고조될 때마다 원/달러 환율은 치솟는다. 반대로 남북을 비롯한 주변국들 사이에 화해 분위기가 조성되면 원/달러 환율은 낮은 수준에서 안정된다. 우리는 한반도와 동북아를 둘러싼 정치·군사적 긴장과 화해가 얼마나 환율에 영향을 주는지 늘 경험하고 있다. 북한의 미사일 발사와 핵실험 강행 등 도발은 원/달러 환율을 급등시켰다. 반대로 남북정상회담, 북미정상회담 등 해빙과 화해의 움직임이 있으면 원/달러 환율은 낮은 수준에서 안정되었다.

통일은 한국 경제에는 기회다. 따라서 환율 안정에도 도움이 된다. 무엇보다 지정학적 리스크를 대폭 제거할 것이다. 2019년 7월, 국제신용평가사 무디스는 "북한과의 군사적 대결이 이어지고 있어서 Aa 신용등급 국가로서는 특이하게 리스크 민감도가 두드러진다"라는 내용의 보고서를 냈다. 북한 리스크 때문에 우리 국가신용등급이 낮다는 얘기다. 통일은 즉각적으로 우리의 국가신용등급을 끌어올릴 것이다. 이는 한국 경제에 주홍글씨를 새긴 '코리아 디스카운트'를 해소하는 계기가 된다. 이를 반영해서 원화의 가치도 상승(원/달러 환율은 하락)할 것이다.

하지만 원화 가치 상승이 예측되는 보다 근본적인 이유는 다른 데 있다. 통일된 한반도 경제가 지닌 무한한 성장 잠재력이다. '투자의 귀재'로 불리는 짐 로저스는 2019년 2월 24일 일본 〈니혼게이자이 신문〉과의 인터뷰에서 "통일 후 한반도 경제가 무한한 잠재력을 지녔다"라고 평가했다. 북한에 상당한 천연자원이 매장되어 있고 우수한 저임금 노동력이 풍부하다는 점을 강조했다. 로저스는 1981년 중국의 개방에 맞추어 중국에 대규모 투자를 해서 큰 수익을 올렸다. 이번에는 자신의 전 재산을 북한에 투자하겠다는 의사도 밝혔다. 짐 로저스와 같은 관점이 글로벌 투자자들 사이에서 퍼지면 환율은 통일되기 전부터 움직이기 시작할 것이다.

통일은 한국 경제에 큰 기회임이 분명하지만 여러 가지 변수들이 있다. 첫째는 통일의 시나리오다. 만일 남북정상회담, 북미정상회담 또는 남·북·미·중·일·러 6개국 협상을 통해

평화적으로 통일에 도달한다면 한국 경제로서는 더없는 축복이다. 환율도 낮은 수준에서 안정될 것이다. 하지만 통일에 이르는 과정에서 군사적인 긴장이 고조되고 충돌이 발생한다면 환율은 급등하고 외환시장은 민감하게 반응할 것이다.

둘째, 통일 이후 주변국들과의 관계이다. 만일 동북아 지정학적 긴장관계가 완전히 해소된다면 문제가 없지만 중국, 러시아 등이 통일에 반대하는 입장을 견지한다면 통일 이후에도 긴장관계는 지속되고 지정학적 리스크는 높아질 수도 있다.

셋째, 통일 이후 남북 경제통합이 순조롭게 이루어지느냐도 환율에 큰 영향을 미칠 것이다. 우리의 기술력과 자본이 북한의 노동력 및 자원과 결합해서 생산성 향상으로 이어진다면 통일은 한반도 경제의 비상으로 이어질 것이다.

물론 낙관적으로 장점만 생각할 수는 없다. 가장 먼저 고려해야 할 점은 재정적 부담이다. 소득수준 면에서 한국의 1/10 정도로 평가받는 북한 주민들에게 현 한국 수준의 복지를 제공하기 위해서는 재정적 부담이 클 수밖에 없다. 독일 통일 과정에서 서독이 소득수준 1/3인 동독 주민들을 지원하기 위해서 막대한 재정을 쏟아부었고 이것이 통일 후 오랫동안 독일 경제의 발목을 잡았다고 알려져 있다.

실제로 통독 후에 독일의 재정수지는 적자로 전환되었다. 구동독 주민의 소득 지원을 위한 정부의 지출이 늘어났기 때문이었다. 그런데도 독일 마르크화 환율은 안정되었다. 통일 이후에 독일 국채의 수익률이 단기적으로는 상승했지만 대체로 안정적으로 움직였다. 남북 통일 이후에 우리 원화 환율이 통독 이후의 마르크화처럼 안정될 것인지에 대해서는 의견이 분분하다. 분명한 것은 통독 당시의 마르크화에 비해서 우리 원화는 큰 영향을 받을 수 있다는 점이다. 왜냐하면 우리의 자본시장이나 외환시장이 재정수지 악화에 따라 큰 영향을 받기 때문이다. 정부 국채 발행 확대에 따른 수익률 상승, 외국인 자본 유출에 따른 환율 상승 등이 우려된다.

장기적으로는 한반도 통일은 환율의 안정, 그리고 원화 가치의 상승으로 이어질 것이다. 문제는 통일에 이르는 과정에서의 환율 변동이다. 어떤 형태로, 어떤 과정과 속도로 남북 통일이 진행될 것인지가 중요하다. 전문가들은 여러 가지 남북 통일 시나리오를 거론한다. 대화와 타협에 의한 평화적 통일에서 군사적 충돌에 이르기까지. 통일에 이르는 길이 순탄하지만은 않을 것이다. 때로 롤러코스터를 타는 듯 아찔하고 급격한 변화도 겪을 수 있다. 이 과정에서 대외 안전성을 보장하고 환율을 안정시켜주는 건 건실한 경제적 기초다. 경제적 기초 가운데에서도 가장 중요한 것이 서독 경제가 보여주었던 '경쟁력 있는 경제'와 '튼실한 재정'이다. 높은 기술력과 생산성을 앞세운 경쟁력을 갖춘 경제 시스템을 꾸려가야 한다. 그리고 미리미리 통일에 대비한 재정 여력을 쌓아가는 노력이 필요하다. 동시에 외환보유액을 비롯한 대외자산도 충분히 확충해야 한다.

부록

여러 가지 환율에 대한 좀 더 깊은 이해

교차환율과 재정환율

신혼여행을 쿠바로 가기로 한 신혼부부는 고민에 빠졌다. 여행비로 얼마나 준비해야 할지 몰라서다. 우리 원화와 쿠바 페소화 사이의 환율이 얼마일까 감이 오지 않았기 때문이다. 하지만 이건 그리 어려운 고민은 아니다. 원/달러 환율과 페소/달러 환율을 알면 계산할 수 있다. 원/달러 환율이 1,100이고 페소/달러 환율이 1.08이므로, 원/페소는 1,100÷1.08=1,018.5다. 다시 말해 쿠바 1페소는 1,018.5원이다.

여기까지는 이론이다. 실제 쿠바 통화로 환전하려면 여러 가지 어려움에 부딪힌다. 쿠바는 두 가지 다른 화폐단위를 사용한다. 외국인들은 쿡(CUC)을, 내국인들은 쿱(CUP)을 사용한다. 모든 물건에는 서로 다른 쿡 가격과 쿱 가격이 있는데 쿡 가격이 쿱 가격에 비해서 터무니없이 높다. 대놓고 외국인들에게 바가지를 씌우는 셈이다. 그리고 미국 달러보다는 유로화나 캐나다 달러가 선호된다. 미국 달러의 실제 환율(쿡/달러=0.9)은 공식환율(쿡/달러=1.08)보다 불리하다. 따라서 1달러를 쿠바 하바나에서 환전하면 0.9쿡만을 받게 된다. 미국과 쿠바 사이의 악화된 외교관계 때문이다.

페소/달러 환율처럼 우리 원화가 아닌 외국 통화 간의 환율을 교차환율(cross rate)이라고 한다. 우리 원화의 입장에서는 달러/유로 환율, 엔/달러 환율, 달러/밧 환율 등이 모두 교차환율이다. 원/달러 환율과 교차환율을 활용해서 산출한 환율이 재정환율(arbitrage rate)이다. 원/유로 환율(원/달러 환율× 달러/유로 환율), 원/엔 환율(원/달러 환율÷엔/달러 환율), 원/밧 환율(원/달러 환율÷밧/달러 환율) 등이 모두 재정환율이다. 국내의 은행간시장에서 직접 거래되지 않는 통화는 재정환율로 계산되어 환전된다.

우리 원화와 직접 거래(국내 은행간시장에서의 거래를 의미한다)되는 통화는 단 두 나라 통화밖에 없다. 미국 달러화와 중국 위안화다. 중국 위안화의 직거래는 정책적으로 시장을 조성하고 있으므로, 사실상 시장의 필요성에 의해 거래되는 통화는 미국 달러화뿐이다. 우리 원화와 일본 엔화의 거래를 보자. 원/엔 환율은 시장참여자들이 관심을 갖는 환율 중 하나다. 그러나 국내 은행간시장에서는 원화와 엔화를 직접 거래하지 않는다. 그래서 원/달러 환율과 엔/달러 환율을 이용해 원/엔 환율을 계산한다. 원/달러 환율이 1달러당 1,100원이고, 글로벌 외환시장에서 엔/달러 환율이 1달러당 100엔이라고 하면, 원/엔 환율은 100엔당 1,100원으로 계산된다. 원/엔 환율은 바로 이렇게 계산된 재정환율이다.

일반인들에게 재정환율은 어떤 의미가 있을까? 일본 여행을 가기 위해 은행에 들러 원화와 엔화를 교환하는 경우를 보자. 자신은 한 번만 환전한 것 같지만, 실제로는 환전(원/달러 환전과 엔/달러 환전)이 두 번 발생한다. 그만큼 수수료가 올라간다. 해외에서도 마찬가지다. 예를 들어 해외에서 국내 신용카드를 쓰면 현지에서 원화로 결제할 건지 현지통화로 결제할 건지를 물어보는 경우가 있다. 원화로 결제하면 더 이득이라고 생각하기 쉽지만 현지통화 가격을 원화로 환산하면서 불리한 환율이 적용되고 높은 수수료가 붙을 수 있다. 그래서 해외여행 중 신용카드를 사용할 때는 원화가 아닌 현지통화로 결제해야 수수료를 조금이라도 절약할 수 있다.

최근에 비자나 마스터카드 같은 국제적인 신용카드 회사들은 다이내믹 환전(Dynamic currency conversion; DCC) 서비스를 제공한다. 이 서비스는 해외에서도 원화로 결제할 수 있게 해준다. 또한 현금인출기(ATM)에서도 현지화를 인출하면서 원화로 결제할 수 있다. 결제 시점이나 인출 시점에 원화로 환산해서 정확한 원화 금액을 알려주는 장점이 있다. 카드 회사들은 결제 이틀 후의 환율을 사용하는 반면에 다이내믹 환전은 결제 시점의 환율을 사용한다. 하지만 조심해야 한다. 높게는 18%의 수수료가 추가로 붙기 때문이다. 이 높은 수수료 때문에 다이내믹 환전으로 유리한 환율을 적용받는 게 의미가 없고 오히려 손해를 볼 수 있다. 일부 식당들은 손님의 의사를 묻지 않고 원화로 결제해서 고율의 수수료를 챙기기도 한다.

현물환율 vs 선물환율

우리의 일상생활에서 환율은 환전과 연관된다. 은행 창구에서 원화를 주면 즉석에서 달러화를 받는다. 그래서 우리는 흔히 환전에 적용되는 환율이 현물환율이라고 생각한다. 하지만 환전과 같이 즉석에서 결제하는 건 예외적인 경우다. 통상 외환거래에는 계약일로부터 결제일(인도일이라고도 한다)까지 이틀(2영업일)이 걸린다. 이런 외환시장에서 은행들 사이에 벌어지는 외환거래에 적용되는 환율이 현물환율이다.

외환거래는 결제 기간에 따라서 현물환 거래(spot exchange transaction)와 선물환 거래(forward exchange transaction)로 나뉜다. 현물환 거래는 외환매매 계약을 체결한 후 2영업일 이내에 결제가 이루어진다. 이때 적용되는 환율이 현물환율(spot exchange rate)이다. 우리나라는 2002년 8월 1일부터 국제표준 거래 관행에 따라 은행 간 현물환 거래는 계약 체결일로부터 2영업일에 결제하는 것으로 단일화했다. 그 이전에는 당일결제(value today), 익영업일 결제(value tomorrow), 익익영업일 결제(value spot)가 함께 사용되었다.

반면, 선물환 거래는 외환매매 계약을 체결한 지 3영업일 이상의 장래에 결제가 이루어진다. 이때 적용되는 환율이 선물환율(forward exchange rate)이다. 선물환 거래는 지금 당장 결제하지 않고 미리 정한 특정 환율(선물환율)로 장래에 외화를 주고받는 계약이다. 일종의 부동산매매와 같다. 아파트를 사고팔 때 계약일로부터 매매대금 완납일까지는 1개월 내지 길게는 1년 정도 걸린다. 중간에 부동산가격이 변하더라도 당초 계약한 금액으로 매매가 완성된다. 선물환 거래에서는 인도 시점에서 환율이 변하더라도 미리 정한 선물환율로 거래하게 된다.

왜 선물환 거래가 필요할까? 미래에 환율이 변해서 입게 될 손해나 불확실성에서 벗어나고자 선물환 거래를 한다. 만일 자녀가 미국 대학에 입학했다면 4년 동안 등록금으로 낼 미국 달러가 필요하다. 앞으로 환율이 올라서 학자금 부담이 커질 것이 걱정된다면 당장 미국 달러화를 현물로 사두면 된다. 그런데 당장 미국 달러화를 사둘 원화가 없다면 어떻게 해야 할까? 또 달러화를 사서 장롱에 넣어두는 것은 현명한 선택도 아니다. 당장 원화 현금이 없어도 미국 달러화를 안전하게 확보하는 방법이 있다. 필요한 미국 달러를 선물환 매입 계약으로 확보할 수 있다. 선물환율로 달러화를 사는 계약을 맺고 실제 결제는 계약 만기 일자에 하면 된다.

그렇다면 선물환 거래에서의 선물환율은 어떻게 결정될까? 선물환은 현물환보다 결제일이 길다. 결제일이 길면 그 기간에 해당하는 만큼의 기회비용이 생긴다. 이론적으로 이 기회비용은 이자율 차이다. 따라서 선물환율은 현물환율에 이자율 차이를 반영해서 결정된다. 1년 만기 원/달러 선물환율을 예로 들어보자. 현시점에서 계약은 했지만 실제 결제는

1년 후에 한다. 현물환과 비교해서, 선물환을 사는 사람은 1년간 원화를 보유할 수 있다. 반대로 파는 사람은 1년간 미국 달러화를 보유한다. 우리나라와 미국의 1년 금리가 똑같이 2%라면 원화 보유의 이익(달러 보유의 손해)은 생기지 않는다. 만기 1년짜리 선물환율은 현재의 현물환율과 동일할 것이다(이론적으로 그렇지 실제는 다른 게 일반적이다).

하지만 나라마다 금리가 상이하다. 예를 들어 우리나라와 미국의 1년 만기 국채 금리가 각각 3%, 2%이고, 현물환율(원/달러 환율 1,100 가정)로 외환거래를 하면 1년 후의 이자 수입은 선물환 매입자(원화 보유자)는 3%, 선물환 매도자(달러 보유자)는 2%다. 따라서 1년 후 선물환율은 1%p 이자 차이를 보상해주도록 정해진다. 1년 후의 적정교환가치는 현물환율 1,100에서 11(1,100의 1%)을 더한 1,111이다(이론상 그렇다는 얘기지 실제로 이렇게 선물환율이 정해지지 않는다). 11은 조정계수로 '스와프포인트'(swap points)라고 한다. 곧, 선물환율은 현물환율과 스와프포인트의 합이라 할 수 있다. 스와프포인트는 선물환율과 현물환율의 차이다(현물환율 + 스와프포인트 = 선물환율).

다만, 오해하지 말아야 할 것은 선물환율이 반드시 미래의 현물환율이 되는 건 아니라는 점이다. 미래의 현물환율은 선물환율보다 높을 수도 낮을 수도 있다. 따라서 선물환율은 미래 환율의 예측치로 적합하지 않다. 예를 들어 오늘 현물환율이 1,100이고 1년 만기 선물환율이 1,130(스와프포인트는 20)이라면 1년 후의 환율이 1,130으로 상승한다는 것이 아니다. 현재 시점에서 1,100원의 가치와 1년 후 1,130원의 가치가 시장에서 동일하게 평가된다는 걸 의미할 뿐이다.

명목환율 vs 실질환율

'명목환율'(nominal exchange rate)이란 시장에서 거래되는 두 통화 사이의 교환비율이다. 우리가 일반적으로 환율이라고 하면, 이 명목환율을 말한다. 우리가 은행이나 환전소 또는 뉴스, 신문에서 매일매일 보는 환율이 명목환율이다. 우리가 환전을 하거나 기업체들이 무역 관련 외환거래를 할 때 적용되는 환율이다. 명목환율은 실시간으로 외환시장에서 결정된다.

우리 일상에서는 명목환율이 중요하다. 실제로 외환거래에 사용되는 환율이기 때문이다. 환전할 때도 명목환율이 적용된다. 해외에서 사용한 카드결제 대금 지급에 적용되는 환율이기도 하다. 하지만 명목환율은 심각한 단점을 가지고 있다. 명목환율은 화폐의 구매력 변화를 제대로 반영하지 못한다. 만약 A국 화폐와 B국 화폐의 교환비율이 1:1에서 1:2로 바뀌었다고 하자. 그렇다면 A국 화폐의 구매력이 높아지고 B국 화폐의 구매력은 낮아진 걸까?

명목환율이 물가 변화에 따른 구매력을 반영하지 못하는 단점을 보완한 대안이 '실질환율'(real exchange rate)이다. 실질환율은 두 나라의 물가를 감안한 환율을 말한다. 명목환율에 물가 비율(외국 물가/자국 물가)을 곱해서 구한다. 다시 말해서 실질환율=명목환율×(외국 물가/자국 물가)이다.[94] 실질환율은 외국의 상품 1단위와 교환되는 자국 상품의 단위다. 실물인 상품 사이의 교환비율이라는 점에서 실질(real)이라고 한다. 이런 실질환율은 경제학자들이나 정책입안자들이 관심을 갖는 환율이다. 특히 환율 변화의 경제적 효과를 분석할 때 유용한 개념이다.

예를 들어 원/달러 환율이 1,000이라고 하자. 만일 한국과 미국에 재화라고는 자동차만 존재하고, 한국에서는 자동차 가격이 3천만 원, 미국에서는 3만 달러라고 하자. 그러면 실질환율을 구할 수 있다. 실질환율은 1,000×(3만 달러/3천만 원)=1이다. 현재의 명목환율 수준에서 한국 자동차 1대는 미국에서도 자동차 1대와 동일한 가치를 가진다는 의미다. 만일 한국에서 자동차 가격이 4천만 원이라면 실질환율은 1,000×(3만 달러/4천만 원)=0.75다. 다시 말해 한국 자동차 1대는 미국에서는 자동차 0.75대와 동일한 가치를 가진다는 의미다.

이 사례에서 실질환율이 1이라면 자국 자동차 1대는 외국 자동차 1대와 등가다. 따라서 양국의 수출경쟁력은 같고 굳이 수출이나 수입이 일어날 유인이 없다. 만일 실질환율이 1보다 작으면 한국 자동차 1대는 외국에서는 자동차 1대보다 가치가 없다. 따라서 수출할 이유가 없고 외국 자동차를 수입하는 게 이익이다. 자국의 수출경쟁력이 열위라는 의미이다.

반대로 실질환율이 1보다 크면 한국 자동차 1대는 외국에서
는 자동차 1대 이상의 가치가 있다. 따라서 수출하면 이익을
얻을 수 있다(자국의 수출경쟁력이 우위라는 의미다).

위의 사례처럼 양국에 하나의 상품만 존재한다면 실질환
율 계산은 어렵지 않다. 하지만 현실적으로 한국과 미국에는
셀 수 없는 많은 상품과 용역이 존재하고 대부분 동질적이지
도 않다. 이러한 상황에서 한국과 미국의 물가수준을 적용해
서 실질환율을 구할 수 있을까?

이론상으로 실질환율의 개념은 간단하다. 하지만 실제로
두 나라의 물가수준을 적용해서 실질환율을 구하려면 어려
움에 봉착한다. 왜냐하면 어느 국가의 물가수준(절대적 물가수
준을 말한다)을 알 수 없고 실제 구하는 건 불가능하다. 우리가
아는 물가지수는 기준연도의 물가수준을 100으로 할 때 비교
연도의 상대적인 물가수준을 말한다. 상대적 물가수준이고
절대적 물가수준이 아니다. 실질환율을 구하려면 절대적 물
가수준이 필요하다. 우리나라의 물가수준이 얼마인가? 미국
은? 알 수 없다. 따라서 '실질환율'을 구할 수는 없다. 단지 상
대적 물가수준의 변동을 감안해서 '실질환율의 변동'만을 구
할 수 있다. 이를 통해 기준연도 대비 실질환율이 '높아졌다'
또는 '낮아졌다'를 판단하는 것이다.

명목환율이 상승하거나, 자국의 물가수준이 하락하거나
또는 외국의 물가수준이 상승할 때 실질환율은 올라간다. 반
대로 명목환율이 하락하거나, 자국의 물가수준이 상승하거

나 또는 외국의 물가수준이 하락할 때 실질환율은 내려간다.

실효환율과 실질실효환율, 그리고 그들의 지수

여기서 내친김에 한 걸음 더 나아가보자. 조금은 생소할 수도 있는 실효환율이라는 개념이 있다. 우리 일상생활과는 무관하지만 경제학자나 정책입안자들이 특별히 주목하는 환율이다. 앞서 소개한 환율은 자국 화폐와 다른 하나의 외국 화폐와의 교환비율이다. 다시 말해서 두 나라 통화 사이의 교환비율이다. 그래서 상대국이 한 나라인 경우에 비교할 수 있는 기준들이다. 하지만 자국의 통화를 여러 외국 통화와 종합적으로 비교할 수는 없다. 현실은 모든 나라는 여러 나라들과 교역을 한다. 따라서 특정한 상대국 통화와의 교환비율인 환율로 그 나라 통화의 상대적 가치를 얘기할 수 없다. 특히 환율은 수출경쟁력을 평가하는 중요한 요소다. 한 나라의 전체적인 수출경쟁력을 알기 위해서는 새로운 개념의 환율을 계산할 필요가 있다.

예를 들어, 원/달러 환율은 1,000으로 변화가 없는데, 엔/달러 환율이 100에서 110으로 상승했다고 하자. 이 경우 원/엔 환율(재정환율=명목환율÷교차환율)은 1000에서 909로 내린다(100엔의 원화 가격이다). 즉, 원화 대비 엔화의 가치가 하락한다. 원/달러 환율은 아무런 변화가 없지만, 일본 상품에 비해 우리 상품의 가격경쟁력은 낮아진다. 그렇다면 통화의 구매력을 통해 수출경쟁력을 파악하려면 어떻게 해야 할까? 모든 교역상대국들과의 환율을 고려해야 한다. 이처럼 자국 통화의 수출가격경쟁력을 주요 교역상대국 통화들을 모두 감안해 하나의 지수로 나타낸 게 '실효환율'이다.

실효환율도 두 가지 개념이 있다. 명목실효환율(nominal effective exchange rate)과 실질실효환율(real effective exchange rate)이다. 명목실효환율은 자국 통화와 교역상대국들의 통화 사이의 명목환율을 교역비중(상대국과의 무역액/총 무역액)으로 가중평균해서 계산한다. 교역비중이 큰 상대국과의 환율에 더 높은 가중치를 적용해서 평균하는 것이다. 우리 원화의 명목실효환율이 오르면 원화의 교역상대국 대비해서 평균적으로 환율이 오른 것이고, 내려가면 평균적으로 환율이 내린 것이다.

언뜻 보기에는 간단하지만 명목실효환율은 복잡하다. 교역가중치는 무역 통계로부터 쉽게 알 수 있다. 교역상대국이 미국과 일본 두 국가인 경우를 가정해보자. 미국과 일본의 교역가중치는 각각 0.8, 0.2이고, 원/달러 환율은 1,000, 원/엔 환율은 1,100이라면 명목실효환율은 (1,000×0.8)+(1,100×0.2)=1,020이라고 할 수 있을까? 개념상으로 의미가 없는 계산이다. 원/달러와 원/엔은 더해질 수 없다. 마치 슈퍼에서 생수를 10병 팔고 생선을 15마리 팔았다고 10병+15마리=25라고 말하는 것과 같다. 25의 단위는 무엇인지 규정할 수 없다.

따라서 실제로 계산 가능한 건 기준연도와 비교해서 환율이 상대적으로 얼마나 올랐는가 아니면 내렸는가 하는 여부다. 이를 명목실효환율지수라고 한다. 대부분 환율 책에서는 명목실효환율지수를 그냥 명목실효환율이라고 표시한다. 하지만 우리는 양자를 명확하게 구분해서 표시하고자 한다. '명목실효환율지수=Σ(교역가중치×교역상대국 환율 변동율)/원화 환율 변동율×100'으로 계산한다. 모든 교역상대국의 환율 변동과 우리의 환율 변동을 비교하는 거다. 기준연도의 명목실효환율지수는 100이다. 어느 해의 명목실효환율지수가 100보다 높으면 전체 교역상대국 대비 우리 화폐의 명목환율 하락을, 100보다 작으면 전체 교역상대국 대비 우리 화폐의 명목환율 상승을 의미한다.

독자들의 혼돈을 피하기 위해서 두 가지 점을 강조하려고 한다. 첫째, 대부분 환율 책에서는 명목실효환율지수를 그냥 명목실효환율이라고 표시한다. 하지만 이 책에서 우리는 양자를 명확하게 구분해서 표시하고자 한다. 우리는 일반적으로 명목환율이 오르면 자국 화폐의 상대적 가치 하락, 내리면 상대적 가치 상승을 의미한다고 알고 있다. 이는 명목실효환율에도 그대로 적용된다. 하지만 '지수'는 반대다. 명목실효환율지수가 높아졌다는 건 상대국들의 환율(각국의 달러 대비 환율을 의미한다)이 당해 통화의 환율보다 상대적으로 더 많이 오른 걸 의미하므로 당해 통화는 환율이 내린 효과가 있다. 따라서 당해 통화의 상대적 가치는 상승한 걸 의미한다. 둘째, 지수는 변동률을 더한 것이다. 변동률은 덧셈이 가능하다. 왜냐하면 단위가 없는 숫자들이기 때문이다. 따라서 앞에서 지적한 원/달러 환율과 원/엔 환율을 더할 수 없다는 문제는 생기지 않는다.

명목실효환율은 명목환율과 마찬가지로 물가수준을 감안한 구매력을 나타내지 못하는 단점이 있다. 실질실효환율은 명목실효환율에 자국과 교역상대국들의 물가수준 변동을 반영한다. 예를 들어, 명목실효환율은 그대로여도 미국 물가만 하락한다면, 미국 달러의 상대적인 구매력은 높아지고 우리나라 원화의 구매력은 낮아진다. 실질실효환율은 이러한 물가의 상대적 변화를 반영한다. 실질실효환율이 자국 통화의 실질적 가치를 알아보는 데 가장 적합한 지표다. 하지만 앞에서 명목실효환율을 구하는 건 불가능하다고 했다. 따라서 실질실효환율 대신에 명목실효환율지수를 활용해서 실질실효환율지수를 구한다.

실질실효환율지수는 명목실효환율지수를 구매력평가지수로 나누어서 산출한다. '실질실효환율지수=명목실효환율지수/구매력평가지수'다. 구매력평가지수(PPPI; Purchase Power Parity Index)는 물가 상승이 다른 교역상대국들에 비해 높은가 낮은가를 나타내는 지수다. '구매력평가지수=Σ(교역가중치×교역상대국 물가변동율)/당해국 물가변동율×100'으로 계산한다. 기준연도의 실질실효환율지수는 100이다. 어느 해의 실질실효환율지수가 100보다 높으면 당해 통화 가치의 절상을, 100보다 작으면 당해 통화 가치의 절하를 의미한다.

실질실효환율지수는 수출의 가격경쟁력 변화를 판정하는

기준이 된다. 실질실효환율지수가 100보다 높으면 수출가격 경쟁력의 하락을, 100보다 작으면 수출가격경쟁력의 상승을 의미한다. 각국의 외환당국도 당연히 자국의 실질실효환율 지수에 주목한다. 왜냐하면 환율이 자국 수출상품의 가격경 쟁력을 떨어뜨려서 수출에 지장을 초래하는 걸 막아야 하기 때문이다. 미국은 교역상대국들의 실질실효환율지수 추이를 면밀히 분석한다. 만일 경상수지 흑자국의 실질실효환율지 수가 100 이하로 내려가면 어김없이 환율조작이라는 의심의 눈초리로 바라본다.

국제결제은행(BIS)은 매월 한 달 정도의 시차를 두고 명목 실효환율지수와 실질실효환율지수를 계산해 발표한다. IMF 도 회원국들의 실질실효환율지수를 발표한다. 미국 달러화 의 가치를 나타내는 달러 인덱스(DXY)는 대표적인 명목실효 환율지수다. 미국 연방준비은행(FRB)이 1973년 3월을 기준 (100)으로 유로화, 엔화, 파운드화, 캐나다 달러화, 스위스 프 랑화, 스웨덴 크로나화 등 6개 통화를 가중평균해서 계산한 다.[95] 달러 인덱스가 오르면 달러의 가치가 하락한 것이고, 내 려가면 달러의 가치가 상승한 것으로 해석된다.

이는 다른 국가들과 반대다. 앞에서 언급했듯이 다른 국가 들은 명목실효환율지수가 오르면 상대적 가치의 상승을, 내 리면 상대적 가치의 하락을 의미한다. 미국 달러화는 반대다. 미국 달러화는 환율 표시에 있어서 기준통화다. 환율이 오르 면 달러의 가치가 오르고, 내리면 달러의 가치가 내리는 걸 의미한다. 지수의 움직임도 다른 통화들과 반대로 해석된다. 달러 인덱스(명목실효환율지수)가 오르면 달러 가치가 하락하고, 내리면 달러 가치가 상승한 걸 의미한다. 늘 헷갈리는 대목이다.

구매력평가(PPP; Purchasing Power Parities)환율

많은 미래학자들이 "2030년에 중국이 세계 1위, 인도가 세계 2위 그리고 미국은 세계 3위 경제대국이 된다"라고 말한다. 그런데 단서가 있다. PPP환율을 적용해서 계산할 때 그렇다는 것이다. PPP환율이란 무엇일까?

우리가 매일 접하는 명목환율은 시장에서 결정되는 환율이다. 매일매일 현실에서 사용되는 환율이다. PPP환율은 시장에서 결정되는 환율이 아니고 이론상의 환율이다. 일상적인 거래에서 사용되는 환율도 아니다. 하지만 우리에게 각국 통화의 구매력을 알려주는 역할을 하기 때문에 세계은행이 계산해서 발표한다. 원/달러 환율이 1,100이라고 하자. 그러면 미국에서 1달러로 구매할 수 있는 제품을 한국에서 1,100원으로 구매할 수 있을까? 아니다. 일반적으로 미국에서 1달러의 구매력은 한국에서 1,100원의 구매력보다 작다고 한다. 미국에서 5달러 하는 빅맥 햄버거를 한국에서는 2,500원에 살수 있다. 한국에서는 이발비가 11,000원인데 미국에서 이발하려면 20달러를 지불해야 한다. PPP환율은 이런 물가 차이를 반영한 환율이다. 구매력을 더 정확하게 반영한 환율이다.

'빅맥지수'나 '스타벅스지수'도 일종의 구매력을 반영한 지수다. 가장 잘 알려진 빅맥지수를 살펴보자. 예를 들어서 원/달러 환율이 1,100인 경우에 빅맥이 한국에서는 4,000원에 팔리고 미국에서는 5달러에 팔린다고 치자. 원/달러 환율인 1,100을 감안하면 미국에서 5달러 하는 빅맥이 한국에서는 불과 3.63달러(4,000÷1,100)인 셈이다. 이 경우에 한국의 빅맥지수는 3.63달러이다. 이는 미국에서의 빅맥 가격 5달러보다 낮다. 따라서 "빅맥은 한국보다 미국에서 더 비싸다"라고 말할 수 있다. 원화로 비교하면, 서울에서 4,000원인 빅맥이 미국에서는 5,500원인 셈이다.

이를 통해서 볼 때 한국에서 1,100원은 1달러보다 더 가치가 있다고 할 수 있다. 정확하게는 1.37달러(5,500÷4,000)의 가치가 있다. 반대로 미국에서의 1달러는 1,100원이 아닌 880원의 가치밖에 없다. 따라서 빅맥 구매력으로 평가한 PPP환율은 1,100보다 낮은 803(1,100÷1.37)이라고 할 수 있다.

위에서는 빅맥 가격으로만 한국과 미국에서의 구매력을 비교했다. 독자들의 이해를 돕기 위해 편의상 그랬다. 화폐의 구매력을 하나의 상품을 기준으로 계산하는 건 큰 왜곡을 초래한다. 어떤 품목들은 한국이 싸지만 어떤 품목들은 미국이 더 싸기 때문이다. 그래서 세계은행은 전반적인 생활물가지수를 반영해서 PPP계수(purchasing power parity coefficient)를 계산해서 발표한다. 2018년 기준으로 우리나라는 0.8, 인도 0.3, 중국 0.6, 일본 0.9, 노르웨이 1.3, 스위스 1.2이다. 물론 계산의 기준이 되는 미국은 1.0이다. 명목환율에 이 계수를 곱하면 각 나라의 PPP환율이 나온다.

일반적으로 개발도상국의 PPP환율은 명목환율보다 낮다. 반면에 선진국들의 PPP환율은 명목환율보다 높다. 개발도상국들의 물가가 상대적으로 낮기 때문이다. 예를 들어 우리나라의 2018년 원/달러 명목환율(연평균)은 1,101이지만 PPP환율은 853이다. 중국은 명목환율이 6.61이지만 PPP환율은 3.55, 인도는 명목환율이 68.4이지만 PPP환율은 18.2다. 반면에 노르웨이는 명목환율이 8.14이지만 PPP환율은 10.4이며, 스위스는 명목환율이 0.98이지만 PPP환율은 1.17이다. 이런 결과를 놓고 본다면 선진국의 1인당 GDP(명목환율을 적용해서 계산된다)는 과대평가되고 있고, 개도국의 GDP는 과소평가되고 있다고 말할 수 있다.

왜 명목환율과 PPP환율 사이에 큰 차이가 생길까? 명목환율은 외환의 수요와 공급에 따라 결정된다. 교역재가 외환의 수요와 공급을 만든다. 따라서 환율은 교역재의 상대가격을 반영한다. 환율은 교역재를 양국에서 어느 정도 비슷한 가격이 되는 수준에서 결정된다. 하지만 비교역재, 특히 서비스는 교역되지 않기 때문에 명목환율에는 반영되지 않는다. 선진국을 여행하다 보면 슈퍼마켓의 물건값은 그다지 비싸지 않은데 식당의 음식값은 무척 비싸다는 걸 느낀다. 인건비와 임대료가 선진국에서는 비싼 반면에 개도국에서는 싸기 때문이다. 외식으로 사 먹는 식당의 음식은 대표적인 비교역재 상품이다. 환율은 이런 음식값의 차이를 반영할 수 없다. 이런 이유로 개도국 화폐의 구매력은 명목환율로 나타나는 것 이상으로 크다. 따라서 개도국의 경우 구매력을 나타내는 PPP 환율이 명목환율보다 낮다.

다양한 외환상품의 개념과 활용

외환시장에서는 여러 주체가 다양한 목적으로 거래하다보니 다양한 외환상품이 거래된다. 특히 투자은행, 외국환은행, 브로커 등 전문성을 가진 거래 주체들은 복잡한 구조의 외환상품들을 사고판다. 이런 이유로 일반인들은 외환시장을 이해하기 어렵다. 사실 외환시장에서 직접 거래를 하지 않는 일반인들이 외환상품을 속속들이 꿰뚫어야 할 필요도 없다. 다만 기본적인 이해만 하면 된다. 그건 그렇게 어려운 게 아니다. 외환상품들도 일반적인 금융상품들(주식, 채권, 파생상품 등)과 유사하다. 주식이나 채권을 이해하는 데도 도움이 되니 외환상품 이해에 시간과 노력을 투자할 가치는 충분하다. 여기에서는 가장 빈번하게 활용되는 외환상품들을 살펴보자.

현물환시장

현물환은 외환시장의 기본 상품이다. 현물, 즉 실제의 외국통화를 사고파는 것이다. 우리에게 '현물환' 하면 금방 떠오르는 것이 환전이다. 하지만 앞에서 언급했듯이 우리나라에서 엄밀한 의미의 외환시장은 '은행간 현물환시장'이다. 현물환 거래의 주요 참여자들은 은행이다. 은행들 사이의 거래에서는 거래를 계약한 날로부터 2영업일에 외환의 결제가 이루어진다. 2영업일을 익익영업일(益益營業日; value spot)이라고 한다. 외국환중개사를 통해서 거래하는 경우에는 익익영업일 결제만 거래된다. 은행들 간 직접 거래할 때는 합의에 의해서 당일결제(value today) 또는 익영업일결제(value tomorrow)로 결제일을 정할 수도 있다.

외환의 결제에 2영업일이 걸린다는 게 언뜻 이해가 안 갈 수 있다. 전산화되었다면서 왜 실시간으로 결제가 가능하지 않다는 것인가? 외환거래는 다른 통화 사이의 거래이기 때문에 복수의 국가가 연관된다. 나라별 시차, 지급 결제, 확인 절차 등에 추가적인 시간이 필요하다. 미국 달러화의 지급과 결제는 미국 현지 은행에서 이루어진다. 따라서 미국의 시차와 휴일도 고려해서 2영업일 후에 동시에 결제한다.

예를 들어보자. 2019년 6월 3일(월) A은행이 B은행으로부터 1백만 달러를 원/달러 환율 1,100에 매입하는 거래를 체결했다고 치자. 그러면 2영업일 후인 6월 5일(수) A은행은 B은행의 한국은행 지준계좌(BOK-wire)에 원화 11억 원(1백만 달러×1,100)을 이체하고, B은행은 미국 뉴욕 소재 환거래은행(correspondent bank)에 개설된 A은행 계좌에 1백만 달러를 이체한다.[96] 이처럼 2영업일을 기다려서 결제일을 맞추는 것은 상호 간의 신용위험을 회피하기 위해서다. 원화를 먼저 이체해

췄는데 상대방이 미국 달러화를 이체하지 않는다면 낭패다. 따라서 외환거래 결제를 이틀을 기다렸다가 동일한 날에 서로 결제하는 것을 원칙으로 한다.

은행간 현물환시장에서 결정되는 환율이 현물환율이다. 2영업일 후에 결제하더라도 환율은 계약일의 현물환율이 적용된다. 현물환은 은행의 실수요 매매 목적이 대부분이다. 외환 포지션을 중립적으로 유지해서 환리스크를 헤지하는 거래다. 물론 일부 환투기 목적의 거래도 있다. 동일 영업일에 외환을 싸게 사서 비싸게 파는 일중거래가 대표적이다. 하지만 우리 은행들은 환리스크를 철저하게 회피하는 성향이 있다. 외국환거래법은 국내 은행의 외환 포지션을 자기 자본의 50%(전월말 기준)까지 허용하지만 국내 은행들은 매일 외환 포지션을 중립화시킨다.

선물환

주요 외환상품인 선물환을 이해하려면 현물과 대비되는 선물의 개념을 먼저 이해해야 한다. 여기서 선물은 현물을 미래의 어느 시점에서 거래한다는 뜻의 선물(先物)이다. 선물환 거래란 현물 외환을 미래의 어느 날에 특정 환율(선물환율, forward exchange rate)로 매매하기로 약정하는 거래를 말한다. 결제는 만기일에 이루어진다. 현물환이 2영업일 때 결제되므로 선물환은 3영업일 이상 먼 미래에 결제하는 거래다. 만기는 일주일, 1개월, 2개월, 3개월, 6개월, 1년 등이 일반적이지만,

당사자 합의에 따라 얼마든지 정할 수 있다.

선물환 거래는 선물환의 매입 또는 매도 거래만 있는 '아웃라이트 선물환 거래'(outright forward)와 스와프거래의 일부분으로 현물환 거래와 함께 일어나는 '스와프 선물환 거래'(swap forward)로 구분된다. 스와프에 대해서는 뒤에서 보다 자세히 알아보기로 한다. 그리고 아웃라이트 선물환 거래는 만기 시점에 외환을 실제로 주고받는 일반 선물환 거래와 외환을 주고받지 않고 차액만 정산하는 차액결제선물환 거래로 구분된다.

사례를 들어서 선물환 거래를 살펴보자. 2019년 5월 3일(금) 은행간시장에서 A은행이 B은행으로부터 1개월 후에 1백만 달러를 원/달러 선물환율 1,110에 매입하는 거래를 체결했다. 이 경우 결제일은 1개월 후인 2019년 6월 3일(월)이다. 이날 A은행은 B은행의 한국은행 당좌계정으로 원화 11.1억 원(=1백만 불×1,110)을 이체하고, B은행은 미국 뉴욕에 소재한 외국계 은행의 A은행 계좌로 1백만 달러를 이체한다. 현물환 거래와 매우 유사한 거래방식이며 단지 결제일이 2영업일보다 길다는 게 차이점이다.

누가 왜 선물환을 주로 거래할까? 주로 수출입업체들이 환리스크를 헤지할 목적에서 사용한다. 수출계약을 하면 수출대금은 몇 달 뒤에, 심지어는 몇 년 뒤에 받는다. 수출기업은 앞으로 받을 달러화를 미리 정한 환율로 팔고 실제로 달러화가 들어올 때 달러화를 인도해주면 된다. 이러한 목적으로 선물환을 거래하는 것이다. 한때 우리 조선업계가 호황일 때 조선업체들은 선박 건조를 수주하면 선박 건조 기성고(旣成高)에 따라서 외환을 받게 되었다. 그 기간이 3~5년이 된다. 조선사는 외환을 지급받는 날까지 기다리지 않고 미리 선물환을 팔아서 원화를 안정적으로 확보했다.

선물환을 사고팔면 손해 위험만 회피하는 것이 아니다. 동시에 이익을 볼 기회도 포기하는 것이다. 예를 들어 1백만 달러 수출계약을 하고 수출대금을 3개월 후에 받기로 한 업체가 있다고 하자. 수출대금은 1백만 달러로 동일하지만 3개월 후 환율에 따라 원화 환산 금액은 변한다. 3개월 후에 환율이 1,200이라면 12억 원을 얻게 된다. 반면에 환율이 1,000이 된다면 수입은 10억 원에 그친다. 만약 현재 시점의 만기 3개월 선물환율이 1,100이라면 선물환 매도계약을 체결할 경우 3개월 후 현물환율이 얼마가 되더라도 원화 수입은 11억 원으로 고정된다. 수출업체 입장에서는 수입을 직원들 월급이나 협력업체 납품비로 지출해야 하기 때문에 수출대금이 원화로 얼마인지가 중요하다. 11억 원의 원화 수입을 고정시킴으로써 12억 원을 받을 수도 있는 이익 기회를 포기하는 대신 환율 하락으로 자칫 직원 월급과 거래처 지급 비용 등 필수 자금 확보가 어려워지는 위험성을 회피(헤지)하는 것이다.

선물환은 재정차익 거래에서도 사용된다. 재정차익 거래란 국내외 금리차를 노리고 하는 거래를 말한다. 다만 추후에 환율 변동으로 인한 손해를 헤지하기 위해 미리 외화를 투자

회수 시점에서 선물환율로 매도하는 계약을 한다. 국내외 금리 차이가 스와프레이트[(선물환율-현물환율)/현물환율×100]보다 큰 경우에 재정거래로 이익을 볼 수 있다. 재정거래는 무위험 수익을 보장한다. 수익 마진은 작지만 손해를 볼 확률은 없다는 의미다. 예컨대 거래 규모가 100억 달러 정도라면 단 0.001%의 수익 마진으로도 단숨에 10만 달러의 수익을 얻을 수 있다. 물론 100억 달러 자금 조달 비용도 고려해야 하지만 말이다.

또한 선물환 거래는 외환투기에도 활용된다. 만약 앞으로 환율이 상승할 것으로 예상할 경우 선물환을 매입한다. 만기에 실제로 현물환율이 매입한 선물환율 이상으로 상승할 경우에 이익을 본다. 상대적으로 낮은 선물환율로 매입한 외환을 높은 현물환율로 매도함으로써 환차익을 실현하는 것이다. 그러나 예상과 달리 만기 시점에 환율이 하락한다면 환차손이 발생한다.

차액결제선물환(NDF)

차액결제선물환 거래는 선물환 거래의 변형이다. 일반적인 선물환 거래는 만기에 계약한 환율로 원화와 달러화를 인계인수한다. 하지만 차액결제선물환 거래에서는 만기에 두 통화를 서로 주고받지 않는다. 차액만 국제통화(미국 달러화가 사용된다)로 정산한다. 예를 들어보자. 국내 A은행이 역외 B은행과 1개월 후에 환율('계약환율'이라 한다) 1,110으로 1백만 달러를 매도하는 원-달러 NDF 계약을 체결했다고 하자. 1개월 후 환율이 상승해 1,130('지정환율'이라 한다)이 될 경우, 국내 A은행은 계약환율과 지정환율 간 차이인 17,699달러[차액=(1,110-1,130)×1백만 달러÷1,130]를 역외 B은행에 지급한다.

외환을 인계인수하지 않지만 이득과 손해는 거래 당사자 사이에서 정확하게 정산된다. B은행은 1,110으로 1백만 달러를 인수해서 외환시장에 1,130으로 되팔아서 얻는 이득과 정확하게 동일한 금액을 A은행으로부터 받는다. 외환을 계약환율로 받을 때와 동일한 이득을 본 셈이다.

반대로, 1개월 후 계약환율이 1,090이 되면, 국내 A은행은 계약환율과 지정환율 간 차이인 18,348불[=(1,110-1,090)×1백만 달러÷1,090]을 역외 B은행으로부터 받게 된다. 외환의 지급은 없는 것으로 '퉁'치고, 차액만 청산한다.

이처럼 NDF 거래는 차액만 정산하기 때문에 일반 선물환 거래에 비해 적은 금액으로 거래가 가능하다. 또한 차액 정산을 대부분 미국 달러화로 하기 때문에 원화와 같이 국제화되어 있지 않은 통화들도 자유롭게 역외에서(해외를 의미한다) 거래가 가능하다. 외환 인수인계를 '퉁'치기 때문에 원화로 외환을 사고팔지 않아도 된다. 우리나라는 1999년 4월 외환자유화 조치로 국내 외국환은행과 비거주자 간의 NDF 거래가 허용되었다. 현재 싱가포르, 홍콩, 런던, 뉴욕 등 주요 역외시장에서 역외투자자들의 원-달러 NDF 거래가 매우 활발히 이루어지고 있다.

특정 국가의 통화가 해당 국가 밖에서 자유롭게 결제되지 않을 때 당해 통화의 NDF 거래가 이루어진다. 우리 원화가 그렇다. 원화 외에도 중국 위안화, 인도 루피화, 브라질 헤알화, 러시아 루블화, 필리핀 페소화 등의 차액결제선물환 거래가 활발하다. 전체적으로 일일 거래액이 약 1조 250억 달러 수준이다. 원화의 거래 규모가 가장 커서 하루 평균 거래가 약 190억 달러에 달한다.

우리 외환시장에서 원-달러 NDF는 남다른 중요한 의미가 있다. 원-달러 NDF 환율은 원/달러 현물환율에 직접 영향을 미치기 때문이다. 우선, 역외투자자들의 원-달러 NDF 거래는 다음날 아침 은행간시장의 현물환 거래로 연결된다. 만약, 홍콩 A은행이 국내 B은행에 원-달러 NDF를 매도하면 국내 B은행은 매수초과 포지션을 안게 된다. 따라서 국내 B은행은 은행간시장에서 현물환을 매도해야 한다. 이런 은행간 현물환 거래로 원/달러 현물환율이 하락 압력을 받게 된다. 한편, NDF 거래 만기시에 차액을 정산하면 국내 B은행의 선물환 포지션이 사라지면서 이번엔 매도초과 포지션이 발생한다. 이를 해소하기 위해 현물환을 매수하게 되면서 원/달러 현물환율은 상승 압력을 받는다.

원-달러 NDF 환율은 국내 원/달러 현물환율 개장가에 절대적인 영향을 미친다. 한국 기준 새벽 6시경 마감한 뉴욕 시장의 원-달러 NDF 환율이 당일 오전 9시 은행간시장의 개장 가격에 반영된다. NDF 환율은 주로 1개월 선물환율이기 때문에 현물환율로 전환할 때는 스와프포인트를 빼야 한다. 예를 들어서 뉴욕 시장 종가 NDF 환율(매도호가와 매수호가의 중간값)이 1,150이고 1개월물 스와프포인트가 11이라면, 현물환율은 1,139(1,150-11) 수준에서 시작할 거라고 예측할 수 있다. 오전 9시에 열리는 우리 은행간시장의 개장 환율은 전날 종가 환율보다는 바로 직전 새벽 뉴욕 시장에서의 NDF 환율의 영향을 크게 받는다. 우리 외환시장에서는 미국계 중개회사인 아이캡(ICAP Holdings)의 호가를 주로 본다.[97]

국제 외환시장은 24시간 거래되는 소위 '해가 지지 않는 시장'이다. 원화도 예외는 아니다. 국내 은행간시장은 오후 3시 30분에 종료되지만 원/달러 거래는 계속되고 환율은 계속 변한다. 바로 원-달러 NDF 역외시장을 통해서다. 그리고 NDF 역외시장의 환율 추이가 국내 은행간시장에서의 9시 개장가 흐름을 결정한다. 상대적으로 규모가 작은 NDF 시장이 국내 은행간시장 가격을 좌지우지하는 왝 더 독(wag the dog), 즉 '꼬리가 몸통을 흔드는' 현상이 벌어지는 것이다.[98]

따라서 은행간시장이 종료된 이후에도 대부분의 외환딜러들은 역외에서의 원-달러 NDF 거래에서 형성되는 환율에 주목한다. 특히 미국 연방공개시장위원회, 유럽중앙은행 통화정책회의 등이 열리는 날이면 밤을 새우며 동향을 체크한다. 간밤의 수많은 이슈와 시장 반응이 NDF 환율에 고스란히 반영되기 때문이다.

외환스와프와 통화스와프

서로 다른 통화를 일정 기간 동안 교환하는 상품이다. 1990년대 미국 대학생들이 사용하지 않는 물건을 벼룩시장에서 다른 물건과 맞교환한 것을 스와프(swap)라 했다고 한다. 통화스와프란 내가 현재 갖고 있는 통화를 상대방에게 주고(sell) 필요한 다른 통화를 받는 것(buy)을 뜻한다. 이후 계약기간이 끝나면 정반대로 다시 되돌려 주고 되돌려 받는다.

만약 현재 원화는 충분하지만 미국 달러화가 한 달 동안 필요하다면 어떻게 하면 될까? 예를 들자면 수출계약을 체결해 한 달 후 달러화(수출대금)를 받을 수 있지만 수입을 위해서 지금 당장 달러화가 필요한 경우다. 첫 번째 방법은 달러화를 한 달간 이자를 내고 빌리는 것이다. 두 번째 방법은 현물환시장에서 달러화를 매입해 사용하다가 한 달 후 수출대금으로 달러화를 받으면 산 달러화를 되파는 것이다.

답부터 이야기하자면 둘 다 현명한 선택은 아니다. 첫 번째 방법은 달러화를 단기간 빌려주는 은행을 찾아야 하고 단기간 대출 금리를 지불해야 한다. 두 번째 방법은 보기에는 매우 쉬워 보이지만 엄청난 리스크가 있다. 바로 환율 변동 위험이다. 만약 한 달 동안 1천만 달러가 필요해 1달러당 1,100원에 매입했다가 한 달 후 달러를 매도할 때 환율이 1,050원이 된다면 5억 원의 손실[(1,000원-950원)×1천만 불]이 발생한다. 이를 연간 이자율로 환산하면 연 60%의 금리(5%×12개월)다. 실제로도 한 달간 환율 50원은 쉽게 움직일 수 있다. 이런 점들을 고려하면 두 가지 방법은 다 문제가 있다.

이를 해결해주는 게 바로 외환스와프다. 지금 필요한 달러를 사고 한 달 뒤에 이를 되파는 거래를 동시에 하면 된다. 즉 현물환을 매입함과 동시에 선물환을 매도하면 해결된다. 달러를 차입할 필요도 없고 환리스크도 부담하지 않아도 된다. 사실 매입/매도라고 표현하였지만 실질적으로는 담보부 환매(re-purchasement)라 할 수 있다. 원화를 맡기고(담보) 달러를 빌려서 사용하고 만기 때 달러를 돌려주고 원화를 받는다. 이는 결국 현물환 거래와 선물환 거래가 동시에 일어나면서 빌리고(차입) 빌려주는(대여) 것과 마찬가지이다.

우리에게 익숙한 부동산거래에 비유해보자. 2년 동안 단기로 살 아파트가 필요하다고 치자. 첫째는 2년간 아파트를 임대하고 월세를 내는 방법이다. 둘째는 아파트를 구입해 살다가 2년 후 파는 방법이다. 셋째는 아파트를 2년간 전세로 사는 방법이다. 외환스와프는 세 번째 방법인 전세하고 유사하다. 전세란 무엇인가? 전세금을 주고 입주해서 살다가 전세 기간이 종료하면 아파트 점유와 전세금을 다시 원래대로 되돌리는 거래다. 전세는 월세에 비해 비용이 저렴하다. 그리고 고작 2년 살려고 집을 사고파는 것은 상상할 수도 없다. 그 사이 집값이 크게 하락이라도 하면 낭패라는 점은 말할 것도 없다. 외환스와프는 원화와 달러화를 바꾸어 사용하고 만기가 되면 다시 되돌리는 것이다. 비용도 싸고 리스크(집값 하락으로 인한 손해를 말한다)도 덜 진다.

전세를 준 집주인은 전세금을 굴려서 이익을 취한다. 외환 스와프도 그렇다. 선물환율과 현물환율의 차이가 보상이다. 금리가 상대적으로 비싼 통화의 경우에는 선물환율이 현물환율보다 높다. 이론상으로는 그렇다. 예를 들어 원화의 1년물 CD금리가 3.0%이고, 1년 만기 미국 재무부 증권 금리가 2.1%인 경우에 원/달러 3개월(92일) 선물환율은 현물환율에 (3.0%-2.1%)×(92/360)×현물환율을 더한 값이다. 현물환율이 1,100이라면 선물환율은 1,102.5다. 외환스와프로 원화를 주고 달러를 받고, 1년 뒤에 다시 달러를 주고 원화를 받는 거래자는 원화와 달러화의 금리 차이만큼 손해를 본 것이다. 하지만 이 손해는 유리한 선물환율로 보상받는다(선물환율이 현물환율보다 높다는 건 오늘 달러를 싸게 사고 미래 달러를 비싸게 판다는 의미다).

시장에서 선물환율과 현물환율의 차이가 반드시 이론이 제시하는 금리 차이를 정확하게 반영하지는 않는다. 시장이 왜곡되었다고 볼 수 있는데, 정확히는 시장에 금리차 외에 다른 요인들이 작용했다고 보는 게 맞다. 어떤 요인일까? 외화 유동성이다. 시장에서 달러가 충분한지가 선물환율과 현물환율의 차이(선물환율-현물환율=스와프포인트)를 결정하는 가장 중요한 요인이다. 달러가 부족해서 모두가 달러를 확보하려고 하는 상황에서는 현물환율은 올라가고 선물환율은 오히려 현물환율보다 낮아진다. 당장 달러 확보가 급해서 금리 차이는 안중에 없게 된다. 반대로 시장에 달러가 넘치는 경우에는 현물환율은 내려가고 선물환율은 현물환율보다 높게 된다. 이처럼 스와프포인트가 내외금리 차이를 반영하지 않을 때 외환투자자에게는 위험 부담 없이 돈을 벌 수 있는 절호의 기회다. 소위 재정거래의 기회다. 금리차익거래를 통해서 환리스크 없이 이익을 획득할 수 있다.

외환스와프가 통상 1년 미만의 단기간 교환인 반면에 통화스와프는 10년까지도 가능한 장기간의 금융거래라는 점에 차이가 있다. 외환스와프에서는 양 통화 사이의 이자율 차이가 선물환율에 반영되므로 만기까지 별도로 이자를 서로 교환하지 않는다. 하지만 통화스와프에서는 이자 지불 의무가 추가적으로 교환된다. 따라서 통화스와프에서는 통화를 처음 교환할 때 적용되는 현물환율이 만기 후에 통화를 되돌릴 때도 적용된다. 처음 교환할 때 원/달러 환율이 1,100이라면 만기 후에 원상 복귀시킬 때도 1,100이 적용된다. 만기시에 환율이 1,200이든 1,000이든 상관없이 1,100이 적용된다. 왜냐하면 이미 금리 차이를 보상하는 지불이 이루어지기 때문이다.

외환스와프의 거래당사자는 주로 환위험을 헤지하려는 실수요자들이다. 반면에 통화스와프의 거래 목적은 다양하다. 통화스와프는 통화 시장간 자금조달 비용을 절감하려는 목적으로 활용되기도 한다.

어떻게 통화스와프를 통해서 자금조달 비용을 절약할 수 있는지 살펴보자. 미국 기업 A는 유럽 투자에 필요한 1억 유로를 5년 만기 유로 채권을 발행해 조달하는 경우 금리를 5% 지불해야 한다. 1억 달러가 필요한 유럽 기업 B는 5년 만기 달러 채권을 금리 6%에 발행할 수 있다. 그런데 이 유럽기업은 5년 만기 1억 유로 채권을 4.5%에 발행할 수 있다. 미국 기업 A는 5년 만기 달러 채권을 금리 5.5%에 발행할 수 있다. 이 경우에 둘은 상대가 필요한 통화로 자금을 조달해서 통화스와프를 하면 조달비용을 절약할 수 있다. 미국 기업 A는 1억 유로×(5%-4.5%)만큼 조달비용을 절약한 셈이다. 유럽 기업 B도 1억 달러×(6%-5.5%)만큼 조달비용을 절약한 결과가 된다.

통화스와프는 외환스와프와 달리 만기까지 보유하지 않고 중간에 해소하는 경우가 많다. 애초에 통화스와프 거래를 한 이유가 투기든, 규제 회피든, 단기적인 자산 및 부채 관리든, 환헤지든 상관없이 거래 목적이 더 이상 필요 없게 되면 거래를 해소한다. 중간에 해소하는 방법은 세 가지다. 보유한 스와프를 제3자에게 매도할 수 있다. 이 경우에 제3자의 신용위험 문제가 있어서 스와프의 상대방이 반대할 수도 있다. 둘째는 스와프를 종결시키는 방법이다. 당초 계약서에 종결시 대가와 절차가 규정되어 있으면 수월하지만 없는 경우에는 당사자 사이에 다툼이 있을 수 있다. 세 번째 방법은 역스와프(reserse swap)를 하는 것이다. 기존 스와프와 동일한 스와프를 반대 거래하는 것이다. 역스와프는 새로운 상대방과 할 수도 있지만 보다 용이한 건 기존의 스와프 상대방과 역스와프를 하는 것이다.

통화스와프는 단기간에 활용되는 외환스와프를 10년까지 가능하도록 장기화시킨 상품이다. 이는 금융시장의 수요를 충족시키면서 더 많은 유동성을 제공한다. 하지만 위험성도 확대된다. 환율은 장기적으로는 크게 변동할 수 있다. 이로 인해 한쪽 당사자가 크게 불리해지면 계약 불이행 위험이 증폭될 수 있음에 유의해야 한다. 이러한 이유로 개인, 기업보다는 은행 등 기관투자자들이 활용하는 상품이다.

통화선물

선물거래의 효시는 17세기 일본 도쿠가와 막부 시대의 도지마 쌀 거래소라고 한다.[99] 오늘날 전 세계적으로 인정받는 선물거래의 메카는 1919년 설립된 시카고 상업거래소다. 광물, 곡물, 금융자산, 에너지 등 돈이 되는 모든 상품의 선물이 거래된다고 보면 된다. 통화도 일종의 상품과 동일하다. 오히려 보관비용이 적고, 보유기간 동안 금융수익(금리)이 발생한다는 점에서 일반 상품보다 매력적인 선물거래 대상이다.

통화선물은 통화를 일정 기간 후에 선물환율로 인수도하기로 약정하는 거래다. 1972년 시카고 상업거래소의 국제통화시장에서 처음으로 거래되었다. 우리나라는 1994년 한국선물거래소(현 한국거래소)에 미국 달러선물이 최초로 상장되었다. 2006년에는 엔선물과 유로선물, 2015년에는 위안선물이 거래되기 시작했다.[100]

통화선물은 선물환 거래와 거의 흡사하다. 환율 변동으로 인한 환리스크를 헤지한다는 목적에서는 동일하다. 단 선물환이 맞춤양복이라면 통화선물은 기성복이다.[101] 통화선물은 표준화되고 규격화된 상품이고 선물환은 당사자 간의 합의에 의해 자율적으로 그 조건들을 정한다. 선물환이 장외에서 거래되는 반면에 통화선물은 거래소에서 거래된다. 장외에서 거래되는 선물환은 결제시점을 포함한 거래조건을 당사자들이 정할 수 있다. 반면에 통화선물시장에서는 거래되는 통화가 제한되고 거래단위, 결제월, 만기일 등 거래조건과 방법이 표준화되어 있다.

통화선물은 거래소가 거래 체결에서 청산까지 책임을 지고 중개한다. 이 때문에 통화선물 거래에는 증거금과 일일정산이라는 독특한 제도가 있다. 우리나라의 경우 한국거래소가 이를 관리한다. 미국 달러선물을 거래하려면 일단 증거금(원금의 3.9%)을 거래소에 내야 한다. 증거금은 계약이행을 위한 담보물이다. 미국 달러선물은 1계약이 1만 달러다. 만약 수출업체가 1개월 후에 57만 달러의 수출대금을 받는다고 하자. 이를 환헤지하려면 1개월물 미국 달러선물 57계약을 매도하면 된다. 통화선물 거래가 성사되면 한국거래소는 매일 해당 통화의 가격 변동에 따른 손익을 계산해서 일정 수준의 증거금을 유지하도록 요구한다. 이를 일일정산이라고 한다. 계약이행을 담보하는 충분한 증거금을 확보해서 계약불이행을 방지하는 장치다. 만약 수출업체가 1,110원의 선물환율로 미국 달러선물을 매도했는데, 다음날 선물환율이 1,120원으로 상승하면 10원만큼 손실이 난다. 반대로 미국 달러선물을 매수한 경우는 환율 상승으로 이익을 본다. 한국거래소는 이러한 손익을 일일정산해서 손실을 본 매도자 계좌에서 손실금액을 인출한다. 반대로 이익을 본 매수자 계좌에 이익금을 입금한다. 그리고 거래자들이 앞서 예치한 증거금이 유지증거금(원금의 2.6%) 이하로 떨어지면 부족분을 추가로 납입하도록 요구한다.

선물환 거래의 당사자들은 주로 은행들이고 용도는 대부분 환헤지 목적이다. 반면에 통화선물은 기업이나 개인들이 주로 활용하고 환헤지 목적 이외에 환투기 수단으로 많이 활용된다. 선물환 거래는 대부분 만기일에 실제로 외환을 정해진 선물환율에 따라서 주고받는다. 하지만 통화선물은 만기일 이전에 반대거래를 통해서 포지션을 청산한다. 통화선물 시장에서 쉽게 되팔 수 있기 때문이다. 실물 인수도가 이루어지는 경우가 오히려 드물다. 선물환 거래가 수백만 달러 이상의 고액거래 위주로 이루어진다면 소액거래는 통화선물(최소거래단위 1만 달러도 소액으로 취급받는다)을 활용한다.

선물환 거래는 당사자들(주로 은행들이다)이 서로의 신용도를 바탕으로 거래한다. 따라서 통화선물에서 볼 수 있는 증거금이나 일일정산 제도가 없다. 통화선물에서는 거래소가 거래의 상대방이 되어 이행을 보증하는 셈이다. 이를 위해 거래소는 환율 변동에 따라서 계약의 가치를 평가해 증거금을 매일매일 정산하는 것이다. 선물환 거래는 이러한 제도가 없으므로 거래당사자 사이의 신뢰가 중요하다. 은행들 사이에서는 문제가 없지만 일반 고객들에게는 은행이 담보를 요구하거나 양건예금(陽乾預金, compensating balance)을 부과하기도 한다. 양건예금은 이자율이 없거나 낮아서 은행 입장에서는 채무불이행에 대비하는 동시에 비용도 보상받는다. 일종의 '꺾기'다.

통화선물과 선물환 거래가 본질적으로 같은 거래라면, 이론상으로는 통화선물가격과 선물환율은 같아야 한다. 다시 말해서 통화선물가격이 1,100이라면 동일한 조건(통화, 만기 등)의 선물환율도 1,100이어야 한다. 하지만 두 상품의 거래 행태가 여러 가지 측면에서 다르기 때문에 정확하게 일치하지는 않는다. 예를 들어 선물환율은 매입가격과 매도가격이 서로 다르다. 반면에 통화선물은 매입가격과 매도가격이 동일하다. 일일정산제도도 양자 사이의 차이를 만든다. 통화선물의 경우 일일정산으로 계약일로부터 결제일까지 지속적으로 현금 흐름이 발생한다는 점도 다르다. 그리고 통화선물가격은 일일 변동폭이 제한된다. 이런 이유로 양자는 차이가 나지만 그 차이가 크지 않다.

통화옵션

옵션상품은 일반인들로서는 생소하고 이해가 어려운 골칫덩어리다. 하지만 이해하면 매력적인 상품이다. 통화옵션은 미래에 통화를 미리 약속한 환율로 사거나(call) 파는(put) 권리(option)다. 1978년 유럽옵션거래소에서 처음으로 거래되기 시작했다.

우리나라에서는 1999년 한국선물거래소(현 한국거래소)에 미국 달러옵션이 처음 상장되었다. 통화선물에 비해 거래는 많지 않은 편이며, 장내거래보다는 장외거래가 보다 활발하다. 그래서 미국 달러옵션 이외에 다른 통화에 대한 옵션상품은 아직 상장되지 않았다. 한국거래소에서 미국 달러옵션을 거래하기 위해서는 통화선물처럼 증거금을 내야 한다. 다만, 미국 달러옵션은 향후 권리를 실제로 행사할지 여부가 불확실하기 때문에 일일정산제도는 없다. 2007~8년 시끄러웠던 키코도 변형된 옵션상품이다.

통화옵션의 기본 상품은 콜옵션과 풋옵션이다. 콜옵션은 이름 그대로 어떤 통화를 살 수 있는 권리다. 반면에 풋옵션은 어떤 통화를 팔 수 있는 권리다. 콜옵션이나 풋옵션 모두 매입자와 매도자가 있다. 옵션을 매입하는 걸 '옵션을 샀다'라고 하고, 옵션을 매도하는 걸 '옵션을 팔았다'라고 한다. 매입자는 사거나 팔 권리를 얻는 것이고 매도자는 매입자가 요구하면 팔거나 살 의무가 생긴다. 매입자는 '옵션을 행사할 수 있는 권리'를 산 것이기 때문에 권리를 포기해도 무방하다. 그러나 옵션 매도자는 옵션 매입자가 권리를 행사할 경우 반드시 계약을 이행해야 한다. 매입자는 권리를 산 대가로 매도자에게 돈을 지불하는데 이걸 옵션가격 또는 옵션 프리미엄이라고 한다.

옵션을 사서 권리를 얻은 매입자는 그 권리를 행사해도 되고 행사하지 않아도 된다. 자기 이익을 따져보고 선택하면 된다. 그래서 이 상품을 '마음대로 선택한다'라는 의미에서 옵션이라고 부른다. 아파트를 분양받을 때 옵션 품목들이 있다. 옵션 품목은 자기 의사대로 선택할 수도, 선택하지 않을 수도 있다. 통화옵션도 마찬가지다. 옵션을 행사하면 이익을 얻게 되고 옵션을 행사하지 않으면 지불한 프리미엄을 날린다. 옵션을 행사할지 여부는 추후 환율 변동에 따라 결정된다. 매입자는 환율 변동에 따라서 마음대로 옵션을 행사하거나 행사하지 않을 수 있다.

풋옵션을 사는 경우를 보자. 어떤 수출기업이 수출대금으로 3개월 뒤에 1억 달러를 받을 예정이다. 현재 시장 환율은 1,160원이다. 그런데 외환시장에서는 3개월 후 환율이 하락할 것이라는 전망이 우세하고 환율이 하락하면 수출기업은 손해를 본다. 수출기업은 환율 하락 리스크를 헤지할 목적으로, '원/달러 환율 1,150, 만기 3개월, 1억 달러 풋옵션'을 달러당 10원의 프리미엄을 주고 매입한다. 과연 수출기업은 이 풋옵션 매수로 어떤 이익을 얻게 될까?

3개월 후 원/달러 환율이 당초 예상대로 1,160원에서 1,100원으로 60원이나 하락했다. 그러면 이 기업은 1,150원에 달러화를 매도하는 풋옵션을 행사한다. 환율이 1,100원인데 수출대금으로 받은 1억 달러를 1,150원으로 팔았으니 이익을 본 것이다. 물론 당초 환율 1,160원에 비하면 손해를 본 셈이지만 옵션을 산 덕분에 큰 손해를 면했다. 지불한 옵션 프리미엄 10원까지 고려하면 1,140원에(1,150원-10원) 달러를 원화로 환전한 결과다(정확하게는 프리미엄 10원에 대한 3개월 이자도 비용에 포함시켜야 한다). 풋옵션을 매입한 결과로 환손실을 대폭 줄인 것이다.

반면에 3개월 후 시장 원/달러 환율이 예상과 달리 1,190원이 되었다면 수출기업은 풋옵션을 행사하지 않는다. 수출대금을 1,190원에 매도하는 게 더 큰 이익이 되기 때문이다. 옵션을 행사하지 않아서 옵션 프리미엄(총 10억 원)은 날렸지만 환율 상승으로 더 큰 환이익을 얻게 되었다. 옵션 프리미엄을 고려하면 1,180원(1,190원-10원)에 수출대금을 원화로 환전한 셈이다.

이처럼 옵션은 일종의 보험이다. 자동차보험을 생각해보자. 교통사고가 나면 보험금을 타지만 사고가 안 나는 게 더 이익이다. 물론 낸 보험료가 아깝지만 할 수 없다. 불행하게도 사고가 나면 보험금으로 손실을 많이 줄일 수 있다. 옵션 프리미엄은 보험료인 셈이다.

위에 든 사례를 통해 옵션상품에 대해 더 알아보자. '원/달러 환율 1,150, 만기 3개월, 미국 달러화 풋옵션'은 많은 의미를 담고 있다. 원/달러 환율 1,150을 행사가격(exercise price 또는 strike price)이라고 한다. 계약할 때 미리 옵션을 행사하는 환율을 약정한다. 매입자가 풋옵션을 행사해서 달러를 파는 경우에 환율에 관계없이 원/달러 환율 1,150으로 달러를 살 수 있다는 의미다. 왜 행사가격을 1,150으로 한 걸까? 그건 매입자와 매도자 사이의 합의에 따른 것이다. 만일 행사가격을 1,160으로 했다면 옵션 매입자에게 더 유리하겠지만 옵션가격이 10원이 아닌 20원이나 그 이상으로 올랐을 것이다. 반대로 1,120으로 했다면 옵션가격이 5원이나 그 이하로 내려갔을 것이다. 이렇게 행사가격은 옵션가격에 영향을 미친다.

콜옵션은 풋옵션과 반대라고 보면 된다. 풋옵션이 통화를 팔 수 있는 권리인 반면에 콜옵션은 통화를 살 수 있는 권리다. 달러가 필요한 수입업자나 해외 투자자들이 환율 급등으로 인해서 비용이 증가하는 데 대비한 보험이다. 예를 들어 수입업자가 3개월 후의 수입대금 지불에 대비해서 '원/달러 환율 1,170, 만기 3개월, 1억 달러 콜옵션'을 매입했다고 치자. 3개월 뒤에 원/달러 환율이 1,200으로 상승하면 매입자는 콜옵션을 행사할 것이다. 원/달러 환율 1,200보다 낮은 1,170으로 1억 달러를 살 수 있다. 만일 환율이 행사가격인 1,170보다 낮은 1,150에 형성된다면 콜옵션을 행사하지 않는 편이 이익이다. 콜옵션을 행사하지 않아서 옵션 프리미엄을 날렸지만 낮은 환율에 1억 달러를 확보했으니 불만은 없다.

통화옵션 상품의 필요성에 대해 설명하고자 한다. 선물환 거래를 통해서도 환율 변동으로부터의 손실을 일정 범위로 한정할 수 있다. 하지만 환율 변동의 이익을 포기하는 결과가 된다. 다시 말해서 수입업자가 원/달러 환율 1,150에 선물환을 사면 환율이 1,150 이상으로 올라가더라도 1,150에 달러를 확보할 수 있다. 하지만 환율이 1,150 이하로 내려가면 이익을 얻을 수 있는데 선물환 거래로 이를 포기한 셈이다. 가령 환율이 900으로 내려가면 수입업자는 큰 이익을 보는데 선물환 매입으로 1,150에 달러를 사야만 하는 것이다. 만일 1,150에 콜옵션을 매입하면 환율 하락으로 인한 이익을 포기하지 않아도 된다. 옵션을 사면 최대 손해 규모가 프리미엄으로 한정된다. 반면 이익은 무한정이 될 수 있다. 이것이 통화옵션의 큰 장점이다. 대신에 비싼 옵션 프리미엄을 지불해야 한다.

다양한 옵션의 결합상품

시중에는 여러 통화옵션 상품들이 나와 있다. 복잡한 구조를 가지지만 기본 원리는 간단하다. 콜옵션과 풋옵션을 결합했다는 점에서 동일하다. 동일한 행사가격으로 콜옵션을 매입하고 동시에 풋옵션을 매도하면 어떻게 될까? 예를 들어 행사가격 원/달러 환율 1,150에 3개월 만기(유럽식 만기다)인 1억 달러 콜옵션을 매입하고 동시에 같은 조건으로 풋옵션을 매도한 경우를 보자. 만기인 3개월 뒤에 원/달러 환율이 1,150보다 낮아지면 매입한 콜옵션을 행사해서 달러를 환전하면 된다. 풋옵션을 매입한 상대방은 풋옵션을 포기할 것이다. 반면에 환율이 1,150보다 높아지면 상대방이 풋옵션을 행사할 것이므로 이에 응해서 1,150에 1억 달러를 팔아야 한다.

그리고 본인이 매입한 콜옵션은 행사할 이유가 없다.

위의 사례에서 만기 이후 환율에 관계없이 원/달러 환율 1,150에 원화와 달러화가 거래된다. 동일한 행사가격으로 콜옵션을 매입하고 동시에 풋옵션을 매도한 결과는 놀랍게도 원/달러 환율 1,150으로 1억 달러 선물환을 산 결과와 정확하게 같다. 행사가격이 선물환율과 같고 콜옵션을 살 때 지불하는 프리미엄과 풋옵션을 팔고 받은 프리미엄도 같다. 콜옵션과 풋옵션을 1:1로 결합하면 선물환 거래와 정확하게 같다.

옵션의 가장 큰 문제는 옵션가격이 지나치게 비싸다는 점이다. 그래서 옵션 상품의 거래가 대중화되지 못하고 특정인들 사이에서만 이루어진다. 그런데 공짜인 옵션이 있다. '제로 코스트 옵션'이 그것이다. 앞의 사례처럼 콜옵션과 풋옵션의 결합상품인데 한 가지만 다르다. 콜옵션과 풋옵션의 행사가격이 서로 다르다는 점이다. 예를 들어 매입하는 콜옵션의 행사가격은 1,170인데 매도하는 풋옵션의 가격은 1,110인 경우다. 수입업자(콜옵션 매입자, 풋옵션 판매자)는 원/달러 환율이 1,170원을 넘으면 콜옵션을 행사할 것이고, 풋옵션의 상대방 (콜옵션 판매자, 풋옵션 구매자)은 1,110보다 낮아지면 풋옵션을 행사할 것이다. 1,100과 1,170 사이에서는 콜옵션도 풋옵션도 행사되지 않는다. 콜옵션 행사가격을 내리면 콜옵션 매입자에게 유리하고, 풋옵션 행사가격을 올리면 풋옵션 매입자에게 유리하다. 따라서 양 당사자가 프리미엄 교환 없이 합의하는 행사가격을 찾을 수 있다.

위에서 설명한 행사가격이 다른 콜옵션과 풋옵션의 결합 상품은 레인지 포워드(range forward)와 같다. 앞에서 설명한 선물환 거래는 하나의 선물환율을 정해서 이루어졌다. 이와 달리 레인지 포워드는 선물환율이 단일 환율이 아니고 일정한 범위로 정해진다. 예를 들어 레인지 포워드가 1,100~1,170인 경우를 보자. 결제일에 환율이 1,100~1,170 사이면 실제 시장 환율로 거래가 이루어진다. 만일 환율이 1,100보다 낮으면 1,100으로, 1,170보다 높으면 1,170으로 거래가 이루어진다. 이는 행사가격이 1,170인 콜옵션을 매입하고 동시에 행사가격이 1,100인 풋옵션을 매도한 경우와 정확하게 같다.

옵션상품에 대해서는 반드시 주의할 점이 있다. 일반인들은 옵션을 사서 환율 변동으로 인한 리스크를 완화할 수 있다. 일반인들은 옵션 구매자가 되고 은행이나 기관들이 옵션 판매자가 되는 구조다. 그런데 비싼 옵션 프리미엄이 발목을 잡는다. 그래서 옵션 프리미엄이 낮은 복합 옵션상품을 사는 실수를 한다. 복합적인 옵션상품은 일반인들이 구매자가 아닌 판매자가 되는 옵션이 결합되어 있는 경우가 있다. 이는 리스크를 헤지하는 게 아니고 리스크를 떠안는 꼴이다. 여기에 함정이 있다. 키코도 이러한 상품이었다. 때문에 옵션상품을 고려할 때는 자신이 옵션의 매도자가 되는 부분이 있는지 그리고 과연 자신이 떠안을 수 있는 범위의 리스크인지 신중하게 판단해야 한다.

코로나 이후, 환율은 리셋된다

2020년 글로벌 경제는 코로나바이러스로 인해서 전대미문의 큰 충격을 받았다. 전 세계적으로 외환시장은 경색되고 환율은 요동쳤다. 우리 원화 환율도 이를 비껴가지 못했다. 원/달러 환율은 한때 1,300선까지 치솟았고 외환시장의 참여자들은 달러화 확보에 혈안이 되었다. 개인들만이 아니고 금융기관들도 우왕좌왕했다. 이를 지켜보면서 다시 한번 환율에 대한 올바른 지식과 분석력이 필요하다는 걸 실감했다. 위기에서 경제를 복원하고 시장을 안정시키는 것은 오롯이 시장참여자들의 몫이다. 건강한 신체와 정신을 가진 시장참여자들의 면역력이 강한 경제와 시장을 만들고 위기 때마다 들고일어나는 '광기와 패닉'이라는 바이러스를 이겨낼 수 있다.

나름 환율에 관심을 갖고 공부한 사람들이 이해 못 하는 부분이 있다. 외환을 거래하는 실무자들은 환율 이론을 거의 활용하지 않는다는 점이다. 환율 전문가들이 환율 전망을 내놓을 때도 환율 이론을 인용하지 않는다. 그렇다고 그들이 환율 이론을 모르는 건 아니다. 나름 이론에도 해박하다. 이론과 실무의 괴리는 비단 환율에 국한된 문제는 아니다. 현대 경제학의 공통된 문제다. 하지만 환율 분야에서 '이론과 실무의 괴리'는 거의 단절에 가깝다.

왜 환율 분야에서 이론과 실무가 따로 놀까? 현실에서 환율 이론이 환율의 변화를 예측하고 설명하는 데 별반 소용이 없기 때문이다. 특히 사람들과 언론이 관심을 갖는 단기적인 환율 예측에선 무용지물이다. 현실은 환율 이론이 상정하는 조건들과는 판이하기 때문이다. 수많은 변수가 환율에 영향을 미치고 그 변수들 자체도 시시각각 변한다. 환율 이론이 제시하는 결론을 들이대면서 환율을 예측하면 백전백패다. 환율 이론은 환율 예측에서는 무용지물이나 마찬가지다. 최근에 환율 이론을 다루는 경제학 책이 인기가 없는 이유이기도 하다.

그렇다고 환율 이론을 배울 필요가 없다는 건 아니다. 환율 지식은 환율 이론을 공부하는 '과정'에서 습득된다. 환율 이론이 내놓는 '결론'은 별반 소용이 없지만, 환율 이론을 배우는 과정에서 '분석과 추론의 방법'을 익힐 수 있다. 환율 지식은 환율 이론의 결론을 암기해서 얻어지는 것이 아니다. 진정한 환율 지식은 환율 이론을 공부하는 과정에서 생긴다.

물론 분석과 추론의 방법을 익혔다고 해도 환율을 완벽하게 예측할 수는 없다. 경제학자들이나 외환전문가들조차 환율 예측력은 턱없이 부족하다. 그래서 경제학자들은 환율은 제멋대로 움직인다(랜덤워크)고 선언하고서 손을 들었다. 많은 외환전문가들은 적극적인 외환투자를 포기하고 수동적 리스크 관리 전략으로 선회했다. 환율을 예측하고 관리하려는 인간의 욕망은 실패로 끝날 가능성이 높다.

환율을 공부하고 환율 이론을 암기하면 환율 예측력이 높아져서 외환을 사고팔아 돈을 벌 수 있다는 기대가 있을 수 있다. 만일 이런 기대를 가진 독자가 있다면 실망스럽겠지만 이 책은 도움이 되지 않을 것이다.

관점을 좀 달리할 필요가 있다. 환율을 익힘으로써 외환거래나 투자에서 바로 수익을 올린다는 생각이 아니라, 환율을 통해 경제 전반의 흐름, 특히 세계 경제의 현실과 변화를 이해할 수 있다고 생각하는 것이 옳다. 환율은 전 세계에서 벌어지는 모든 정보를 담아낸다. 경제 이슈뿐만이 아니다. 오히려 정치적·사회적 이슈들이 더 크고 직접적인 영향을 주기도 한다. 최근에 환율을 출렁거리게 했던 브렉시트, 남북관계, 코로나바이러스 팬데믹이 그렇다. 현재 벌어지는 상황뿐만 아니라, 과거에 벌어졌던 일 그리고 앞으로 벌어질 일들도 영향을 미친다. 과거, 현재, 미래를 모두 담고 있다. 환율 자체는 애초에 예측이 불가능한 대상일 수 있으나 우리는 환율의 변화를 읽으면서 세계 경제의 흐름과 실상을 이해할 수 있다.

2016년 인간과 인공지능이 세기의 바둑대결을 벌였다. 결과는 인공지능의 일방적인 승리였다. 당초 팽팽하리라는 예상과 달리 이세돌은 알파고에 무참히 패배했다. 대국 직후에 패배를 인정하면서 이세돌은 망연자실했다. 그의 허망한 표정에서 사람들은 인간의 한계를 공감하면서 한편으로는 경악했다. 그때 승리한 인공지능은 '알파고 리'였다. 2017년에는 '알파고 제로'가 등장했다. '알파고 제로'는 이세돌을 이긴 '알파고 리'를 100:0으로 간단히 이겼다. 더욱 놀라운 것은 '알파고 제로'는 인간이 전혀 바둑 기술을 안 가르치고 스스로 학습한다는 사실이다.

알파고의 사례는 과거 우리가 습득했던 정보나 지식이 얼마나 보잘것없고 현실에서 무용할 수 있는지를 보여주었다. '환율이 오르면 주가는 오른다 또는 내린다' 하는 몇 가지 통념이나 선입견으로 현재와 미래에 대처할 수는 없다. 환율이 결정되는 시장, 환율을 사고파는 참여자들, 환율에 영향을 미치는 정보, 환율과 관련된 상품들을 이해하는 폭넓은 노력이 필요하다.

필자는 알파고에서 또 하나의 교훈을 얻었다. 알파고가 아무리 인간 능력을 뛰어넘는다 해도 바둑 자체는 여전히 흥미로운 게임이라는 사실이다. 알파고의 출현이 인간의 자존심은 꺾었을지 몰라도 바둑에 대한 흥미를 바꿔놓진 못한다.

환율을 완벽하게 이해하거나 환율 전망을 예측하는 일은 불가능에 가까운 일이겠지만, 환율의 흐름을 읽으면서 이를 통해 우리 경제, 나아가 글로벌 경제를 이해해나가는 재미는 여전하다. 코로나 이후에 전개될 환율의 리셋 과정에서 독자들이 이 재미를 결코 놓지 않기를 희망한다. 나아가 코로나 팬데믹 이후에 들이닥칠 세계 경제 격동의 파고를 온전히 헤쳐나가길 바란다.

참고문헌

강성진, 정태용, 『가보지 않은 길, 가야 할 길』, 해남, 2019

김운섭, 『외환딜링』, 한국금융연수원, 2018

김철환, 『환율이론과 국제수지』, 시그마프레스, 2010

박대근, 「한국의 외환위기와 외채」, 〈경제분석〉 제5권 제1호, 한국은행 조사부, 1999

박유연, 『환율지식 7일만에 끝내기』, 살림, 2010

박진근, 『환율경제학』, 박영사, 1997

야마구치 슈, 김윤경 옮김, 『철학은 어떻게 삶의 무기가 되는가』, 다산초당, 2019

영주 닐슨, 『월스트리트 퀀트투자의 법칙』, 비즈니스북스, 2019

이규성, 김석동, 『한국 외환시스템의 중장기 발전방안』, 좋은생각좋은사람들, 2012

이영섭, 정치화, 『외환시장의 이론과 실무』, 율곡출판사, 2011

이차웅, 『블록체인, 플랫폼 혁명을 꿈꾸다』, 나남, 2019

정선영, 『7일 만에 끝내는 환율지식』, 메이트북스, 2017

조재성, 『환율의 역습』, 원앤원북스, 2011

최기억, 『대한민국 환율의 비밀』, 이레미디어, 2017

최생림, 『외환론』, 박영사, 1993

최창규, 「투기적공격 이론과 한국의 외환위기」, 〈경제분석〉 제4권 제2호, 한국은행 조사부, 1998

한국은행, 「97 외환위기의 상황과 경과」(IMF 환란 조사특위 보고자료), 1999

홍성욱, 이상호, 강두용, 『한국의 거시경제 및 산업구조 변화와 환율의 영향력』, 산업연구원, 2015

홍춘욱, 『환율의 미래』, 에이지21, 2016

Ben Robson, *Currency Kings*, McGraw-Hill, 2017

D. Hauner, J. Lee and H. Takizawa, "In Which Exchange Rate Models Do Forecasters Trust?", *IMF Working Paper* WP/11/116, 2011

Jan Priewe, Review of exchange rate theories in four leading economics textbooks, Paper presented at the 20th FFM Conference 2016 in Berlin, 2016

Paul R. Krugman, Kenneth S. Rogoff, Stanley Fischer, William J. McDonough, *International Capital Flows*, NBER, 1999

주

1　Ben Robson, *Currency Kings*, McGraw-Hill, 2017, Introduction ix

2　오늘날 페소는 과거 스페인 식민지였던 쿠바, 필리핀의 화폐단위다.

3　박진근, 『환율경제학』, 박영사, 1997, p347

4　이차웅, 『블록체인, 플랫폼 혁명을 꿈꾸다』, 나남, 2019, p263

5　대신 국민연금은 환변동 리스크에 대응하기 위해 전체 해외 투자 자산 대비 일정 규모의 환헤지 비율을 설정해 관리하는 통합 외환익스포저 관리체계를 운영하고 있다.

6　'서울 외환시장 행동규범'은 우리 외환시장 참여자들의 자율협의체인 '서울외환시장운영협의회'에서 결정하며, 자세한 내용은 한국은행 홈페이지(www.bok.or.kr)에서 확인할 수 있다.

7　김철환, 『환율이론과 국제수지』, 시그마프레스, 2010, p25

8　외화 가격의 상승이나 하락에도 불구하고 국내 원화 가격이 변하지 않으면 외국 상품에 대한 수요가 일정하다. 그러면 원/달러 환율이 오르더라도 외화 수요는 변화하지 않는다. 또는 외국의 수출업자가 국내 수입업자에게 가격을 낮춰줄 수도 있다. 그러면 외화 수요는 줄어든다.

9　외화 가격의 하락으로 인해서 우리 상품에 대한 수요가 증가하더라도 그 증가폭이 가격 하락폭보다 적다면 외화 공급은 감소할 수도 있다. 우리 상품에 대한 해외 수요의 탄력성이 1보다 크면 외화 공급이 증가하고 1보다 작으면 외화 공급이 감소한다. 또한 우리 수출품의 외화 가격은 일정하게 하고 환율 인하의 효과를 수출업자가 이윤으로 흡수할 수도 있다.

10　이승호, 『환율의 이해와 예측』, 삶과 지식, 2012, p52

11 물론 정확하게 500억 불은 아니지만 비슷한 규모의 흑자를 보인다.

12 이성민, 『외환론』, 형설출판사, 2011, p197

13 국제수지 구성항목을 자발적 거래와 보전적 거래로 나누는 선을 그어서 위의 자
    발적 거래를 선의 위쪽(above the line), 아래의 보전적 거래를 선의 아래쪽(below
    the line)이라고도 한다.

14 이승호, 『환율의 이해와 예측』, 삶과 지식, 2012, p67, 68

15 김철환, 『환율이론과 국제수지』, 시그마프레스, 2010, p85

16 외화의 유동성이 스와프포인트에 영향을 준다. 원화 채권금리가 달러화 채권금
    리보다 높더라도 시장에서 달러가 부족하면 사람들이 현물 달러를 선호하게 되
    어서 선물 디스카운트가 나타난다.

17 만일 금리 인하의 효과가 있다면 통화론자들은 이로 인해서 환율이 하락할 거라
    고 본다. 지금까지 얘기한 금리 하락이 환율 상승으로 이어진다는 예측과는 정
    반대의 결론이다. 지금까지는 금리 하락이 내외 금리차를 발생시켜서 자본이 이
    탈하고 이로 인해 외화 수요가 생기므로 환율이 상승한다고 보았다. 이는 국제
    수지적 접근방법의 결론이다. 하지만 통화적 접근방법에서는 금리 인하는 화폐
    에 대한 수요를 증가시켜서 오히려 환율을 하락시킨다고 본다.

18 박진근, 『환율경제학』, 박영사, 1997, p7

19 홍성욱, 이상호, 강두용, 『한국의 거시경제 및 산업구조 변화와 환율의 영향력』,
    산업연구원, 2015, p11

20 김철환, 『환율이론과 국제수지』, 시그마프레스, 2010, p447

21 김철환, 『환율이론과 국제수지』, 시그마프레스, 2010, p450

22 김철환, 『환율이론과 국제수지』, 시그마프레스, 2010, p452

23 김철환, 『환율이론과 국제수지』, 시그마프레스, 2010, p456

24 최기억, 『대한민국 환율의 비밀』, 이레미디어, 2017, p277

25 최기억, 『대한민국 환율의 비밀』, 이레미디어, 2017, p277

26 이영섭, 정치화, 『외환시장의 이론과 실무』, 율곡출판사, 2011, p598

27 제1세대 외환위기 모형이라고 한다.

28 제2세대 외환위기 모형이라고 한다.

29 이영섭, 정치화, 『외환시장의 이론과 실무』, 율곡출판사, 2011, p609

30 이영섭, 정치화, 『외환시장의 이론과 실무』, 율곡출판사, 2011, p611

31 제조업의 경상 부가가치 비중을 말한다.

32 홍성욱, 이상호, 강두용, 『한국의 거시경제 및 산업구조 변화와 환율의 영향력』, 산업연구원, 2015, p70

33 곽세연, "리스크온·리스크오프 2진법 세상", 〈연합인포맥스〉, 2019. 6. 27

34 2005년 경제학자 프레드 버그스텐이 만들어낸 용어다.

35 최생림, 『외환론』, 박영사, 1993, p293

36 이영섭, 정치화, 『외환시장의 이론과 실무』, 율곡출판사, 2011, p126

37 이영섭, 정치화, 『외환시장의 이론과 실무』, 율곡출판사, 2011, p139

38 이영섭, 정치화, 『외환시장의 이론과 실무』, 율곡출판사, 2011, p139

39 이영섭, 정치화, 『외환시장의 이론과 실무』, 율곡출판사, 2011, pp197~202

40 이영섭, 정치화, 『외환시장의 이론과 실무』, 율곡출판사, 2011, p216

41 우리나라에서는 연결재무제표 작성이 1999년부터 의무화되었고, 2011년 도입된 국제회계기준도 연결을 기본으로 하고 있다. 최생림, 『외환론』, 박영사, 1993, p297

42 이영섭, 정치화, 『외환시장의 이론과 실무』, 율곡출판사, 2011, p243

43 Ben Robson, *Currency Kings*, McGraw-Hill, 2017, p234

44 주로 Ben Robson, *Currency Kings*, McGraw-Hill, 2017을 참조했다.

45 Ben Robson, *Currency Kings*, McGraw-Hill, 2017, p11

46 블랙-숄즈 옵션가격 결정 모델의 창시자로서 노벨 경제학상을 수상하였다.

47 최초의 펀드 이름은 Double Eagle이었다. 1979년에 Quantum Fund로 개명되었다.

48 헨리는 2012년에 투자회사를 문 닫았다. 글로벌 금융위기가 전조를 보이던 2007년 메릴린치가 6억 달러를 인출해 간 것을 시발로 자산 규모가 1억 달러로

축소되었다. 뚜렷한 추세를 보이지 않고 변동성이 작아진 시장에서 기대한 수익을 올릴 수 없었다.

49 여기서 환율은 한 국가의 경쟁력을 나타내며, 순수출과 직접적인 연관성을 갖는 실질실효환율을 말한다.

50 국민총소득=총소비+총투자+경상수지, 총저축=국민총소득-총소비=총투자+경상수지, 경상수지=총저축-총투자

51 이승호, 『환율의 이해와 예측』, 삶과 지식, 2012, p131

52 중앙은행 또는 정부 등 공공기관이 환율에 영향을 줄 목적을 가지고 행하는 모든 종류의 외환거래로 정의할 수 있다.

53 "Transparency versus constructive ambiguity in foreign exchange intervention", *BIS Working Papers* No 144, 2003, Chapter 5, p16

54 김철환, 『환율이론과 국제수지』, 시그마프레스, 2010, p278

55 IMF's 2007 decision on bilateral surveillance over members' policies (June 15, 2007)

56 수입에 대한 의존도가 높은 저소득 국가가 해당한다.

57 IMF 협정문 4조 Section 1, 3항 "회원국이 국제수지의 효과적인 조정을 막거나, 다른 회원국에 대해 불공정한 비교우위를 취하는 것을 목적으로 하는 환율조작을 금지한다."

58 IMF 협정문 4조 Section 3, (a)항 "IMF는 회원국이 Section 1의 의무를 준수하는지를 감독해야 한다."

59 The 1977 Decision on Surveillance Over Exchange Rate Policies

60 The 2007 Decision on Bilateral Surveillance over Members' Policies

61 첫 번째 권고사항은 협정문상에도 적시되어 있는 회원국의 의무이지만, 나머지 원칙은 권고사항일 뿐이다.

62 2007년 결정

63 정식명칭은 주요 교역상대국의 환율정책 보고서(Foreign Exchange Policies of Major Trading Partners of the United States)다.

64 2005년 11월 발표한 환율보고서에 첨부된 "Analysis of Exchange Rates Pursuant to the Act"에 따르면 몇 가지 핵심지표를 종합적으로 검토하여 결론을 내리는 것으로 보인다.

65 2018년 10월까지는 3%가 기준이었지만 2019년 5월부터 강화되었다.

66 미국 대통령이 취할 수 있는 보복조치는 다음과 같다. 첫째, '국외민간투자공사 (Overseas Private Investment Corporation)로 하여금 해당국에 대한 프로젝트 자금 지원을 금지한다. 둘째, 연방정부로 하여금 해당국으로부터의 물품이나 서비스 구매나 계약체결을 금지한다. 셋째, 해당국 거시 및 환율정책에 대한 IMF의 강화된 조사를 요구한다. 넷째, 해당국과의 양자 또는 다자간 자유무역 협정체결을 제한한다.

67 신흥국과의 통화스와프는 종료되었고, 현재 선진국들 사이의 통화스와프만 남아 있다.

68 다만 IMF 특별인출권(SDR) 바스켓에 포함되는 5개 기축통화(달러화, 유로화, 위안화, 엔화, 파운드화) 통화스와프만을 포함할 경우, 양자 통화스와프 규모는 560억 달러로 줄어든다.

69 최기억, 『대한민국 환율의 비밀』, 이레미디어, 2017, p59

70 김철환, 『환율이론과 국제수지』, 시그마프레스, 2010, p396

71 외환보유 수익, 통화간 환율 변동으로 인한 변동 등이다.

72 최기억, 『대한민국 환율의 비밀』, 이레미디어, 2017, p303

73 안병찬, 『글로벌 금융위기 이후 외환정책』, 한나래플러스, 2011, p103

74 노진영, 채민석, 「1985년 플라자합의의 이행과정과 시사점」, 한국은행, 2010, p5~7

75 당초에는 각국 재무장관 및 중앙은행 총재들의 협의체였다. 2008년 글로벌 금융위기를 계기로 정상 간 회의로 격상되었다. G20 정상회의는 당초에는 한시적인 협의체의 성격이었지만, 세계 경제의 전반적인 주요 이슈를 논의하고 미래의 비전을 제시하는 세계 경제의 최상위 포럼으로 발전했다. 글로벌 금융위기 극복을 넘어 IMF 등 국제금융기구 개편, 금융규제 개혁, 글로벌 불균형 완화와 지속

가능한 성장체계 구축 방안 등 논의 범위도 광범위하다.

76 IMF, *Regional Economic Outlook : Asia Pacific*, 2018, p10

77 한국무역협회, 「미·중 무역분쟁의 수출 영향」, 2019, p22~23

78 최기억, 『대한민국 환율의 비밀』, 이레미디어, 2017, p187~188

79 물론 원화를 현지 통화로 환전하는 절차는 거쳐야 한다.

80 최기억, 『대한민국 환율의 비밀』, 이레미디어, 2017, p156

81 최기억, 『대한민국 환율의 비밀』, 이레미디어, 2017, p155

82 ISO코드 4217

83 조영기, 「북한의 화폐·금융제도 연구」, 2015, p29

84 2001년 환율은 재정성이 발표하던 무역환율이다.

85 데일리NK 2010.3.5일자. 조영기, 「북한의 화폐·금융제도 연구」에서 재인용했다.

86 이석기, 양문수, 「북한 외화통용 실태와 시사점」, 〈산업경제분석〉, KIET, p55

87 이석기, 양문수, 「북한 외화통용 실태와 시사점」, 〈산업경제분석〉, KIET, p55

88 김석진, 「북한 외화벌이 추세와 전망」, 〈통일나침반〉 15-04, 통일연구원, 2015, p43

89 김병연, 「금융체제 이행 및 통합 사례:남북한 금융통합에 대한 시사점」, 〈BOK 경제연구〉 제2014-32, p19

90 김병연, 「금융체제 이행 및 통합 사례:남북한 금융통합에 대한 시사점」, 〈BOK 경제연구〉 제2014-32, p19

91 김병연, 「금융체제 이행 및 통합 사례:남북한 금융통합에 대한 시사점」, 〈BOK 경제연구〉 제2014-32, p27

91 김병연, 「금융체제 이행 및 통합 사례:남북한 금융통합에 대한 시사점」, 〈BOK 경제연구〉 제 2014-32, p27

92 야마구치 슈, 김윤경 옮김, 『철학은 어떻게 삶의 무기가 되는가』, 다산북스, 2019, p31

93 강성진, 정태용,『가보지 않은 길, 가야 할 길』, 해남, 2019, p2

94 물가수준은 물가지수와 다르다. 물가지수는 기준연도 물가 대비한 상대적 수준을 말하는 반면에 여기에서 물가수준은 절대적인 수준이다. 이를 구하는 것은 불가능하다.

95 2018년 6월 말 현재 DXY 인덱스의 통화별 가중치는 EUR 57.6%, JPY 13.6%, GBP 11.9%, CAD 9.1%, SEK 4.2%, CHF 3.6%이다.

96 국내 은행들은 원화 자금은 본인들의 한국은행 계좌에, 달러는 미국 거래 은행 계좌에 보관한다.

97 정선영,『7일 만에 끝내는 환율지식』, 메이트북스, 2017, p66

98 정선영,『7일 만에 끝내는 환율지식』, 메이트북스, 2017, p66

99 이영섭, 정치화,『외환시장의 이론과 실무』, 율곡출판사, 2011, p358

100 한국은행,『우리나라의 외환제도와 외환시장』, 2010, p180

101 최생림,『외환론』, 박영사, 1993, p133